出境旅游领队岗位培训教材

领队业务与法律法规

《领队业务与法律法规》编写组　编

Tour Leaders Operations and Laws and Regulations

中国旅游出版社

编写委员会

编者的话

近年来，随着经济社会快速发展和居民收入稳步提高，我国出境旅游消费十分火爆。截止 2013 年，中国公民出境旅游目的地国家（地区）达到 150 个。2013 年，全国旅行社组织的出境旅游 3355.71 万人次，16763.62 万人天。在随团出境旅游中，领队人员的作用越来越凸显。领队人员是旅游服务一线员工，肩负着随团服务的重要使命，其工作状况直接影响到旅游团队的服务质量，关系到每位游客生命财产的安全；领队人员还是“民间大使”，承担着对外交流和树立国家形象的重要任务。面对新的形势和任务，领队人员的知识结构、业务素质、外语水平亟需提高。建设一支高素质的领队人员从业队伍，是适应当前出境旅游迅猛发展的现实需要，也是推动旅游产业持续发展的有力保障。加强领队人员从业队伍建设，就要从源头抓起，把好入门这一关。

为进一步提升旅行社出境旅游领队人员的综合素质，满足出境旅游领队的培训与考核需求，编写一套贴近行业实际、体现时代要求的领队培训教材显得十分迫切而重要。2014 年，中国旅游出版社联合浙江省旅游培训管理中心组织旅游院校专家学者、出入境旅行社负责人和领队从业者等编写了“出境旅游领队岗位培训教材”，这套教材分《领队英语》、《领队业务与法律法规》、《目的地国家（地区）知识》、《出境旅游领队应急处理实务》四本，其内容既介绍了领队业务的主要工作流程、带团技巧、领队人员应该掌握的基本的业务知识，又反映了旅游业发展的方向，在知识面、信息量、实践性等方面对从业者都有大裨益。

《领队业务与法律法规》着重突出了三个特点：

第一，内容取舍突出全面性和通用性。《领队业务与法律法规》主要包括综合概述篇、操作实务篇、法律法规篇三部分。内容涉及出境旅游领队的概念、领队的职业修养、领队工作需要的知识准备、领队的工作流程、出境旅游的带团技巧和从事领队业务所必须掌握的法律法规等，并将最新的法律法规和领队业务知识有机结合介绍给读者。

第二，编排结构突出新颖性和科学性。《领队业务与法律法规》采用“基本内容－经典案例－知识链接－实用图表”的结构，按照“以运用为目的，以必须、够用为度”的原则，表达教材应包含的知识及发展规律，体现了专业知识前后之间的逻辑关系，强调知识迁移，有利于领队人员提高用理论知识解决实际问题的能力。

第三，突出实践性和应用性。《领队业务与法律法规》编写中注重理论与实际案例的结合，作者深入旅游企业，收集第一手资料。教材以旅游热点案件为切入点，积极探讨依法解决领队业务有关旅游纠纷的基本途径和方法，有利于激发领队人员的学习兴趣及培养各种能力。

本教材由浙江旅游职业学院王君教授、江涛副教授担任执行主编，编写成员为：汤敏军（第一章、第二章）、孙艺（第三章、第四章、第五章）、陈建新（第六章、第七章）、江涛（第八章、第九章、第十章）、周德邦（第十一章、第十二章）。会审成员有：仉向明、边建伟、陈曦、彭海耀、方健、周列。江涛负责编写提纲并通稿，浙江省旅游培训管理中心负责审稿。本教材在编写过程中，得到了浙江省旅游局领导和旅游教育界、企业界的许多专家、学者的大力支持，在此一并表示衷心感谢！

《领队业务与法律法规》是领队人员培训与考核用书，同时也可以作为广大出境旅游者了解出境旅游相关政策、法规和业务知识的书籍。在此真诚地希望各旅游院校、旅游培训中心的老师、学员和广大读者在使用中多提宝贵意见。

2015 年 1 月

目录 / Contents

第一部分　综合概述篇

第二部分 操作实务篇

Part 1

综合概述篇

第一部分 综 合 概 述 篇

第一章 *chapter 1*
出境旅游领队

第一节　领队概念

改革开放以来，中国经济迅猛发展。尤其是 2000 年以后，高速增长的国民经济造就了无数的“时代新贵”。当人们满足了经济发展初期“吃饱、穿暖”的基本需求之后，便开始追求更好的生活品质，在精神上、文化上都有了更高的需求，而旅游无疑成为这一需求最好的诠释方式。

旅游不属于生活的必需品，但是通过旅游，人们可以调节身心，可以释放生活中存在的压力、困顿。通过这样的调整，让自己以更好的状态进入下一阶段的工作。随着出国、出境旅游人数的不断增加，旅游的方式不断多元化，常规的跟团游以及诸如自由行、高端定制半自助游等方式，都以其特定的消费人群而存在于旅游市场。就中国而言，目前大部分公民的旅行方式还是选择跟随旅行团出国、出境旅游。与此同时，国家旅游监管部门对于旅行社相关工作人员的工作要求也不断提高，如何确保出国出境旅游团顺利平安，有品质地走完行程，成了旅游行业及旅游者的共同关注点，于是，“出境旅游领队”（以下简称“领队”）这个专业性的工作终于在合适的时机应运而生了。

国家旅游局于 2002 年 10 月 28 日颁布并实施的《出境旅游领队人员管理办法》中，对于“出境旅游领队”的职业描述是这样的：本办法所称出境旅游领队人员，是指按照本办法规定取得出境旅游领队证，接受具有出境旅游业务经营权的国际旅行社的委派，从事出境旅游领队业务的人员。本办法所称领队业务，是指为出境旅游团提供旅途全程陪同和有关服务，作为组团社的代表，协同境外接待社完成旅游计划安排，以及协调处理旅游过程中相关事务等活动。

在2013年10月1日施行的《中华人民共和国旅游法》第三十六条中规定：旅行社组织团队出境旅游或者组织、接待团队入境旅游，应当按照规定安排领队或者导游全程陪同。这也是旅行社向出境旅游团组委派领队的法律依据。

近些年来，出国、出境旅游迅猛发展，根据世界旅游组织的预测以及业内专业的估算，到2018～2020年，中国将成为出境旅游人数最多的国家，随之而来的将是“出境领队”需求的不断增加。培养具备专业素质的出境领队人员，将成为中国旅游业发展的重要工作之一。

第二节　领队的从业资格

《旅游法》第三十九条规定：取得导游证，具有相应的学历、语言能力和旅游从业经历，并与旅行社订立劳动合同的人员，可以申办取得领队证。《国家旅游局关于执行〈旅游法〉有关规定的通知》中，对第三十九条作了解释，相应的学历，是指大专以上学历；相应的语言能力，是指与出境旅游目的地国家（地区）相对应的语言能力；相应的旅游从业经历，是指2年以上旅行社相关岗位从业经历。同时规定2013年10月1日前已取得领队证的人员，在2016年10月1日前，应当具备《旅游法》规定的相应条件。《出境旅游领队人员管理办法》第三条规定，申办领队证人员应符合以下条件：有完全民事行为能力的中华人民共和国公民；热爱祖国、遵纪守法；可切实负起领队责任的旅行社人员；掌握旅游目的地国家或地区的有关情况。

“具有完全民事行为能力”也就是说，该申办领队证人员必须是能够对自己的行为举止负责任的人员。该条款中还包含对国籍的限制，即该申办领队证人员必须是“中华人民共和国公民”。由于中国不承认双重国籍，因此持有中国国籍，同时又持有其他国籍的人员不具备申办出境旅游领队证的资格。对于某些已经在国外获得长期居留权的人员，如某留学生在美国留学，并且已经获得美国绿卡（永久居住权），但没有加入美国国籍，其身份仍为中华人民共和国国籍，则该人员可以申办领队证。

“热爱祖国”是对领队岗位政治思想的要求。出境旅游领队的工作目的地涉及全球所有向中国开放团队旅游的国家和地区，因此其岗位特性非常明显。领队在工作中必须坚持党的领导，坚持“一个中国”的理念，不受国内外分裂主义者的物质引诱而导致政治意识转移。而“遵纪守法”则体现了对领队岗位的法制要求。申办领队证的人员，必须具备强烈的法制意识，不仅遵守中国的法律，同时具备遵守旅游目的地国家和地区法规、法律的能力。

“可切实负起领队责任的旅行社人员”，担任领队的工作人员必须具备一定的工作能力，同时也须为“旅行社人员”，即申办领队证的人员被限制在旅行社工作人员的范围之内。

“掌握旅游目的地国家或地区的有关情况”，则阐述了对于领队从业人员的知识性要求。

第三节　领队证的获得

领队上岗需持有相应的上岗证，这就是“领队证”，而“领队证”必须在获得“领队资格证”以后予以申领。国家旅游局制定的《出境旅游领队人员管理办法》明确规定：“未取得领队证的人员，不得从事出境旅游领队业务。”领队持证上岗，是对旅行者利益的保护，也是对旅行社利益、领队从业人员利益的保护。

一、“领队资格证”的获得

在中国出境旅游初始阶段，国家相关部门就确定考取领队资格证书的相关条例。《旅行社管理条例》第二十四条规定：旅行社为接待旅游者聘用的导游和为组织旅游者出境旅游聘用的领队，应持有省、自治区、直辖市以上人民政府行政管理部门颁发的资格证书。2002 年 7 月 1 日起施行的《中国公民出国旅游管理办法》第十条有如下表述：组团社应当为旅游团队安排专职领队；领队应当经省、自治区、直辖市旅游行政管理部门考核合格，取得领队证。

以上的管理条例及管理办法，都同样对上岗领队需持证进行明确说明，其中对于领队资格证的获得，必须要经过旅游行政管理部门的考核及合格通过，方予颁发“领队资格证”。领队资格证的获得流程如下：

（1）当地旅游行政管理部门公布领队考试培训时间、报名时间。

（2）申领者凭旅行社盖章的报名表进行报名，并缴纳相应的培训、考务费用。

（3）申领者进行专业知识培训，其中持有 CET 英语 6 级及以上者可免修英语口试。

（4）申领者参加考试，其中持有 CET 英语 6 级及以上者可免于英语笔试。

（5）考试合格，获得《领队资格证》。

二、“领队证”的获得

领队证申领者在通过旅游行政管理部门的考核后将获得《领队资格证》。之后，申领者填写领队证申请表格，并经由所属劳动关系的旅行社核准盖章，向旅游行政管理部门递交申请。递交申请时需要一并递交的资料有：申请领队证人员的登记表；一寸白底彩色照片；申请领队证人员与所属旅行社签订的《劳动合同》（申领时剩余有效期超过 1 年）；申请领队证人员业务培训的证明。旅游行政管理部门在收到递交申请资料后 15 个工作日内，对于符合条件的申请领队证人员核发《领队证》，并予以登记备案。

旅游行政管理部门根据组团社的正当业务需求，合理发放领队证。国家旅游局于2010年1月8日发出的《关于出境旅游领队证管理有关事项的通知》中，确定了出境旅游领队证的核准、制作、颁发及管理，由各省级旅游行政部门负责。各省级旅游行政管理部门在颁发领队证时，加盖本部门的出境旅游专用章，并将出境旅游领队证的制作费用列入经费预算，在颁发、换发、补发时，不再向旅行社收取费用。

为保证出境旅游领队证的权威性和统一性，出境旅游领队证的标准样式规格如下：

版面尺寸：86mm×54mm。

正面版式：标注“出境旅游领队证”，1寸照片，领队证号、姓名，所属旅行社及有效期，所属旅游行政部门红章。

背面版式：注意事项及总卡编号。

内置芯片：FM4428。

第四节　领队的作用

一、领队的岗位意义

旅游产品从最初的创意设计到产品构件、广告销售，当这三个环节完成以后，后续的组团操作环节工作即由旅行社的专职领队跟进。领队作为旅行社诸多岗位中的一个，起到的作用至关重要。从领队人员与旅游者的接触时间上，很生动地说明了领队岗位的重要性。

散客报名的旅游者，或者是包团旅行，旅游者与旅行社前台或者后台工作人员接触的机会相当短，甚至没有。而当最终出行时，旅游者与领队将进行长时间的直面接触，并且这一种接触贯穿行程的整个过程。因此，领队在很大意义上就是旅行社的形象代言人，其在整个行程中的言谈举止、恪守尽职、服务意识，直接决定了旅游者对本次旅行体验好坏的判断。这也是领队岗位意义非凡的原因之一。

旅行社招徕旅游者需要花费大量的精力、财力、物力，从企业运营的角度来说，领队所带的每个团所涉及的机票、酒店等费用总额少则几万元，多则上百万元。到了境外，领队即是此费用总额的营运总指挥，其正确的行为，确保了旅行社的权益不受损失。

领队的出色工作常常可以将之前销售、OP的操作过程中留下的种种过错、不足进行及时的弥补，以确保团队行程顺利进行。

二、领队在实际带团中的作用

1. 遵守《旅游法》及相关的条例规定，维护旅游者的合法权益

《旅游法》第四十一条规定：

导游和领队从事业务活动，应当佩戴导游证、领队证，遵守职业道德，尊重旅游者的风俗习惯和宗教信仰，应当向旅游者告知和解释旅游文明行为规范，引导旅游者健康、文明旅游，劝阻旅游者违反社会公德的行为。

导游和领队应当严格执行旅游行程安排，不得擅自变更旅游行程或者中止服务活动，不得向旅游者索取小费，不得诱导、欺骗、强迫或者变相强迫旅游者购物或者参加另行付费旅游项目。

出境领队需熟知各项法律法规，与境外接待社或导游之间进行行程确认时，其身份就是中国组团社的代表。经过境外接待社确认、发给中国国内组团社的团队行程计划表，就是一项具有法律效力的业务契约，境外旅行社或导游绝不能随意进行变更，如减少景点、减少游览时间、降低用餐标准等。

领队作为组团社的代表，对旅行社与旅游者签订的旅游合同有解释权、执行权、监督权等，在整个游览过程中，旅游者对旅游合同的实施提出疑义，都应该由领队负责说明。如果需要变更，则涉及任何一项改变，都应该与旅游者协商，待旅游者同意确认后方可实施。

2. 协同接待社实施旅游行程计划，处理突发事件及其他问题

旅游者出门在外，难免遇到事先无法预料的情况。如果是国内旅游，因为对于民情、语言等习惯的了解，以及国内交通总体便利，多数旅游者都可以通过自身的协调进行解决。但是在境外旅游，即使是很小的事情，也可能由于没有及时处理，导致原本损失很小的一件事情被拖延，使损失进一步扩大。

如果旅游行程非常顺利，领队的作用往往不会得到充分体现，甚至有旅游者会觉得领队很舒服，没有什么事情可做，无非就是跟着团队出来游玩。这样的观念一定程度上是旅游者对于领队工作不熟悉所导致的。事实上，如果旅游行程非常顺利，领队一样功不可没，因为只有领队和导游在后台娴熟的业务配合，才会给旅游者产生“行程顺利”的感觉。

从另外一个角度来说，在实际的游览过程中，常常会碰到很多特殊的天灾人祸等情况，如地震、海啸、暴雨、狂风、罢工、政变等，如果在行程中发生此类事件，则将造成行程中断，以及给旅游者带来无法回避的损失。发生这些情况时，如果旅游者没有任何经验则会造成恐慌，甚至错失良好的挽救时机。而领队经过专业的培训，有多年的知识积累，以及良好的心理素质和专业技能，通过采取合理的避开事件爆发点的措施，将旅行社与旅游者的损失降到最低。

领队在专业培训中学习到了紧急救护知识，可以在突发事件来临之时及时进行施救，最大限度地挽救受伤者的身体损失和财产损失。

3. *为旅游者提供旅游行程服务*

（1）带领旅游者完成登机、出入境等手续。出入境时，对于多数旅游者而言，由于其并非专业人士，因此无法及时了解到各出入境口岸的相关规定及手续流程等，以及由于语言障碍，无法在境外进行良好顺畅的沟通，包括因对目的地陌生而产生疏离感等，此时作为一名职业领队，能顺利带领旅游者完成登机手续、出入境手续，行李提取、退税等繁杂的工作流程。

（2）提供语言翻译服务。目前，申办领队证的考核内容中涉及的外语为英语。在目的地国家（地区）出入境时，使用得最多的就是英语。旅游者参团出行，很多情况下其自身的外语能力相对薄弱，特别对于一些中老年旅游者而言，没有太多的外语基础。因此在境外团队活动时，诸如入住酒店以后，需要增补毛毯、更换房间、商店购物等，旅游者都希望领队能给予相应的语言协助。领队可以自己的满腔热情，尽最大努力服务好旅游者。同时，如领队能积极学习，多掌握一门外语，如法语、德语等，都是对其本职工作能力和形象的提升。

（3）监督地接服务，确保旅游合同的执行。导游从业人员的素质有高低差异，即使是同一个导游，在不同工作时间段内，也有不同的状态体现。因此，领队人员应该尽可能及时关注导游的工作状况，确保导游在工作中不偷漏景点、用餐时团队餐标不被克扣等。

（4）调控团队和睦运行。散客拼团而组成的团队，由于旅游者来自不同的地方，有时难免会产生摩擦和矛盾。比如有的旅游者在吃饭的时候，喜欢专门挑自己喜欢的菜吃；有的旅游者上车可能抢座位等，作为领队，应该尽可能关注到团队的情况，并且在旅游者之间出现矛盾的时候，及时介入，把控着团队的气氛，确保旅游者与旅游者之间和睦、友爱相处。

（5）普及出境旅游的法规常识及注意事项。由于旅游者来自各个层面，可能有的旅游者已经有较多的出境旅游经验，但有的旅游者却可能是第一次出境旅行。作为领队，应该在游览过程中，尤其在旅行初期，尽可能多地普及出境旅游的相关须知及注意事项，确保行程顺利进行。

就现阶段出境旅游者的构成而言，大体可以分为自由行、跟团旅游两种。喜欢探险的年轻旅游者，在目的地允许的情况下，多喜欢选择自由行的出行方式。更多情况下，团队旅游由于其出行便捷、旅费经济，更适合广大民众的需求，这也是在接下来很长时间内比较主流的旅行方式。而经验丰富的领队，在出行的过程中，能给予参团旅游者很多专业性的知识，比如目的地国家的自然与人文、民俗传说、礼仪禁忌等，都可以在行程中进行分享。

4. 维护国家利益和民族尊严

近些年来，境外一些敌对分子、分裂主义者，在中国旅游者出境旅游目的地国家及地区中旅游者密集的景点散发侵害中国国家利益的传单、报刊等。作为领队，要对团队的旅游者进行及时的思想引导，确保旅游者不受不良宣传品的毒害。同时，领队对于团队中出现的有损中国旅游者尊严与形象的行为要予以及时制止。如随地吐痰、在禁烟区吸烟、街头光膀、高声喧哗等不文明行为等。领队在团队中，可以弘扬正气，带领整个团队，树立中国旅游者优良的形象。

三、领队对于旅行社的作用意义

1. 领队是旅行社形象代言人

《旅行社出境旅游服务质量》对出境旅游领队的定义中有“受组团社委派”的表述，这是该定义中一项不可或缺的内容。在实际带团过程中，领队时刻肩负着代表组团社的责任和形象的重任。

在旅游者对行程好坏的评论方面，领队会产生非常关键性的作用。因为行程中的酒店、交通等内容相对比较固化，而领队的服务则完全以动态的方式进行。一个负责任、工作积极认真的领队，将会给旅游者留下非常好的印象，这些好印象会转嫁到其所参团的旅行社上。因此，优秀的领队就是旅行社的活广告。

2. 领队是旅游线路的辅助设计师

一条新的旅游线路设计出来以后，虽然后台的设计人员已经经过了实地走场并确保行程得以顺利进行，但是对于行程的优劣，最有发言权的还是一线的领队人员。

由于旅游者的多样性，在性别、年龄、受教育程度、性格等方面具有差异性，不同的旅游者对于同样的线路会有完全不一样的旅行体验。而一线的领队人员，可能会在同一条旅游线路上有多次的带团经历，这就使得领队有更多的机会去直面不同意见的旅游者。如果领队能及时地把行程的缺陷反馈给后台的OP，而后台的OP又能针对旅游者的意见及时进行行程调整和改进，则对于旅行社推出更具人性化的产品，有着至关重要的作用。

3. 领队是旅游产品销售人员

目前，多数旅行社的领队都肩负有一定额度的销售利润指标，超额完成指标能按比例领取奖金。旅行社推行此政策的主要目的，就是希望通过领队的优质服务，做好回头客的销售业务，同时发掘回头客的延伸连带业务。一个优秀的领队，不一定有优秀的销售业绩；但是如果领队销售业绩惊人，则其一定是一个优秀的领队。

chapter 2 **第二章**

领队职业修养

第一节　领队的各项知识准备

领队在出团前，不仅需要有资料准备、心理准备，还有很重要的一点，就是对目的地国家、地区的相关知识准备。在带团的过程中，知识积累丰富的领队更能够赢得旅游者的好感与尊重。一次愉悦的旅行体验不仅来自行程本身的舒适享受、优质服务，很重要的一点，导游和领队带给旅游者的知识体验感知同样也非常重要。

领队应时刻记得提醒自己不断进行知识积累，而不仅仅把自己作为一个出入境的带队者，更应该把自己当作一个知识的传播者，只有这样，才会真正感受到自己工作的愉悦性。因此，领队应该学会无时无刻地提高自身的知识修养，开阔自己的眼界。

一、掌握目的地国家（地区）的相关知识

国家旅游局在《导游服务质量》中规定：导游人员应有较广泛的基本知识，尤其是政治、经济、历史、地理以及国庆日、风土人情等方面的知识。在《出境旅游领队人员管理办法》中，对领队证的申领者的要求中明确必须“掌握旅游目的地国家或地区的有关情况”。由此可见，学习和掌握目的地国家及地区的知识，对于出境旅游领队而言是至关重要的。

1. 对于目的地国家、地区的概括性了解

对于一个国家的概括性了解，大致可以按以下方式进行学习。

1	国　名	美利坚合众国（The United States of America）
2	国土面积	937万平方公里（其中陆地面积915.8960万平方公里），本土东西长4500公里，南北宽2700公里，海岸线长22680公里
3	国　旗	星条旗
4	国庆日	7月4日（美国独立日，1776年）
5	人口	3.087亿（2010年人口普查数据，截至当年4月1日）；白人占64%，拉美裔占16.3%，黑人占12.6%，亚裔占4.7%（2010年美人口普查数据，族群划分有交叉）；通用英语
6	首都及重要城市	华盛顿哥伦比亚特区（Washington D. C.）；重要城市：纽约、洛杉矶、旧金山、拉斯维加斯、芝加哥、休斯敦等
7	国家元首	巴拉克·侯赛因·奥巴马（Barack Hussein Obama），美国第44任（第56届）总统，2009年1月20日就职
8	地理及气候	位于北美洲中部，领土还包括北美洲西北部的阿拉斯加和太平洋中部的夏威夷群岛；北与加拿大接壤，南靠墨西哥湾，西临太平洋，东濒大西洋；大部分地区属大陆性气候，南部属亚热带气候；中北部平原温差很大，芝加哥1月平均气温-3℃，7月平均气温24℃；墨西哥湾沿岸1月平均气温11℃，7月平均气温28℃
9	概　况	原为印第安人聚居地；15世纪末西班牙、荷兰、法、英等国开始向北美移民，到1773年，英已建立13个殖民地；1775年爆发独立战争，1776年7月4日通过《独立宣言》，正式宣布建立美利坚合众国；1787年制定联邦宪法，1788年华盛顿当选为第一任总统；在1776年后的100年内，美国领土几乎扩张了10倍
10	宗教信仰	据2007年估算数据，51.3%的居民信奉基督教新教，23.9%信奉天主教，1.7%信奉犹太教，1.7%信奉摩门教，1.6%信奉其他宗教，不属于任何教派的占4%
11	旅游产业	在遭遇“9·11”恐怖袭击后，美国旅游业2001年、2002年连续两年下滑，2003年起开始恢复；目前，旅游业已成为美国最大服务出口行业，据美国商务部数据显示，2011年，美国旅游业接待外国旅游者6200万人次，同比增长4%；旅游业带来的直接产出为8141亿美元，累计总产值约1.37万亿美元，吸纳了750.5万就业人口。外国旅游者主要来自加拿大、墨西哥、英国、法国、巴西、日本、中国等，参观的主要城市依次为：纽约、洛杉矶、旧金山、迈阿密、奥兰多等

以上信息，可以通过在网络商店购买到对应国家的书籍如《法国概况》、《泰国概况》等进行阅读掌握，或者通过互联网搜索引擎，查询到几乎所有需要了解的信息。这里推荐中国外交网：www.fmprc.gov.cn，该网站有专门的栏目介绍目的地国家及地区的概况信息，基于外交网的权威性，相关信息有更精准的真实有效性。此外，关于国家、地区的概况，也可以登录到该目的地国家、地区的官方网站进行浏览。目前，多数热门的旅游目的地国家及地区均已设有网站的中文版本，为英语阅读能力相对较弱的领队提供了更人性化的服务。

2. 对于目的地国家、地区，与领队工作相关联的知识的了解

对于领队来说，新到一个目的地国家或地区，常常会对需要掌握的新知识无从下手，除了需了解上述的概况以外，基于领队工作的职业特性，应多了解与工作岗位相关的针对性的知识，并且善于进行自我提问，把行程中所有不熟悉、不了解但又和工作息息相关的知识作全方位的了解，以确保上团时胸有成竹，在旅游者面前树立自信、从容、专业的职业形象。

二、了解目的地国家和地区海关的规定

熟悉及了解不同国家、地区的海关规定和注意事项，是顺利进入或离开目的地国家或地区的重要前提，作为领队，不仅需要自身认真学习目的地国家、地区的海关政策，同时应在带团过程中宣传、告知旅游者，以确保团队行程顺利进行。

1. 澳大利亚、新西兰海关相关规定

澳大利亚、新西兰是两个独立的大海岛，能够和世界上危险的疾疫病害隔离，这些疾疫病害不但危及珍奇的野生动植物，同时也会危及家畜、农作物、树木和其他植物等。世界上只有少数几个国家未曾受到下列数种致使疾疫病害的侵袭，澳大利亚、新西兰是其中之一，没有侵袭家畜的口蹄疫，危及家禽和野生鸟类的纽卡索病，以及狂犬病。因此澳大利亚、新西兰设有严格的检疫部门，是全球为数不多的海关检查最严格或者说最苛刻的国家。

进入澳大利亚、新西兰禁止携带各种新鲜物品，尤其是肉类，其他如蔬菜、植物、种子、动物等都是禁止的。若真的需要带食品进入，则必须在入境卡上申明，接受检验，千万不要贸然闯关。以下是澳大利亚、新西兰海关的相关规定：

- 不要携带任何形式的食物，包括干的、新鲜食物、熟食、腌制食品等。
- 不要携带木制品，植物的根、茎、叶、果、籽等任何部分。不要携带中草药、稻草制品等。
- 不要携带动物、动物的任何部分及与动物有接触的产品，其中包括设备、蛋类、生物样本、鸟、鱼、昆虫、珊瑚、贝壳、蜂蜜产品、宠物食品等。
- 不要携带泥土或粘有泥土的物件，如体育设备、运动鞋子等。
- 不得携带药物、类固醇、枪械，各式武器、毒品等。
- 限制携带物品：酒类不得超过1125毫升，香烟50支以内（烟草50克以内）。
- 有商业用途的货物或样品要申报。
- 总额超过或等于1万澳元的澳币或等值外币要申报。
- 在海外获得的物品、礼品，在澳大利亚、新西兰购买的免税物品总值超过400澳元者要申报。

下列物品对澳大利亚、新西兰动物及植物的生存有疾病威胁，所以是不准带入的，包括：

- 猫、狗及其他小动物。
- 雀鸟、羽毛及禽类产品。
- 蛋、蛋类制品。
- 水生动植物。
- 农作物种子、泥土。
- 活生的昆虫。
- 培养液、微生物、动物精液和卵子。
- 乳类产品，包括乳酪（芝士）。
- 肉类，包括色拉米西香肠及其他香肠。
- 罐头肉食。
- 鲜果及蔬菜。
- 所有活的植物。
- 插枝及球茎。

- 稻草及草织器。
- 在飞机及轮船上留下来的食物。

下列物品在检疫条件许可并事先获得澳大利亚、新西兰检疫当局的证明情况下可另行带入，这些许可必须在您进行海外旅行前获得，这些物品有：

- 猫、狗及其他小动物。
- 培养液、微生物、动物精液和卵子。
- 活的植物、插枝及球茎。

一些物品可以带入澳大利亚、新西兰，但必须在抵达时向检疫官员出示相关证明文件。检疫官员会检查这些物品，如果不会带有动植物疾病或害虫的话，会把这些物品还给您，如有需要会将物品进行处理，过后再归还给旅游者。这些物品有：

- 木器竹器及藤器。
- 毛皮、未制成的皮革品。
- 花种。
- 坚果仁。
- 动物或植物制作的陈列纪念品及珍品。
- 婴儿食物（每名婴儿准携带1公斤）。
- 小量圣水。

在进入海关前，所有入境者需填写一张个人资料的黄色入境卡（海关申报单），如有虚报或隐瞒，一经查处，将受到严惩，可能被处以高额罚款或受到起诉直至监禁。旅游者应仔细阅读申报单的说明及条款，如因英文而不明白条款的确切含义，务必在签名之前向海关官员或领队询问。如果不能确认自己所携带的物品，请在申报单选项上选择“是”。

这张入境卡除英文版外，另有中文版。某些入境口岸（如悉尼国际机场）为了避免旅游者无法理解英语的含义导致海关申报时误报，要求持有中国护照的旅游者，必须填写中文版本“入境旅行者登记卡（海关申报单）”。

2. 部分国家、地区的海关规定（节选）

领队应养成一种习惯，在带团进入目的地国家或地区之前，应当有针对性地对目的地国家或地区的海关规定再次进行强化学习，以确保不会触犯该目的地国家或地区的法律规定。以下节选了部分中国旅游者常去的一些目的地国家、地区的海关规定，更详细的资料，可登录该目的地国家、地区驻华使领馆的官网查询。

（1）菲律宾海关规定。非法进口严禁物品（武器、爆炸物等）、管制物品（无线电收发机、光盘、录像带等）和控制物品（麻醉剂、化学物、没有医生药方的处方药等），无论数量多少，均违反菲律宾海关法。严禁携带植物、植物产品、肉类、肉产品、鸟类、蜗牛以及其他活动物和动物产品。未经菲律宾中央银行批准，任何入出境旅行者带入或带出超过 1 万比索的纸币、硬币，在菲律宾银行提取的支票或其他汇票，均违法，并可能导致上述资金被没收，且被处以民事处罚或刑事起诉。携带外币则不违法。

（2）马来西亚海关规定。入境前，访客必须申报所有需纳税或违禁的物品。海关根据需要有权要求旅行者打开行李物品进行检验。在东、西马间旅行不征收关税。沙巴州纳闽岛和吉打州的浮罗交怡岛系免税区，除进口橡胶、石油制品等需缴付关税外，其他物品无须缴纳。根据 1996 年关税法，纳税额以物品实际价值（或估价）的 30% 征收。免征税物品如：自来水笔、打火机、书籍、报刊、香水、化妆品、便携式收音机、手表、照相机、摄像机、电脑、渔具、球类（除高尔夫球）、各种音乐器材（除钢琴）等。外籍旅行者如能满足下列条件可享受下列若干商品的免税待遇：有关物品是由旅行者随身或放在行李中携带；有关物品是平时经常使用的私用物品；旅行者为非马来西亚居民并打算访问马国不少于 72 小时；旅行者不能将有关优惠配额转赠他人使用。这些物品包括：酒类（不超过 1 升）、香烟（不超过 225 克，相当于 200 支）、火柴（不超过 100 根）、化妆品、香皂、牙膏、新衣物（不超过 3 件）、新鞋（不超过 1 双）、用于保健和清洁使用的便携式电动商品（每种不超过 1 件）、礼品（价值不超过 400 马币）、私用便携式商品和设备。

（3）尼泊尔海关规定。海关限量：香烟 200 支，烟草 50 克，烈性酒 1.5 升，胶卷 15 卷，望远镜、摄像机、录音机、照相机、笔记本电脑等各 1 台。所有携带物品入境时需向海关申报。随身物品不超过海关规定者免税放行。严禁携带致幻药品、武器和军火。旅行者可携带纪念品回国，文物出境须出示由考古局发放的特别证明。旅行者出入境可携带现金 2000 美元，超过须报关。

（4）日本海关规定。带入日本国内的物品需要口头或用申告书向海关申报；携带物品超过免税范围者，要提交“携带物品托运物品”申告书。免税范围包括：酒类 3 瓶、卷烟 400 支或雪茄 100 支或烟丝 500 克；香水 3 盎司。禁止带入日本境内的主要物品有：鸦片、可卡因、海洛因、大麻、兴奋剂（冰毒）、减肥茶；枪支弹药；色情杂志、录像带等；假名牌商品等侵害知识产权的物品。限制带入日本境内的主要物品有：有必要检疫的动植物；气枪、刀剑、发烟筒等；医药品、化妆品（有数量限制）；根据《华盛顿条约》限制进口的动植物。

（5）法国海关规定。个人携带货币超过 1500 欧元需向海关申报。出境时带入够用一年时间的日用品可以免税。欧盟国家制造的某些商品 50% ~ 100% 可以免税带入，可带入香烟 200 支、葡萄酒 5 升、总价值不超过 45 欧元的礼品。2 架普通照相机、10 卷胶卷、1 台摄像机、10 盘摄像带、1 台电唱机、盒式录音机、收音机、打字机、计算器和一副望远镜。非法药品、盗版书籍和法国政府查禁的书籍的图片禁止入关。除了打猎和练习射击用的武器外，武器和爆炸物被禁止带入。

（6）意大利海关规定。个人物品可随意携带出入境。禁止携带麻醉剂、毒品、武器、水货入境。可免税携带入境物品有：香烟 200 支或雪茄 100 支或 500 克烟丝；2 瓶葡萄酒、其他酒类 1 升以下；香水 1 瓶、照相机 2 架、摄像机 1 架、底片 10 卷，订书机、手提式收录音机、电视机各 1 部；携带外币入境时数额不限，但出境时需申报所持外币数额。

（7）德国海关规定。凡是经合法授权的物品可以随意携带出入境，禁止携带麻醉剂、毒品、武器、盗版图书或电脑软件入境。免税出入境物品有：纪念品和礼品：经德国认证的，作为纪念品或礼品出售的物品。50 克香水或 0.25 升花露水。总价值不超过 180 欧元的商品，不超过 2 磅的鲜肉。照相机 2 架、摄像机 1 架、底片 15 卷、CD 机 1 个。17 岁以上人士入境可被允许携带 200 支香烟或 100 支小雪茄或 50 支雪茄 250 克烟丝以及 1 升酒精度在 22%

以下的酒或2升开胃酒或2升酒精度在22%以下的酒精饮料或2升利口酒。15岁以上可被允许携带200克咖啡或100克茶叶。除违禁书籍外，其他书籍均可带入。

（8）南非海关规定。旅行者允许携带400支香烟、50支雪茄、2升红酒、1升烈酒，不超过500兰特的个人礼品入境。如携带超过2万美元现金入境，必须向海关申报。

三、欧洲旅游相关知识

1. 欧洲旅游退税规定

（1）退税原理。退税是指国家按规定对消费者已纳税款的退还的行为。以下所讲述的退税，为外国旅游者在旅游目的地购买的商品价格中，包含该国生产和流通过程中已经交纳的间接税（多为增值税和消费税），后通过政府行为，将此税费退还给旅行者的行为。

（2）退税的基本要求。根据欧盟规定，非欧盟国家旅行者同一人同一天在同一家具备退税资格的商店购买超过一定金额的物品，即可办理退税。

购物时，一定要在商店中直接索取退税单，若当场没有索取，则无法退税。办理退税时，如您都是在欧盟国家旅游，则必须在最后离境国机场办理，若非欧盟国家，则在离开该国海关时办理。

（3）退税的起征点及退税比例。

国家名称	最低购买金额	增值税税率	实际退税
法　国	175.01欧元	20%	约10%
德　国	25欧元	19%	约10%起开始递增，多买多退
意大利	154.94欧元	22%	约12%
瑞　士	300瑞士法郎	8%	约7%
英　国	30英镑	20%	约10%起开始递增，多买多退
丹　麦	300丹麦克朗	25%	约10%起开始递增，多买多退

资料来源："环球蓝联"官网：www.globalblue.cn

（4）退税方式。根据不同的店家，通常可选择现金退税或信用卡退税两种方式。根据领取税款的时间，可以分为“信用卡担保，商店现场领取退税”及“海关盖章，退税公司领取税款”两种。

（5）退税流程。

①在可以办理退税的商店购买物品后，旅游者应主动要求服务员填写退税表格，并将上面需要填写的信息填写完整（如姓名、护照号、城市、街道、门牌号）。

②抵达机场后，前往海关，将退税单交给海关盖章。海关有权要求旅游者出示所购物品并进行核对。旅游者需牢记税单上对应的物品，并在海关要求时及时出示，否则海关会拒绝盖章，甚至直接在税单上盖注销章。海关盖章后，底联自己保留；如遇只有一联的退税单，可拍照留底。需要提醒的是，没有盖章就没有退税，盖章是退税过程中非常重要的环节；对于在诸如法国巴黎春天、巴黎老佛爷百货公司已经事先进行现场现金退税的税单，旅游者可在海关盖章后，将税单装入对应的信封，投入到邮箱里寄回。

③现金退税：现金退税柜台排队，然后将所有选择现金退税的税单交给工作人员。一般每张退税单收取 3 欧元左右的服务费。如果退税时柜台内欧元现金不够，会退其他货币（人民币或美元，则会有汇率的折损）。如遇某些退税单不能现金退税，请参照信用卡退税。

④信用卡退税：在退税单上完整正确填写信用卡信息，并将税单放置在店家提供的免邮资信封里，直接在机场投递。收到盖有相关海关办事处公章的退税表格后，退税公司会在 4 ~ 6 周内将税金退到旅游者的信用卡内。但是投递的过程存有风险，如退税公司未收到税单，则旅游者无法获得退税。此外，如旅游者需要退税的币种为欧元，但是该信用卡为美元 / 人民币双币卡，则最终入账时，欧元将被转换成美元。

⑤回国领取现金（仅限 GLOBAL BLUE 和 PREMIER 等大型退税公司），持经海关盖章的退税单，本人持护照前往退税公司设立在中国境内的办事处。退税金额小于 150 欧元的，通常可当场领取税金；退税金额大于 150 欧元小于 1000 欧元，需进行预约登记并进行税单审核，大约 15 个工作日后可领取税款；

单张退税单大于 1000 欧元现金的只能退信用卡。

（6）退税公司。退税本身为政府行为，但是由于退税工作需要大量的人力资源配备，因此政府逐渐将退税工作打包给专门的退税公司来进行操作。

知识链接 欧洲转机的退税细则

行程：旅游者从维也纳机场起飞，至法兰克福机场转机回中国。

一、托运物品

（1）离境的前一晚，事先填写好退税单，包括护照号码、姓名、地址等。

（2）在维也纳机场办理登机手续，拴行李标签，之后请不要将行李直接由行李带输送至后台，而是自己提携行李到海关排队。

（3）抵达海关后，出示自己的退税单，海关人员会抽查旅游者退税的物品，此时请出示需要退税的物品，之后海关人员在退税单上盖章。

（4）此时请将托运的行李放在指定的位置，由海关人员运送至旅游者所搭乘的班机上。

（5）持盖章的退税单到旁边的 TAX REFUND 柜台去领取退回的税金。

注意事项：

（1）当海关人员要求出示退税的物品，旅游者必须是从托运的行李里面拿出该退税物品。如果是从自己随身携带的包里拿出涉及退税的物品，则海关人员会拒绝盖章，甚至有可能给旅游者的退税单上盖“拒绝退税”的章，如果被盖上拒绝退税的章，则无法再进行二次申诉退税。

（2）退税领取现金的时候，有可能现金柜台说没有那么多欧元，因此需要退到信用卡内。工作人员有的时候也会说可以换算成美元现金退给旅游者，这个时候，旅游者通常会在汇率上比较吃亏，但考虑到可以拿到现金，这还是一个不错的办法。

（3）退税的金额超过 1000 欧元，必须退回到信用卡内。

二、手提物品

（1）离境的前一晚，事先填写好退税单，包括护照号码、姓名、地址等。

（2）在机场办理登机手续，办理出境手续。

（3）携带退税单、退税物品，前往海关排队。

（4）抵达海关后，出示退税单，海关人员会抽查退税的物品，此时请出示需要退税的物品，之后海关人员在退税单上盖章。

（5）办理机场的安检手续，过安检后，找到相对应的 TAX Refund 柜台，持盖章的退税单，并且可能需要出示退税的物品，然后领取退回的税金。

这也是旅游者在不同的店铺所获得的退税单格式不一样的原因。目前在欧洲购物，主要的退税公司为Globe Blue税单（如店家使用印刷税单，则为蓝色税单）和Premier Tax Free税单（如店家使用印刷税单，则为橘黄色）。这两家公司在中国境内设有专门的办事处，提供非常完善的异地退税服务，即旅游者只要在离开欧洲前将退税单进行海关盖章，就可以回到中国境内领取税款。

2. 申根签证国、欧盟国、欧元区

很多新进领队容易将申根国、欧盟、欧元区这三个概念混淆在一起，甚至错误地理解为“申根签证国 = 欧盟国 = 欧元区”。事实上，申根国不一定属于欧盟，也不一定属于欧元区。反之，对于欧盟国家来说，也不一定是申根国或者属于欧元区。这三个概念互为联系，但是又互为独立。

（1）申根签证。申根签证（Schengen Visa）：指根据申根协议而签发的签证。这项协议由于在卢森堡的小镇“申根”签署而得名，它规定了成员国的单一签证政策。据此协议，任何一个申根成员国签发的签证，在所有其他成员国也被视作有效，而无须另外申请签证。而实施这项协议的国家便是通常所说的“申根国家”。

至2011年，申根签证成员国已发展为26国：奥地利、比利时、丹麦、芬兰、法国、德国、冰岛、意大利、希腊、卢森堡、荷兰、挪威、葡萄牙、西班牙、瑞典、爱沙尼亚、拉脱维亚、立陶宛、波兰、捷克、匈牙利、斯洛伐克、斯洛文尼亚、马耳他、瑞士、列支敦士登。另外，下列国家因为与申根邻国没有实际上的边境检查，也可以凭申根签证任意进入：安道尔、梵蒂冈、圣马力诺、摩纳哥。

①申请原则。如果只准备前往某一个特定的申根国家（指申请签证时只能提供前往该国的行程证明），必须向这个国家的驻外机构申请签证；想要在多个申根国家逗留，原则上必须根据提交的行程去停留时间最久的国家（主要停留国家）的驻华使领馆申请签证；在无法确定主要停留国家的情况下，可以申请首先入境国家的签证。根据经验，申请停留时间最久的国家的签证这一点非常重要，否则很可能导致使领馆直接拒绝接受申请。

②申办办法。申根签证的申请有以下几种：

a. 只前往某一成员国，应申办该国的签证，即“国别签证”。“国别签证”只能入、出签发国有效，不能从别的申根国家过境而进入签发国，否则应申办“申根签证”。签证上的停留天数只在签证有效期内停留有效。

b. 过境一个成员国或几个成员国前往另一成员国，应申办另一成员国（入境国）的签证。

c. 前往几个成员国，应申办主要访问成员国或停留时间最长的成员国的签证；无法确定主访国时，申请往访的第一个国家的签证。

d. 前往法国、荷兰、葡萄牙等国的海外领地或托管地，仍应向所属国家申办签证。

e. 途经或访问多个申根国家需填写行程，即所访国家及线路详情和停留时间表，提供往访国家的邀请信；申请哪个国家的签证，就使用哪个国家的签证申请表，必要时受理国可要求提供附加材料。申根国家有时也发本国签证，这种签证只能前往该国，不能前往其他申根国家；签证上的停留天数只在签证有效期内停留有效。

f. 超过 90 天的长期签证仍由所在国自行审发，已持有一成员国长期居留证者，凭有效国际旅行证件无须办理签证，可自由进入任何成员国，其停留期不得超过 3 个月。

g. 只办一次入境有效的“申根签证”，只能在有效期内在申根国家区域内旅行，不能中途转机去非申根国家后又返回申根国家。

③签证种类。申根签证分为入境和过境两类。

a. 入境签证有一次入境和多次入境两种。签证持有者分别可一次连续停留 90 天或每半年多次累计不超过 3 个月。如需长期停留，可向某一成员国申请只在该国使用的国别签证。

b. 过境签证指过境前往协定国以外国家的签证，一般有一次、两次两种，特殊情况下可颁发多次过境签。每次过境时间一般为 3 天，最长为 5 天。

（2）欧洲联盟。欧盟即欧洲联盟（European Union），简称欧盟（EU），总部设在比利时首都布鲁塞尔，是由欧洲共同体（European Community，又称欧洲共同市场，简称欧共体）发展而来的。该联盟现拥有 28 个会员国，正式官方语言有 24 种。

1991 年 12 月，欧洲共同体马斯特里赫特首脑会议通过《欧洲联盟条约》，通称《马斯特里赫特条约》(简称《马约》)。1993 年 11 月 1 日，《马约》正式生效，欧盟正式诞生。2012 年，欧盟获得诺贝尔和平奖。

欧洲联盟的条约经过多次修订，目前欧洲联盟的运作方式是依照《里斯本条约》。政治上所有成员国均为民主国家（2008 年《经济学人》民主状态调查），经济上为世界上第一大经济实体（其中德国、法国、意大利、英国为八大工业国成员），军事上绝大多数欧洲联盟成员国为北大西洋公约组织成员。

主要成员国：至 2013 年 7 月 1 日止共有 28 个成员国，按英文名称排序，它们是：奥地利、比利时、保加利亚、塞浦路斯、克罗地亚、捷克共和国、丹麦、爱沙尼亚、芬兰、法国、德国、希腊、匈牙利、爱尔兰、意大利、拉脱维亚、立陶宛、卢森堡、马耳他、荷兰、波兰、葡萄牙、罗马尼亚、斯洛伐克、斯洛文尼亚、西班牙、瑞典、英国。

（3）欧元区。欧元区是指欧洲联盟成员中使用欧盟的统一货币——欧元的国家区域。1999 年 1 月 1 日，欧盟国家开始实行单一货币欧元和在实行欧元的国家实施统一货币政策。

2002 年 7 月，欧元成为欧元区唯一的合法货币。欧元区共有 18 个成员国，包括奥地利、比利时、芬兰、法国、德国、爱尔兰、意大利、卢森堡、荷兰、葡萄牙、西班牙、希腊、斯洛文尼亚、塞浦路斯、马耳他、斯洛伐克、爱沙尼亚、拉脱维亚，人口超过 3.3 亿。受欧债危机影响，欧元区自 2008 年以来经济陷入持续衰退。

四、旅行社责任险及保险有关知识

旅行社责任险的概念：保险公司承保旅行社在组织旅游活动过程中因旅行社疏忽、过失造成事故所应承担的法律赔偿责任的险种，该险种的投保人为旅行社。

旅行社责任险投保人（同被保险人）必须是在中华人民共和国境内依法登记注册并持有旅行社业务经营许可证的公司，符合此资质要求的，全国范围内有 2 万多家，他们可以投保旅行社责任险并享受基本保障。但如俱乐部、自助游组织、会务公司等不具备旅行社业务经营许可证的各种组织或公司尚不可投保旅行社责任险，因此在组织出游的过程中存在很大的风险隐患。虽然此类团体在组织旅游活动前一般都会明示风险自担、保险自理等内容，但在真正发生意外事故时，组织者的责任往往是不可推卸的，而由于这些组织缺乏相应的保险配备，因此事后的弥补与旅行社完善的保险机制相比，无法相提并论。

而旅游意外险的投保人可以是法人，也可以是自然人，只要被保险人（旅游者）同意投保人为其投保的，就符合要求，可以投保。投保旅游意外险后就能将保险责任范围内的意外事故造成的风险进行转移，减少或弥补旅游组织者的损失。

旅行社责任险保障的是在保险期间及保险单列明的追溯期内，旅行社在组织旅游活动中发生旅游者人身伤亡、财产损失事件，并且依照中华人民共和国法律对旅游者的人身伤亡、财产损失承担的经济赔偿责任。也就是说，它保障的是旅行社对旅行者所应承担的赔偿责任，有责才赔，无责不赔。

特别是对于自然灾害、非旅行社原因所致的事故灾难造成旅游者的人身伤亡和财产损失，旅行社往往都会先申请基金进行垫付。但由于这些情况不属于旅行社责任险的保障范围，保险公司只保障旅行社救助而发生的必要、合理的交通费、食宿费、通信费、必要物品购置费，而对于其他垫付的救治费用，将由旅行社在事后再向责任方追偿，即“先赔后追”。但在现实情况中，追偿是非常困难的，此时旅行社的损失就只能自行承担了。

同时，自由行组团形式或旅游行程安排外的自由活动时间所发生的意外事故，在过往的案例中，旅行社只承担部分责任，因此，可以通过旅行社责任险进行理赔的也就只有一部分损失。但旅游者往往认为旅行社应该承担更多或全部责任，这种情况下的争议处理甚至是诉讼，往往会占据旅行社大量的时间和精力。

而旅游意外险保障的是在整个保险期间内，旅游者因发生保险责任范围内的意外事故，造成身故、残疾的结果或意外医疗费用的损失，不论是否属于旅行社的责任，都可以向保险公司索赔，由保险公司按合同约定向旅游者进行赔付，是非常适合旅游者的保险。因此，在旅行社责任险的基础上投保旅游意外险，能够合理有效地将更多的风险进行转移，使旅行社本身的损失降至最低。

五、护照、签证及国际机票的相关知识

1. 护照

（1）护照的概念。护照是一个国家的公民出入本国国境和到国外旅行或居留时，由本国发给的一种证明该公民国籍和身份的合法证件。“护照”一词在英文中是口岸通行证的意思。也就是说，护照是公民旅行通过各国国际口岸的一种通行证明。所以，世界上一些国家通常也颁发代替护照的通行证件。

各国颁发的护照种类不尽相同。中国的护照分为外交护照、公务护照和普通护照，普通护照又分因公普通护照和因私普通护照。

①外交护照主要发给副部长、副省长等以上的中国政府官员，党、政、军等重要代表团正、副团长以及外交官员、领事官员及其随行配偶、未成年子女、外交信使等。

②公务护照主要发给中国各级政府部门的工作人员、中国驻外国的外交代表机关、领事机关和驻联合国组织系统及其有关专门机构的工作人员及其随行配偶、未成年子女等。

③因公普通护照主要发给中国国营企业、事业单位出国从事经济、贸易、文化、体育、卫生、科学技术交流等公务活动的人员、公派留学、进修人员、访问学者及公派出国从事劳务的人员等。

④因私普通护照发给定居、探亲、访友、继承遗产、自费留学、就业、旅游和其他因私人事务出国和定居国外的中国公民。

（2）电子护照。全国公安机关于 2012 年 5 月 15 日起统一启用签发电子普通护照。

护照封面，底部位置包含一个电子芯片图标。

护照内页，内页背景采用了以“辉煌中国”为主题的图案元素，并采用常光、荧光、水印三种形式表现。其中，常光和荧光表现的是我国 31 个省、自治区、直辖市以及港澳台各地标志性景观。而水印选择的是我国 56 个民族的

人物形象。

护照编号，由原来的 G 开头编码变为了 E 开头编码。采用了激光穿孔技术，提高了防伪能力。

护照芯片，芯片安放在护照的最后一页，非常轻薄，几乎就像印刷在纸面上的一小片彩色条纹。芯片里储存了持照人的数字化个人资料，包括姓名、性别、出生日期、出生地等基本信息，还有护照有效期、签发日期、签发地等资料，更加入了相貌、指纹、虹膜等持照人的生物特征的内容。

对于 16 周岁以上的公民申请电子普通护照，公安机关出入境管理机构均应当现场采集申请人的指纹信息。不满 16 周岁的公民申请电子普通护照，监护人同意提供申请人指纹信息的，公安机关出入境管理机构可以现场采集。申请人因指纹缺失、损坏无法按指纹的，可以不采集指纹信息。

电子普通护照中内置敏感的电子元器件。为保持其最佳性能，不要将电子普通护照弯折、打孔或者暴露在极端温度、湿度环境中。

2. 签证

（1）签证的概念。签证是一个国家的出入境管理机构（例如移民局或其驻外使领馆），对外国公民表示批准入境所签发的一种文件。指明持有人进入该国的事由、允许停留的时间或通过其领土前往其他国家的许可。签证制度是国家主权的象征，是一个国家对于其他国家的公民进行入境控制和管理的具体表现，以此达到维护国家安全及国内社会秩序的目的。

除了前往国与护照持有者所属国家签订有互免签证协议外，事先均需获得前往国的签证。如果说护照是持有者的国籍和身份证明，签证则是主权国家准许外国公民或者本国公民出入境或者经过国境的许可证明。

（2）签证申请流程。办理外国签证，一般需要经过下列几个程序：

①递交有效的护照。

②递交与申请事由相关的各种证件，如身份证、婚姻状况、学历、工作经历等的证明。值得注意的是，不同国家对申请人递交的材料有不同要求。

③填写并递交签证申请表格。

④视相应情况，申请者可能需要前往领馆面签。

⑤大使馆或者领事馆审阅签证资料，并根据申请者的情况予以合法或拒绝签证。

（3）签证种类。

①根据事由可分为：外交签证、公务签证、移民签证、旅游签证、工作签证、留学签证等。

②根据时长可分为：长期签证和短期签证。长期签证通常指在前往国停留3个月以上。

③根据入境次数可分为：一次入境签证和多次入境签证。

④根据使用人数可分为：个人签证和团体签证。

（4）签证的形态体现。分为贴页签证、另纸签证、电子签证三大类。

①贴页签证。根据申请，由目的地国家领馆签发签证后，在因私护照内页贴上专门的签证页，签证页上通常包含姓名、签发地、签证类别、有效期等信息。部分签证还包含旅游者的照片。使用贴页签证的有泰国（落地签除外）、马来西亚、印度尼西亚、日本、美国、加拿大、申根签证国、英国、南非。

②另纸签证。是指在一般情况下，目的地国家或地区将签证印章盖在另外空白的纸上，这就是所说的"另纸签证"，其对护照不作任何改观。另纸签证必须和护照同时使用才能有效地达到入境、出境的目的。如新加坡的团队签证、韩国的团队签证（旅游者），就是典型的另纸签证。

③电子签证。电子签证又称 e-Visa，它以 e-electronic 电子技术为手段，通过一个专门的网络系统，以电子文档的形式将相关的签证申请资料发送到目的地国家或地区的领馆签证中心。领馆审批后，直接将签证以电子文档的形式发送给申请者，实现了无纸化的环保办公模式。代表性的电子签证有：澳大利亚个人旅游电子签证、新加坡个人旅游电子签证。

（5）互免签证。互免签证是随着国际关系和各国旅游业的不断发展，为便利各国公民之间的友好往来而发展起来的，是根据两国间外交部签署的协议，双方公民持有效的本国护照可自由出入对方的国境，而不必办理签证。互免签证有全部互免和部分互免之分。

根据外交豁免情况，持中国因私护照已开通免签证的目的地国家及地区如下：济州岛（韩国）、印度尼西亚、马尔代夫、塞班、巴林、约旦、毛里求斯、塞舌尔、斐济、帕劳、萨摩亚、科摩罗等。持有有效中国因私护照前面上述国家及地区无须签证，购买机票即可直接前往。

（6）签证有效期。签证有效期是指从签证签发之日起到以后的一段时间内准许持有者入境的时间期限，超过这一期限，该签证就是无效签证。一般国家发给3个月有效的入境签证，也有的国家发给1个月有效的入境签证。有的国家对签证有效期限制很严，如德国只按申请日期发放签证。过境签证的有效期一般都比较短。

（7）签证停留期。签证停留期是指持证人入境该国后准许停留的时间。它与签证有效期的区别在于签证的有效期是指签证的使用期限，即在规定的时间内持证人可出入或经过该国。如某国的入、出境签证有效期为3个月，停留期为15天，那么，这个签证从签发日始3个月内无论哪一天都可以入、出该国国境，但是，从入境当日起到出境当日止，持证人在该国只能停留15天。有的国家签发必须在3个月之内入境，而入境后的停留期为1个月；有的国家签证入境期限和停留期是一致的。如美国访问签证的有效期和停留期都是3个月，即在3个月内入境方为有效，入境后也只能停留3个月。签证有效期一般为1个月或者3个月；最长的一般为半年或者1年以上，如就业和留学签证；最短的为3天或者7天，如过境签证。

（8）签证有效次数。签证除了有效期、停留期之外，还规定了有效次数。一般分为一次有效签证、两次有效签证和多次有效签证等。一次有效签证，是指该签证在有效期内使用一次就失效。两次有效签证，即在签证有效期内可以使用两次。多次有效签证，即在签证有效期内持照人可以多次出入境。例如澳大利亚、印度的旅游签证有的是在3个月或者6个月内允许多次出入境。当然签发何种签证、有效期限多长、有效次数多少，签证机关是根据入境申请者的具体情况决定的。

3. 机票及航空相关知识

（1）团队票与散客票。

①团队票。旅行社在运营中使用得最多的就是团队票。根据国际惯例，购

票人数超过 10（含）人，就可以向航空公司申请团队票。

a. 其优点如下：其一，团队票的价格会受旅游旺季、淡季的区分而上下浮动，但相对散客票而言，其价格更优惠。其二，可以先申请好团队票的机位数量，支付定金后获得机位保留，并保证了机票的价格，待临近出发时才开票。其三，可以在开票前进行人员替换、更改。这对于出行人员的名单有调整的团队就减少了损失。比如某公司组织 20 名员工前往泰国旅游，旅行社为其申请了 20 个机位，在机票开票前，该公司可以任意替换出行人员名单。

b. 其缺点如下：其一，开票后不能退改；其二，受开票率的限制。如以上案例中某公司已经申请了 20 个往返泰国的机位，则航空公司通常有 90% 的开票率要求，如果最终出行的旅游者少于 18 人，则该公司需承担未开票的团队票定金损失。其三，不能升舱。如开具团队票的某一旅游者，因旅途疲惫，体力消耗巨大，回程时想升舱为公务舱或头等舱，但是受团队票不能退改的限制，无法予以升舱处理。

②散客票。因人数不足 10 人，旅游者直接向航空公司或票务代理购买的机票称为散客票。散客票的价格通常高于团队票，但是也有特殊的情况：如有航空公司为搞促销，在某个特定的日子放出少量的特价机票，比如上海—洛杉矶往返含税机票只要 3800 元人民币。这样的价格明显低于常规的团队票价格。但这样的特价促销机票一则数量有限，可能只有屈指可数的五六张，需要旅游者在电脑前待命进行抢票操作，并且抢到名额后需立即输入旅游者的姓名进行确定，并同步支付票款予以开票，开票后不能退改；二则这些特价促销的机票限定往返日期。因此如果单纯拿某些网上的某一张特价促销机票和旅行社的团队机票进行价格比对，并不具备可比性。因其模式并不适用于旅行社团队的出发时间、天数等条件。

（2）退改签条例。对于团队票而言，一旦开票就无法退改。这也是很多情况下，如果旅游者参加旅行社的团队，如逢特殊情况旅游者自行取消行程，机票款无法退还的原因。对于散客票的退改签，视其开票时的舱位而定。

所谓舱位，一般航空公司将头等舱标注为 F 舱，公务舱标注为 C 舱、Z 舱、D 舱等；经济舱则又细分为 Y、M、L、K、E 等不同的字母表示。每个航空公司均自行定义使用怎样的字母来表示舱位，因此在业界并没有完全统一的代码。

航空公司在售票的时候，是从低舱位开始售卖的。舱位越低，价格越低，则退改签的限制越多。比如E舱的机票，可能一经开票，无法退改。而L舱的机票则可能是开票后不可以退票，但是允许改签；每次改签需支付500～2000元的改签费，如果改签时新的航班的舱位与原机票不同，还需要增补差价。相对应的，开票时的舱位越高、机票款越贵，则退改限制越宽松。甚至部分航空公司的头等舱是免费退改的。

（3）机票切位。所谓机票切位，就是航空公司在既定航班上切出一部分机位，分给各家旅行社作为团队票进行售卖的行为。

航空公司与旅行社的合作，有相互的利益牵制：在旅行淡季的时候，航空公司需要旅行社来支持自己出票，以保证其飞行时良好的上座率；而旅行社在旺季的时候，需要航空公司的支持，以切分到足够多的机位用以销售——毕竟，在春节、暑假旺季的时候，几乎可以说，什么样的机位都卖得出去。特别是在春节长假，旅游业界普遍公认的是：谁握有机位，谁就握有主动权。

对于旅行社来说，想要在激烈的市场竞争中确保自己所售产品的品质好、价格优，那么获得低廉价格的机票切位，成为成本控制最重要的因素。

对于近距离的东南亚、港澳台、日韩区域的机票，航空公司一般是提前2～3个月进行机票切位，根据每一家旅行社与航空公司的合作情况，评估往期的出票量，将在新一轮的机票切位上进行参照。因此，大旅行社或者一直与某航空公司合作良好的旅行社，通常能获得相应的切位优先权及优惠价格。而对于欧洲、美洲、中东等长途飞行的机票，其切位的提前期则更早。比如欧洲的团队机位，通常是在一年之前就已经切位完成。旅行社早早地向航空公司缴纳了预付款，确保来年自己的机位数量、价格获得保证。

提前切位的机票在价格上占有较大优势，这也是旅行社能用较低的价格把产品做下来的基本要素。反过来说，对于一些独立成团的团队，如果需要根据其出行日期临时申请机票，则机票的价格将会远远高于旅行社提早切位的团队票。

（4）怀抱婴儿票。以起飞日子为准，年龄0～2周岁的怀抱婴儿，其机票购票条款如下：

按照同一航班成人普通全票价的10%购买婴儿票，不提供座位，如需要单独占用座位时，须购买儿童票；每一成人旅游者携带婴儿超过1名时，超过的人数须购买儿童票；免付机场建设费。燃油附加费以航空公司规定为准。

（5）联程机票。从A地飞往C地，不搭乘直飞的航班，而是全程使用1个2个航空公司的航班，先由A地飞往B地，再由B地飞往C地，这样的机票称为联程机票。

按国际航班的出票惯例，直飞航班要比联程机票贵，因为直飞的旅行时间较短，联程机票的旅行时间较长，中转时需要有额外增加的候机时间。

但目前中国内地范围内的联程票，却未必是转机的比直飞的便宜，因为目前中国内地的联程机票在算法上很多时候是单纯的把两个中转程的机票价格加起来，视作联程票。这样的联程票在价格上没有优势可言。

对旅游者来说，如果时间允许，购买联程机票是比较经济实惠的做法。

购买及使用联程机票的相关注意事项：

①预留足够的转机时间，一般建议2小时以上。

②尽可能全程购买同一航空公司的航班，以便在航班延误导致中转错失时获得较好的服务。

③每段行程都需缴纳机场建设费和燃油税，注意比较实际发生的合计费用，合理选择购买中转程机票。

④联程机票必须按顺序使用，如中途有断档未使用，则后续航段将全部被作废。

六、掌握一定的外语知识

出境在外，除了港澳台地区，其余目的地，普通话基本不再通行，在办理各目的地国家及地区出入境时，领队良好的外语交流能力就显得尤为重要。

就大部分地区而言，英语仍是最为通行的语言。即使是东南亚、日韩等非英语国家，其移民官仍会使用英语与其他非英语国家的入境者进行对话。

对于出境领队而言，熟练掌握英语是其职业所需。目前在申领领队证的过程中，持有英语六级证书的可豁免英语测试。近年来，随着大学教育的普及，多数领队证的申领者英语基础良好，在“听、说、读、写”方面都有较好的体现。但事实上，因为申办领队证的门槛并不高，所以实际在入职领队人员的队伍中，英语水平的高低还是存有较大差距。作为一名职业领队，应坚持不懈地学习英语。

1. 认真学习《领队英语》教材

对于英语基础相对薄弱的领队，可以通过学习《领队英语》课程，在较短的时间内迅速提高英语水平。《领队英语》几乎涵盖了领队人员在境外每一个节点需要用到的代表性对话，如领队能熟练运用《领队英语》所学到的知识，基本上在境外的带团过程中不会出现大的障碍。

2. 多进行语言运用

语言作为一种工具，它的可贵之处体现在“使用”上，因此除了认真学习以外，多“说”是提高口语能力的最好办法。有的领队怕自己语法不过关，说错话会被别人笑话，其实完全可以把这个包袱放下，学习本来就是一个不断改错的过程，因此领队人员要大胆、敢说，只有这样，口语水平才会提升。在工作中，如有旅游者需要进行简单的翻译的，比如购物时旅游者不知道应该怎么说尺寸、颜色等，领队应主动给予协助，一方面起到帮助旅游者解决语言沟通问题的作用，另一方面也通过这些对话，不断提高自己的英语应用水平。

3. 坚持不懈，集腋成裘

语言的学习是一个长期积累的过程，坚持每天背单词是一个非常好的学习习惯。可以随身携带英语小词典，或者在智能手机上安装背单词的 APP，随时随地都可以利用碎片时间进行学习。要坚持不懈，每天看 10 ~ 15 分钟的英语短文，充分利用早晨和晚上记忆力最好的时机，努力学习英语。

第二节　领队带团技巧

一、重要的第一印象

一个领队是否能得到旅游者的认可，在其第一次出现在旅游者面前时，就已经被旅游者在心里默默地打分了。每一个旅游者都有自己的价值观，领队在他们面前所呈现出的穿着打扮、言谈举止，决定了他们会给予领队怎样的配合与尊重。

当旅游者在机场和领队第一次见面的时候，每一个旅游者都是满怀期待的。他们心里希望遇到一个年轻貌美或英俊潇洒、有丰富经验、有亲和力、服务周到、专业敬业的领队。从消费心理学的角度来说，旅游者有这样的想法是很正常的。因为每个人都希望自己的消费得到最好的服务。

如果旅游者发现自己的领队穿着肮脏、形象猥琐、语言表述含混不清，而旁边另外一个旅游团的领队年轻活泼、笑容满面、聪明伶俐，那么旅游者马上就会因两边的比对觉得自己吃亏了：花了同样的钱，但是自己的领队那么逊色。这样的心理暗示就会使得旅游者对领队心存芥蒂，并且在后面的行程中，对领队工作的配合度明显下降。

首先是从外部形象上保持干净、精神的状态。比如男生适宜剪短发，女生如果留长发，应把头发束起。穿着适于旅行的服装，如旅游鞋、牛仔裤等，衣服合身、得体，不穿着过于宽松的衣服。

而领队与旅游者第一次的语言交流同样非常重要。一般对男士称呼先生，女士称呼小姐。如果知其职务，也可以在其姓氏后面加上职务，如“王总”、“李处长”等。如遇年长的旅游者，可以称呼其“叔叔、阿姨”或者“爷爷、奶奶”。如果旅游者和领队年龄相仿且性情相近，也可以直呼其名字，然后用亲和的语调和语速、洋溢着微笑，以“您好，欢迎加入我们的团队”来打招呼。这很容易得到旅游者的信赖，并且获得较好的认同感。

对于早上 8 点左右起飞的航班，机场的集合时间一般是 6:00，对于这样的早航班，算上从城市里赶到机场的路途时间，领队一般应在 4:00 ~ 4:30 就起床，所以领队应在前一天及早入睡，以避免第二天面对旅游者时眼袋松弛、精神颓废。同时领队也可以在起床后洗一个热水澡，让自己全身兴奋起来。女领队可以适度地化一点淡妆，以焕然一新的精神面貌出现在旅游者面前。

作为一名专业领队，给旅游者留下的第一印象是非常重要的。当然，“相由心生”，长相、外形是父母给的，无法更改，所以领队更应注重对自身内在文化修养的历练，加强文化学习，做一个真正有气质、有文化、有内涵的领队。

二、适合的带团风格

由于不同的成长环境、教育差异，每个领队都有自己的性格。有的领队热情奔放，看到任何旅游者都像自己的老朋友；有的领队斯斯文文，行事细腻；有的领队言语泼辣，行事风风火火……新入行的领队，看到一些老领队带团时叱咤风云，心中难免也希望自己能在很短的时间内像一些优秀的老领队那样收放自如。事实上，每一位老领队的风格都只能作为参照而无法完全照搬照抄。如果一味地去模仿其他领队的带团风格，未必会有好的成效。

新晋领队可以在入行的前两年不断尝试改变自己，当然，所有的改变都围绕一个中心——更好地服务于旅游者。比如某领队性格相对内向，可以尝试在某个团上把自己的性格打开，让自己活泼起来；比如平时话语很多的领队，可以尝试收敛自己，学会让自己深沉一点。

尝试改变自己的行事作风，运用不同的风格去带团，并不断进行总结，逐步自成体系，将领队自身的品行、德行、性格、爱好等糅合在一起，把服务工作做到极致。

三、强烈的工作责任心

要做好领队工作，强烈的工作责任心是必不可少的。工作责任心其实质就是一种责任的担当，也可以理解为：通过领队负责任的工作，杜绝所有行程中因人为导致的错误；或者当团队的行程中发生任何状况时，领队懂得检讨自己在这一次状况中应该承担怎样的责任。

一个有责任心的领队，会悟出"顾客至上"的真谛，会去理解"客人是我们的衣食父母"的含义。也只有用这样的方式去思考，领队才会做好工作中的每个细节，扛起其职务所需的每一分担当。

这一份责任心，需要领队从接到公司派团信息开始就及早地开始了解团队的相关情况，如团队旅游者的人员状况、年龄状况、职务状况、分组构成情况。领队领取出团资料包以后，认真核对所有的资料，从护照信息、日程信息、机票信息、酒店信息等各方面，都需要在出团前认真核实。

在旅游过程中，领队必须时刻牢记自己的职责，清楚自己“该干什么，不该干什么”。比如上下大巴车的时候，如果适逢团队中有年长或行动不便的旅游者，则领队应该在车门前迎候并予以扶助，以及在入住酒店时协助搬运行李；比如每次旅游者用团队餐时，至少等到上了4个菜以后才离开，并中途折返进行询菜；比如在散拼团分房时，能将同行者的房间尽力分配在相邻处……这一些都是非常微不足道的小事情，但正是这样的小细节，才会叠加塑造出一个具备真正责任心的优秀领队。

四、娴熟的业务水平

领队要得到旅游者的尊重，除了其真诚的服务外，很重要的一点就是领队自身对于所涉业务的精通程度。经常出游的旅游者只需从领队简短的开场白中就可以判断出领队是一个菜鸟还是一个有着丰富经验的资深行家。

对于出国、出境旅游，每个异国他乡都有着与国内不同的法律法规、风土人情，领队必须熟知这些情况，并在旅途中提前将相关信息传递给旅游者，以便旅游者有相应的思想准备。比如去美国，每天枕头下要放1美元的小费；比如在欧洲，要在购物之前提醒旅游者有可能会发生无法退税的情况；比如春节出游，需要告知旅游者出入境、用餐、游览，都是需要长时间排队的；比如到澳大利亚入境时，有非常严格的海关申报限制……以上这些信息，如果领队能够及时地告知旅游者，无疑会增加旅游者对领队的好感。同样，领队对于游览过程中的各个流程都应该非常熟悉，比如抵达机场后办理值机手续、出入境手续、提取行李等，都应该表现得驾轻就熟，在每个环节都体现其业务能力和水平。

五、灵活的应变能力

发生突发事件时，领队能稳妥地把控全局，彰显其在专业领域处变不惊的能力。

经典案例 中国旅游团在南非遭遇持枪抢劫

2011 年 11 月 3 日晚 7 时左右，来自中国的一个旅游团途经南非约翰内斯堡布鲁玛地区时，突然有一台挂着警灯的民用车辆从后方超车，一下拦在旅游车前，此时还有一台车堵住旅游车的去路。不明就里的中国旅游者惊讶地看见有 3 名嫌疑犯端着长短枪冲上旅游车，并声称打劫。

由于语言不通，在歹徒逼迫旅游者交出贵重物品并要求领队翻译给旅游者时，机智的领队用中文告知旅游者，将身上不贵重的物品交给歹徒并保管好护照，不要和歹徒发生正面冲突。

整个抢劫事件持续时间很短，虽然旅游者被抢走了包含钻石在内的钱财，但是没有发生死亡事故，且大部分旅游者都藏好了护照，因此团队中的 29 人搭乘当天的航班顺利回国，另 3 人由于护照被抢走，于次日回国。

在本案例中，领队能够在遇到突发抢劫时，以旅行者及自己的生命为最重，同时不乏聪颖与机智，在真枪实弹面前冷静处理对待，告知客人把不值钱的物品给歹徒，既避免与歹徒发生直接冲突，又降低了实际损失的程度。这样的领队，值得大家学习！

——资料来源：浙江有线

六、幽默的表达能力

领队在和旅游者进行交流时，应有的放矢地穿插进轻松幽默的话题。

旅游者参加旅游团，都是来寻找快乐的。这一种快乐有观赏美妙风景所获得的愉悦体验，也有导游、领队轻松幽默语言所带来的轻松享受。

如果一个导游和领队在带团过程中过于呆板，则旅游者也会觉得行程很乏味无趣。比如领队在讲解注意事项的时候，一直都是照本宣科，那么作为旅游者，就会觉得索然无味。而如果领队在讲解时能插入一些幽默语言进行适度的调节，则可以活跃团队的气氛，让领队和旅游者之间更融洽。

幽默的语言就是一种润滑剂，可以给平淡的团队气氛注入一针欢乐剂，让大家更轻松。

经典案例 幽默的语言表达技巧

团队机票在值机换取座位的时候，一般都是按照姓氏拼音来排座位的，这就使得夫妻两人会被分开就座。如果领队和大家解释说：“我们团队票只能是这样换登机牌的，请大家多多谅解！”虽然这话没错，但是总显得略微平淡了一点。

领队也可以很幽默地说：“我知道各位娇美的妻子希望能坐在丈夫的身边，依偎在丈夫的怀里，在万米高空牵着丈夫的手共度缠绵时光，但事实上，由于团队票是按姓氏顺序换取登机牌的，因此您夫妻二人已经被很残忍地拆开，甚至有可能你的老公和别人的老婆坐在一起。当然，虽然各位夫妻被分开了，但是等下了飞机以后，一定是小别胜新婚，更恩爱了！”

领队说完这话以后，同样也应该再作补充告知各位团友：我们的座位基本上是在同一个区域的，请团友之间相互协调，尽可能满足大家的愿望。

七、稳定的心理素质

领队带团在外，难免会遇到一些诉求多、要求高的旅游者。

旅游行程涉及食、住、行、游、购、娱，会和很多部门打交道，其间有很多情况领队无法直接掌控，比如航班延误，酒店的隔音效果不好，天气骤变等，这些都不是领队的责任，但是旅游者如果心里感觉不愉快，气都会往领队身上撒。作为领队，在待人接物方面就需要有很好的心理素质，要做到“宠辱不惊”，对于旅游者的一惊一乍，能平和应对，自己的心绪不会被他人牵着走。

领队自我心理调节的能力，会随着其带团数量的增加而不断增强。心理素质的提高，很大程度上得益于领队自身的经历。但是对于新领队而言，一方面是社会阅历的缺失，另一方面是工作经验较少，所以领队需要通过多种途径来加强自己的心理素质。

首先，领队应加强学习，积极利用闲暇时间多阅读各种书籍，特别是长篇文学，如《收获》、《十月》等期刊。通过阅读逐步了解人性的多面性、熟谙心理学，善于从文学知识中汲取养分，并且把获得的阅读感知运用到自己的工作中去。

领队也应具备“吃得起亏、听得起骂声”的胸怀，面对旅游者的误解，能进行自我心理修复。避免和旅游者发生正面冲突——哪怕赢得一时的口舌之快，最终的受伤者一定仍是领队。如旅游者和领队意见相左，即使有的时候道理是在领队这一边，领队都不应该用和旅游者对峙的形式进行体现，而是学会娓娓道来，把道理讲明白。每个旅游者心里都有一面镜子，如果领队的确没有错，而是旅游者不讲道理，那么即使领队受委屈了，在其他旅游者的心里依然会给领队加分。

八、贴心服务

领队在带散客团时，面对旅游者的各种“很简单”的提问，不能表现出不耐烦。比如第一次前往欧洲的旅游者，他会不清楚很多酒店是没有空调的，对此领队应告知这是因为当地的很多酒店（特别是老城区的酒店）属于历史性建筑，为避免破坏原有建筑的格局，这些酒店都不能另外安装空调；并告知旅游者，欧洲一些老酒店的卫生间没有地漏，如果洗澡水从浴缸溢出弄湿了地毯，需要向酒店赔偿损失。

对于领队而言，如果一个目的地是第一次去，会有陌生感，但是如果第二次、第三次乃至第十次去，则会对行程非常熟稔。而对于旅游者来说，他毕竟是第一次去。很多情况下，在领队看来是天经地义的事情，在旅游者看来却是匪夷所思的。比如，中国内地的餐厅多数都提供免费的餐巾纸，但是在香港的餐厅，餐巾纸都是由旅游者自行购买的，这就很容易引起旅游者的不快。旅游者就会把这个疑问抛给领队，领队不应该对旅游者提出如此“常规”的问题表现惊讶，而应该心平气和地予以解释。

很多时候，旅游行程后期是领队容易失去耐心的时期。比如返回到国内机场后，领队拿好行李就快速地离开机场，弃旅游者不顾，这是不应该的。作为领队，必须要等到所有的旅游者都拿到行李并且出海关后，自己才可以离开。否则如果出现以下情况，领队就会陷入被动：

（1）旅游者的行李没有拿到，需要报失；

（2）旅游者的行李有破损，需要赔偿；

（3）旅游者出海关时被拦截，需要领队协助。

因此，领队只有等所有的旅游者都出海关后方可离开机场。领队要在最后的关头坚守岗位。

九、超凡的控团能力

1. 把控行程

领队作为全程陪同人员，办理完出入境手续后，就会将旅游者的关注点引至当地导游身上。此时领队对整个行程的把控，起到后台监督的作用。

领队不能依据常规经验来对导游的工作经验进行判断。比如，上次来这个国家的时候，碰到一个优秀导游，则误认为这一次再来这个国家，所合作的导游也一定是经验丰富的。事实上，导游队伍的素质参差不齐，领队必须在每抵达一个国家或目的地的时候，不管情况如何，都应利用合适时间，及早和导游把整个行程的时间、流程、游览详情都核对一遍。确保行程中的每一个环节都无误；并在核对的过程中，了解导游的实际工作能力。如果碰到相对弱势的导游，领队则需在后续的工作中时刻关注导游在讲解、服务、行程安排中是否有错，及早化解容易引起旅游者纷争的苗头。

流程的核对同时需留意在实际游览时可能碰到突发的交通管制、游览景点关闭等临时性的事件，因此，领队和导游也需要有灵敏的反应度，一旦出现特殊情况，能即刻拿出好的替代方案。一般来说，碰到一个经验丰富的当地导游，领队的工作相对会轻松一点；而比较糟糕的情况是，有的时候会发生新领队搭档新导游的情况，这就更需要领队能够在出发前多加强目的地国家各类知识的学习，确保行程顺利进行。

由于旅游团团员来自社会各个阶层，每个人的纪律性都有个体差异，其行程中经常会出现迟到者，对于这些直接影响到行程进度的情况，应该怎样处理?作为领队，等到出现迟到状况再进行斥责是非常被动的。因此领队必须在行程初始即告知全体团员，必须具备准时集合的时间观念，除非特殊情况，否则都不能迟到。但是对于一些特殊情况，领队也应该从人性化角度出发进行处理：如某天早上团队从酒店出发，有一个平时很准时的旅游者居然迟到了。经了解，原来该名旅游者早上喝了冰牛奶，导致突然肚子疼要上洗手间，因此耽搁了时间。对于这样的情况，领队不宜进行严肃的批评，而是替这个旅游者解围，同时告知旅游者在他乡异国，可能会水土不服，因此尽量避免接触生冷食物。

2. 关注团队 VIP 人物

对于独立包团，一般团队内都有 1 ~ 2 位重要人物，比如董事长、总经理之类的。他或者他们就是该团队的 VIP 人物。虽然我们强调所有的旅游者都是平等的，但是由于该团队的特殊性，领队需要在带团的时候，多留意 VIP 人物对导游、领队的看法及对行程的意见等。VIP 人物的意见直接反映整个团队对地接服务质量的看法。甚至很多独立包团的团队，其旅游费在出团前仅支付了一部分，余款是回程后再行支付的。对于此类团队，领队更是应该知晓其利害关系，尽力做好服务工作，避免因为导游、领队的人为原因，造成旅游者的投诉，以至于无法顺利与旅游者结算尾款。

领队在行程中需不间断地与 VIP 人物进行沟通，以便及时知晓旅游者对整体接待的意见。对于 VIP 人物应给予更多的关注：如雨天 VIP 人物没有携带雨伞，领队可以将自己的雨伞借给其使用；如 VIP 人物平时有吃辣菜的习惯，领队也可由导游提前告知餐厅适当调整菜式；比如搭乘飞机时，在地勤允许的情况下，给 VIP 人物更换更舒适一点的座位等。

而对于散客拼团的团队，并不像包团一样有一个相对核心的灵魂人物存在。由于散客是由不同批次的旅游者组成，在每个批次里面都有一个相对小团队而言的 VIP 人物。对于此类旅游者的关注，基本适用于独立包团里 VIP 旅游者的服务准则。只是由于散拼团需要关注的 VIP 人物数量增多，领队也因自身精力有限，无法做到对每个 VIP 人物都顾及有加，因此应及时观测旅游者的情绪波动点，适度地学会调整自己的服务侧重点。

此外，还有部分旅游者会性格相对孤僻，不愿意和其他旅游者协调合作，平时不言不语，但是到了某个特殊的节点，突然会显现出其性格非常执拗的一面。对于此类旅游者，领队在平素的带团中也不能忽略，应主动予以关心，让旅游者体验到领队一视同仁的服务标准。

3. 引导儿童

如今，带孩子出行已经是很风行的一种旅游方式，这也使得团队中多了另外一个特殊的群体——儿童（泛指 12 岁以下的小朋友）。

现代家庭基本都是独生子，家长对孩子或多或少都存有宠爱过度的情况。

这也使得很多儿童在团队中的表现随心所欲，甚至对导游、领队人员不尊重。所以对团队中儿童的管理同样不容小觑。

在假期内，儿童参团旅行的概率会很大，特别是暑假和寒假，三口之家出行，团队中儿童占比高达1/3。对于领队和导游来说，的确是一种考验。对于儿童的管理，可以利用一些特殊的方式进行引导，以确保团队的井然有序。

经典案例 领队李俊是这样带儿童团的

领队李俊对于带儿童团有独到的经验。2010年春节，李俊带领一个约40人的团队前往澳大利亚，其中12周岁以下儿童有9人。出发之前，李俊先到OP那边去了解了团队中孩子们上学的学校。

团队抵达澳大利亚，上了旅游大巴说完欢迎词以后，李俊特别向大家介绍了团队中可爱的小朋友们，并向他们表示欢迎。然后李俊就把所有小朋友的名字念了一遍（这其实是一种心理暗示，被念到名字的孩子会感受到自己被关注了）。接着李俊说，他当领队已近10年，每年暑假都会带教师团，因此和省市的教育部门都有密切的联系。这一次团队中一些小朋友就来自他熟知的学校。因此，李俊希望孩子们在旅行中有好的表现，因为小朋友们的行为代表了中国小旅行者的素质，也代表××学校在领队叔叔心里的形象。如果小朋友们的表现突出，领队叔叔一定会反馈给学校；如果哪位小朋友表现不好，那么领队叔叔将很不客气地直接打电话给学校的老师。

然后李俊接着说，他猜测这一次小朋友们能到国外过新年，应该是平时表现好或考试成绩好才获得的机会。也正因此，在行程中，各位小朋友除了轻松的旅游，领队叔叔还有作业要布置给大家。第一，每个小朋友都会被要求站出来，拿起导游叔叔的麦克风，给全车团友讲述5分钟的澳大利亚旅游心得体会；第二，将在行程内组织小朋友进行一次绘画比赛；第三，行程结束前，评选出团队中的最佳小团员，并进行颁奖。这一来，每个小朋友都开始铆上劲了。

在后面的行程中，小朋友们个个表现得很优秀，围着李俊“叔叔长、叔叔短”的。同时李俊每天鼓励小朋友做力所能及的事，比如帮爸爸妈妈拿行李，自己清洗袜子等，吃饭的时候不浪费，每天提醒爸妈准时集合……而李俊也不忘对小朋友进行及时的点评，表现优秀的小朋友都得到了小星星。

在整个行程中，小朋友有组织、有纪律，对导游、司机和领队都给予了足够多的尊重。临近结束，李俊给小朋友作总结并且给孩子们进行颁奖。年轻的爸妈们也非常敬佩领队李俊出色的管控能力，把这一些平时在家里都让爸妈很头痛的孩子们管理得服服帖帖，感叹带着孩子出来旅游那么多次，这一次感觉最轻松，并且收获最大。

在这个案例中，李俊涉及物质性的成本其实并不高（主要是一些奖品，如明信片、文具等），以及配合了一些时间成本，但是收到的效果却非常好。作为李俊，自然很辛苦，因为每时每刻都需要关注着小朋友的动态，但是所有的付出都很值得，因为整个行程非常顺利。

十、超前的服务意识

旅游者在出行时，对行程都有其自我定位的想象，这个想象包含酒店、航班、景点、用餐、游览等各个环节。对于初次出国的旅游者，因中国内地近年酒店设施个个堪比奢华，使得其对国外那些知名的国际城市有着很大的期待，误以为那些城市的酒店都是很奢华的、治安也是一级棒的。但在实际行程中，旅游者的一些想象将被落空：酒店没有想象中豪华，餐饮没有想象中的可口，景点没有想象中的壮观，甚至在全球知名的旅游城市——巴黎，景点里还有小偷……

因此作为领队，对整个行程必须要有总体把控，把可能发生的情况提前告知旅游者予以提醒，以便旅游者有思想准备，一旦发生事情时不会处于急促状态。

1. 入住酒店的超前提醒

（1）有些酒店的迷你吧，哪怕没有使用冰箱内的饮品，只是单纯地拿出来再放回去，就被酒店自动计费系统视作使用过了而产生费用。

（2）团队预订的酒店，未必包含散客预订可免费使用的游泳池、健身房。

（3）在欧洲很多城市，团队早餐是与散客分开餐厅使用的。

（4）前往欧洲旅行的常规团，其自助早餐是限量的，餐厅只配备相应人数的牛角包和水果，每个旅游者只能自取 1 份。

2. 搭乘飞机前的超前提醒

（1）飞机上的座位，按全团姓氏拼音顺序打印，因此夫妻不一定会安排在相邻的座位。

（2）团队票由于获得相应的折扣，因此一般会被安排在飞机的后舱入座。

（3）行李被延误送抵，对于航空公司来说，其实并不罕见。

（4）飞机上严禁吸烟，包括洗手间内也严禁吸烟。

（5）如非紧急时刻，不要将飞机上的救生衣取出并充气。私自带走机上的救生衣属于违法行为。

3. 用餐前的超前提醒

（1）团队餐保证能吃饱，但是菜肴的口味一定没有家里的好。

（2）暑假、春节期间出游，在餐厅门口可能会排队30分钟以上。

（3）团队餐的餐标中，除了菜单上列出菜肴的价格外，还包含米饭、茶水、餐后水果（如有）、服务费、菜肴加量（通常为标准分量的2倍）等。因此不能单纯以菜单上各菜品的价格来评估用餐标准是否达到应有的餐标。

4. 携带物品的超前提醒

（1）境外的多数酒店没有洗漱用品，需要自带牙膏牙刷。

（2）即使是前往热带国家，也需要携带一件长袖衬衣，以备夜间、雨天行车防寒。

（3）准备常用的药品：感冒药、腹泻药、退烧药等。

5. 购物前的超前提醒

（1）出门以玩为主，谨慎在境外购物。

（2）购物完毕，应核对发票内容是否与所购物品相符。

（3）离开商店时，仔细清点货币，做到货款两清。

（4）在欧洲购物，不忘开具税单（如符合退税条件）。

十一、融洽的合作

抵达目的地后，领队与导游的合作就密不可分。

1. 熟悉导游工作流程

由于领队和导游工作特性的区别，一些没有做过导游工作的领队，对于导游的工作流程知之甚少，导致领队与导游的合作出现脱节。所以，领队有必要多留意导游的工作流程。接机、行车、用餐、酒店入住等，导游在什么时候该做什么事情，领队心里都要有数。在导游需要协助的时候，领队能及时施以援手，甚至在导游还没有想到之前，领队已经先行做到。一个优秀的领队在与导游合作时，一定会得到导游的赞许，因为谁都愿意和一个能力强、责任心重的工作伙伴一起搭档。

2. 熟悉导游工作心理

有的行程签订了购物店购物的补充协议，面对这类团队，领队应了解导游由于有购物业绩指标的压力，难免会表现出对业绩追求的迫切感，因为不是每个导游都可以把“优质服务”和“迫切营销”这两者完美地结合在一起的。往往出现的情况是，导游为了推销产品，言谈话语之间对旅游者的无可避免地存有不敬，或者给旅游者“导游变成了导购”的感觉。作为领队，面对此番情况，既要做好旅游者的安抚工作，同时也不能一味地指责导游服务欠缺，而是要用巧妙的手段，斡旋于导游与旅游者之间，协调好两者的关系。

十二、熟稔的心理探究

1. 初期的不安全感

在旅游初期，特别是一些初次出国的旅游者，面对陌生的语言环境以及不同的法律法规，相对会比较谨慎。

地接导游只是负责某个阶段的工作任务，并且导游和旅游者是有地域界线的，当旅游者和导游说再见以后，以后重逢的概率微乎其微；而领队则不同，领队和旅游者来自同一个属地，旅游者对于领队更有一种归属感，觉得领队是他们的心理依靠。因此相比较而言，导游对旅游者的心理感觉会更疏离一点，而领队更容易赢取旅游者的信任。领队应该充分利用自己所处的优势。

在出游初期，旅游者对导游、领队相对言听计从，基本以导游、领队的意志为转移。如世界卫生组织很早就推行室内或有空调的地方禁止吸烟，但是实际情况是，国内的大部分餐厅无法做到完全禁烟。但是到了境外，旅游者的自我约束能力明显好于其在国内的表现，如果导游、领队告知旅游者在餐厅内不准抽烟，旅游者都会遵从。

2. 中期的挑剔感

随着旅程的推进，团友之间相互更加熟悉，旅游者对于领队、导游的性格、为人也更了解，最初的陌生感逐渐消失，彼此之间会开玩笑，旅游者的一些性格弱点就会暴露出来。

这个阶段，旅游者会较初级阶段更挑剔，并且如果心里有想法，不再像旅行初期那样藏着掖着，一些旅游者开始“有话就说”，直接把挑剔的心理发泄出来。通常在旅行中期，领队应该更小心谨慎，对于旅游者的一些激烈言语要做到克制，避免发生直接冲突。

3. 后期的疲惫感和包容感

行程临近尾声，鉴于体力消耗以及审美疲劳，旅游者对于行程期望值降低，对旅行社的服务要求也降低，同时出行多日，开始挂念国内的工作、家人等事宜。回家的迫切心理开始显现，心境开始放松。如果前期阶段的旅行总体顺利，此刻旅游者会和导游、领队相处得更融洽。

在这个环节，领队要善于把控团队的气氛。在行程即将结束致欢送词的时候，领队可以对整个行程作一个简单的回顾，并且把行程中一些欢快的节点，刻意地拿出来重新回顾，让旅游者再次体验当初的欢乐感觉。如某位旅游者在海钓的时候，钓到了一只罕见的大螃蟹；如某位旅游者在某商店购物的时候，额外抽到了一个大礼包……对于行程中的顺利之处也应该加以点评：比如，每次我们游览的时候，天就放晴了；每次我们上车，就开始下雨；虽然那天从上海飞旧金山，航班延误了将近 2 个小时，但是机长很给力，猛踩油门，居然又准点抵达了……对于行程中不足的地方，领队点到为止即可，不宜过于强化说明。同时领队也可以借此机会，很大度、很谦虚地向旅游者表示歉意，如：虽然我们尽力去追求完美，但是工作中总是存有缺憾，对于我们工作中存在的不足之处，希望得到各位贵宾的谅解，我们也会不断反省自己，相信您的宝贵意见一定会帮助我们在今后提供更优质服务。

这一些言语会让每一位旅游者听着都很舒坦，如果行程中领队、旅行社有工作缺失的环节，也可以借此机会让旅游者放下包袱，予以释怀。

十三、良好的工作习惯

1. 勤做旅行笔记

领队可以在出发时带着小型笔记本电脑，每天入住酒店以后，记录行程笔记。俗话说得好，“好记性不如烂笔头”。这些行程的记录，在日后领队故地重游时都将成为非常宝贵的参考资料。这些资料不但可以让领队重温记忆，同时也可以作为资料给其他的新领队进行分享，以便让新领队前往该目的地工作时少走弯路。

2. 勤于预习行程

每天晚上把第二天、第三天的行程预习一遍，也可以和导游一起核对行程，对于时间、游览节点进行沙盘推演。此项工作在旅游旺季时需特别留意。因为在春节等旅游高峰时段，哪怕是最常规的行程，因为旅游者的蜂拥而入而变得难以掌控，领队不能依照常规的经验来带团，因为景点游览、餐厅用餐、机场值机等环节都会出现长时间的排队等候，需要留出足够多的时间用以等待。

3. 勤于学习知识

利用业余时间，多了解目的地除了常规旅游景点外的其他知识。

由于旅游团多数情况下走的都是常规的线路，对领队而言，一个目的地如果连续去3次，基本上就处于“炒冷饭”状态。但是领队必须要有创新学习的态度，虽然每次走的景点都一样，涉及的内容不多，但是领队应该自我拓展新知识。比如前往泰国，这是最常规的目的地，一般的旅游线路也就是曼谷和芭堤雅，但是领队也可以对泰国其他的城市进行了解，比如华欣、清迈，这些城市同样也是度假的好去处。

4. 带团期间不酗酒、早睡早起

前往东南亚带团的领队，有的会利用晚上时间前往酒吧“放松”，有时甚至把自己喝醉才回酒店，被旅游者看到其醉态的样子，严重损害领队的职业形象。此外，领队不在酒店期间，如旅游者发生紧急情况需要协助，领队就无法第一时间赶赴现场。同时，透支了领队的体力，额外的体能消耗导致第二天面对旅游者时，因为睡眠不足而显现出心力交瘁。这些习惯在带团时，都应该避免发生。

第三节 领队禁忌

作为一名职业领队，其带团期间的任何言行举止都会被旅游者关注着，因此领队应从各方面注意约束自己，因为自己的行为不仅代表自己，更代表着旅行社的形象，并应当符合国家的法律法规、企业的规范。国家法规中明令禁止的各种行为，领队都应当设定为自己的工作禁区而不越雷池半步。

一、形象邋遢

第一印象对旅游者的观感至关重要，但是就是有一些领队，在日常带团时，衣着不修边幅，没有养成每天洗澡的习惯。更有甚者，一些男领队前往热带国家，只带几件衣服，第一件穿 2 天，第二件穿 2 天，接下来再把穿过的衣服（未清洗过）重新拿出来穿……不知道这衣服上的汗味领队自己是否闻到，身处领队附近的旅游者一定会被熏倒。

二、举止轻浮

在团队中讲黄色笑话、下流话，而且美其名曰“调节团队气氛”。调节团队气氛有很多种方法，讲色情语言只是很恶俗的一种手法，它可能会有很小一部分的受众，但更多情况下，只会引起旅游者的反感，特别是团队中有儿童的，此为大忌。

女领队穿着暴露，在男性旅游者面前搔首弄姿，举止轻浮，此类举动特别容易引起团队里中年女性的反感。一方面，女领队不妥当的举止破坏其应有的端庄的职业形象；另一方面，如招致其他女性旅游者的反感，最终也会给带团工作带来更多的不便和阻碍。

三、不尊重旅游者

有的领队叫不出旅游者名字，就对旅游者说“喂……”或“那个穿红衣服的”之类，这在社交礼仪上是非常缺失教养的表现。

对旅游者的私生活很有兴趣，如果得知某个旅游者是离异等情况，就在团队里面散布消息，搬弄是非，东家长、西家短的。

给旅游者取外号。如某领队发现团友中的一位老爷爷长得很像脑白金广告中的人物，就直接给旅游者取外号“脑白金爷爷”。

和旅游者讲话的时候，语气很冲。对于旅游者提出的建议，强硬打断，并训斥旅游者“我带团不用你来教我”等。

对于没有好感的旅游者，领队故意挑起团队内部纷争，煽风点火，让旅游者去压制旅游者。

四、唯利是图

有的领队出来带团，一心想的是赚钱。俗话说“君子爱财，取之有道”。一些领队完全抛弃了应有的职业道德，在带旅游者到购物店或推荐自费项目的时候比导游还积极。如果旅游者在购物店内没有购物，或者在参加另行付费项目时不踊跃，领队就直接把情绪挂在脸上，对这些旅游者爱理不理。有的领队甚至联合导游，克扣旅游者应有的服务标准，比如原本 80 元 / 人的餐标降低为 60 元 / 人，和导游私分餐费。或者在进入某公园时，利用低峰时段入园赚取门票差价。

五、疏于职守

1. 不仔细核对团队资料

领队在交接资料后，没有及时进行护照、机票、酒店等相关信息的核对，导致出入境时旅游者被阻。

经典案例　　领队工作疏忽　旅行社担责赔偿

某旅行社领队小王，带团前往香港旅游，领取资料后，小王没有仔细核对通行证的签注。第二天杭州萧山机场出境的时候，边检发现其中一名旅游者的香港签注已经过期，导致该旅游者无法出境。由于该旅游者是一家出行的，其中一员无法出行，其家属也同样放弃了行程。此案例中，虽然家属未出行属于“自动放弃”，但是旅游者的诉求是其“放弃”是因旅行社的失职，导致其“全家”出行的计划被破坏，因此责任在旅行社。经协调，最终旅行社全额赔偿了旅游者的损失。

某旅行社领队郑小姐带团前往美国。由于连续带团，郑小姐有点疲乏，领取资料后没有核对，也没有委托公司其他人协助核对。办理登机手续时，发现机票订单上，一个女士的姓氏出错，ZHANG 打成了 ZHAN。时逢早航班，公司的票务人员还未上班，无法在电脑上进行后续的操作备注，于是领队直接向航空公司值机人员沟通，但是值机人员称：如果名字出错，尚可尝试申请更改，但是姓氏出错，无法变更。于此拒绝了领队的请求。由于无法登机，该旅游者的丈夫及孩子也一并拒绝出行，此时领队及时告知，如家人放弃行程，则根据相关合同条例，属于自动放弃，无法得到赔偿。最终，ZHANG 姓女士无奈与丈夫和孩子挥泪洒别。在此案例的后续处理中，旅行社最终全额承担了 ZHANG 女士的团款，并进行了若干的补偿。在这个案例中，领队的第一错是未核对资料；领队的第二错，是在现场处理时，原本有机会减小损失，即当时在机场现买一张 ZHANG 女士的机票，之后可以通过后台由票务与航空公司再行协调 ZHANG 女士的改名事宜。但是领队当时未及时联系公司，错过了重新购票的时机。

2. 带团时丧失职责，顾自游玩

把带团当作一种玩乐，抵达目的地后将团队交给导游，就顾自消失并美其名曰是前往机场“确认机位”。

3. 面对导游对旅游者的欺辱，领队软弱无能不作为

基于自己业务能力或资历的原因，碰到强势的导游，领队就不敢发声，任由导游欺压旅游者。此类状况，等旅游者发生投诉时，一般都以“领队不作为”进行投诉。

4. 不熟悉业务，旅游者一问三不知

对于目的地知识掌握不够，出发前也没有及时做好准备，以至于旅游者询问时，领队无法给予及时的应答。

5. 在旅游者需要帮助的时候，无动于衷

经典案例　领队不作为　被旅游者投诉

旅游者陈女士带着 6 岁的孩子参加香港迪士尼 4 日游。行程第 2 天结束时，陈女士发现孩子有发热的迹象，于是向领队明明反映了此事。

晚上 8 点多，团队回到酒店，陈女士测量到孩子的体温已经高达 39.5℃，于是向领队明明求助，一同前往医院就诊。明明当晚已经和公司的另外一个领队约好前往兰桂坊泡吧，现在计划将要被打乱，非常不快。就以“生病是旅游者自己的事情，不属于旅行社服务范畴”为由，拒绝了陈女士的请求，并且告知陈女士“在香港没有语言障碍，只要有钱，什么问题都可以解决”，让陈女士自己带着孩子打的前往医院。

陈女士无奈，请了另外一个团友协助带着孩子前往医院就诊。

此事件领队严重不作为，事后被旅游者投诉。经旅行社内部通报批评，并给予其停团1个月的处罚。

根据《出境旅游领队人员管理办法》第八条第（二）款规定，领队人员应协助旅游者处理行程中的突发事件、纠纷及其他问题。

此条款中，对于领队的“协助义务”有明确规定。孩子发烧的确不是旅行社原因导致的，但是在孩子出现发烧的情况下，领队必须参与“协助”。协助期间前往医院的交通费、治疗费用等，由旅游者自行承担。本案例中，陈女士第一次去香港，对香港地理及香港医院就诊流程不熟悉，且单身一人照顾生病孩子，处于弱势境地。领队在时间允许的前提下，顾自寻欢作乐，冷漠拒绝旅游者的协助要求，丧失最基本的职业道德，应予以严厉批评。

六、带亲友上团

一些领队为了节省团费，带自己妻子或丈夫或其他家人上团，以便节省一个人的旅费。这样的行为极易引起旅游者的投诉。因为这容易让旅游者产生一种想象，揣摩其家人的旅费是否是免费等。而且旅游者会有心理暗示，误认为领队在照顾团队旅游者的时候，偏向于自己的家属、亲友，也会因此在团队中造成不良影响。

七、心中不快，浮于面上

领队在带团时会受到来自各方面情绪的干扰，如家庭原因、工作原因。有的领队就会把不快的情绪放在脸上。

领队应避免将个人情绪带到工作中来，不能因为自己的心情不好，就摆脸色给旅游者看。旅游者花钱购买的旅游产品中不包含看领队脸色的内容。领队也没有资格因为自己家里的私事，把不愉快的心情传染给客人。

有的旅游者对领队的工作存有误会，对领队存有不敬；而领队于是把情绪转到对别的旅游者身上，把矛盾进一步扩大化。

第四节 应急处理

出于种种原因，在外旅游难免会出现一些意外、突发的情况。而此时，领队必须迎难而上，积极应对并着手解决。《出境旅游领队人员管理办法》第八条明确规定领队应“协助处理旅游行程中的突发事件”。因此，掌握应对各种意外状况的技能和技巧，也是领队上岗前的学习内容之一。

一、临时调整行程项目的应急方案

1. 临时调整酒店

（1）订单失效导致更换酒店。旅行社在实际操作中有可能因为预订差错，导致订单失效。如遇此情况，导游应立刻联系 OP。如抵达的酒店尚存空房，则应尽快办理补订手续，以便旅游者快速入住；如抵达的酒店客房已满，或者余房数不够团队的需求，则应立即协助 OP 寻找替换酒店，同时向旅游者道歉，以期获得谅解。寻找替代酒店应遵循以下原则：

①“就近不就远”原则。由于旅游者无法及时入住房间，因此必定产生额外的等待。如果旅游者提出，由此造成的等待是对其利益的侵害，也是有道理的。比如按原计划旅游者入住酒店后可以享受酒店的游泳池、健身房等相关设施，或者可以早点洗漱休息，因为订单失效，导致酒店游泳池关闭，使得旅游者无法享用游泳池或健身房之类的设施，这的确是给旅游者造成了相应的损失。因此，作为领队，一方面安抚好旅游者，另一方面应积极协助公司，尽可能补订到原酒店附近区域的酒店，以减少旅游者等待的时间。把时间成本的损失降到最低。

②“升级不降级”原则。如果附近区域的同星级酒店已经客满，则应考虑附近区域高一星级的酒店，通过升级酒店的方式来弥补给旅游者带来的不便与时间成本损失。当然，旅行社在此类操作的时候，也会有费用成本的考虑，因此作为领队，应及时将团队的情绪情况反映给公司，以便公司迅速作出决策，

同时，领队应尽力安抚好旅行者。

③在旺季、春节、恰逢展会等时段，如确实找不到满足以上两个原则的替代酒店，甚至能找到的酒店不但偏远而且被迫降级，则领队应立即协助公司做好善后补救工作，包括立即赔偿旅游者降级损失，并向旅游者道歉，以及通过赠送小礼品等获得旅游者的谅解。

（2）酒店超卖导致旅游者无法入住酒店。在旅游旺季，酒店超卖导致旅游者无法入住的情况偶有发生。东南亚某些酒店，甚至在单方面取消酒店订单后不通知旅行社，直到团队抵达酒店时才被告知无法安排入住。此类情况的责任归属为酒店，但是处理时则需要由旅行社、领队面对。

遇此情况，领队应立即联系公司 OP 进行后续方案的处理。同时领队要向旅游者作耐心解释，告知其无法入住的原因所在。由于此类状况领队很难向旅游者证明无法入住的原因是由酒店造成的，因此旅游者可能并不认同领队的解释。如有必要，领队也可以邀请团队中外语较好的人向酒店前台了解实情，以减少旅游者与旅行社、领队的直接矛盾。但是旅游者也可能认为“虽然取消入住的原因是酒店方面造成的，但酒店是旅行社落实的，因此旅行社依然难辞其咎”。因此，当务之急是必须尽快在较短的时间内寻找到替代酒店，此时需要领队一方面安抚旅游者，另一方面同步协助组团社、地接社尽快落实后续的替代方案。

如入住酒店的时间为傍晚，也可以与旅游者沟通，先去用晚餐，或者适度调整某些适于晚间游览的行程，以减少旅游者的等待时间。

订单无效的防范：领队应提醒导游在入住酒店之前与酒店方面进行入住确认，包括房间数量、房型，是否含早餐等情况，以便及早发现订单无效或订单有误、订单取消的情况，并在团队入住酒店之前做好相关补救工作。

2. 临时更换旅游巴士

（1）汽车出现故障。首先查明原因是否可以短时间内修复，如故障无法短期内排除，领队应配合司机、导游，立即调度替代车辆。领队同步安抚好旅游者，如在炎热夏季，在征得公司的同意下，给旅游者购买清凉饮料降暑。

经典案例 旅游车路途中抛锚 旅游者权益受损

领队小王带团前往泰国，在曼谷前往芭堤雅的途中，车子抛锚，旅游者被迫在炎热的马路上等待了2小时。团友们抱怨纷纷，而领队小王觉得车子抛锚不是他造成的，是巴士公司的原因，因此与他无关，如果大家有情绪，就朝巴士公司或驾驶员发泄。而此团的地接导游也未能及时进行解释及情绪安抚。旅游者非常生气，打电话回国内组团社进行投诉并要求赔偿，最终旅行社向每个旅游者赠送一份价值50元的泰国土产表示歉意。

小王只是从表面单纯地看到"车子是巴士公司派的"，而忽略了"车子是巴士公司委派的，巴士公司是地接社联系的，地接社是组团社落实的"这三者之间的关系。

参团的旅游者无须知道组团社、地接社、巴士公司三者之间的各种协作关系，所有行程中出现的与旅行社相关的各种状况，都只需直接与组团社委派的领队交涉即可。因为旅游者的《旅游合同》，是与组团社签订的。因此，作为领队，小王应该在出现此类情况时及时介入处理。比如与导游、司机沟通，了解车子状况，确认是否需要调度新的巴士来接团；以及同步做好旅游者的安抚工作，并根据实际情况，经公司OP同意，现场购买矿泉水等饮料给旅游者解暑降温。

在此案中，车子抛锚并非大巴公司主观意识或故意造成，但是作为旅游者，他的权益在一定程度上受到了损害，如维修车子或调度车子所需的等待；如原本可以在空调车内享受凉爽的舒适体验，但是现在却被迫在炎热的马路上等待。而此类的权益受损，很难用一种特定的公式进行量化的界定与赔偿，一般均以境外导游、随团领队的口头道歉并获得旅游者的原谅而作化解处理。因此领队应及时介入，果断处理，避免给旅行社造成更大的损失。

（2）如汽车抛锚在高速公路，领队应告知旅游者留在车内，并立即致电告诉交警部门，根据交警部门的指示进行操作。待更换的车辆抵达时，严格按照高速交警的指示来更换车辆，确保旅游者的安全；车辆交接完毕，领队最后对故障车内的物品进行检查，确保没有行李物品遗漏在故障的旅游车内。

（3）交通事故导致的更换巴士。首先领队确认自己的受伤情况，如领队自己受伤严重，应立即致电公司及拨打急救电话，以期及早得到救助；如领队确认自己只是轻微擦伤，则应立即了解旅游者的伤亡情况，联系救护部门进行营救，同步告知公司以便公司给予协助。

（4）如由于司机服务不好引起旅游者投诉导致车辆的调整，原则上不更换汽车，只更换司机。此项操作适宜在幕后操作，在行程结束抵达酒店之前，不宜让司机知道自己将被更换的信息，以免司机在行程中情绪失控，导致发生更严重的投诉。

3. 临时更换航班

（1）非旅行社原因造成的航班更换。此类原因包含航空公司取消航班、天气原因导致航班更换。如因航空公司原因取消航班，应由航空公司来承担责任。领队应立即联系公司 OP，报告目前团队所处的情况；同时立即与航空公司沟通，尽可能更换到距离原定航班最近起飞的航班。如由于天气原因导致航班更换，理论上航空公司不承担责任。领队应即刻联系公司 OP，由公司后台切入协调联系落实。另外应安抚好旅游者的情绪，并尽力配合公司，及早获得后续替代方案，以确保行程顺利。

经典案例　航空公司取消航班后……

2011 年 4 月清晨 6 点，领队蒋先生带领团队一行 32 人，计划搭乘早上 7：50 起飞的班机从杭州飞往北京，后从北京转机搭乘当天 13:30 的航班飞往伦敦。

团队抵达机场后，航空公司告知 7:50 起飞的航班取消，并告知接下来 8 ～ 11 点之间的航班都满员，因此团队需改签至中午 12 点 30 起飞的航班飞往北京。

如果改签成 12:30 起飞的航班，则抵达北京的时间是 14:30，那么原计划的 13:30 的航班已经起飞，团队将来不及衔接飞往伦敦的航班。如果这样，团队飞到北京以后，将被滞留在北京，则伦敦的行程全部被打乱，伦敦当晚酒店被浪费。同时即使航空公司愿意将当日“北京—伦敦”的团队票改签到次日，也会因届时飞往伦敦的机位是否足够 32 个而导致团队可能被拆分成好几批飞抵伦敦。

领队随即要求航空公司把团队的机票改签至 8 点多起飞的航班，但是被航空公司拒绝，其理由是 8 ～ 11 点的航班已经全满，无法进行改签。

如果是这样，这个团队的出行将全盘破局。领队心急如焚，一直在和航空公司争论：在发生此航班取消的情况下，航空公司应考虑其团队将转飞伦敦的情形，给予优先改签。航空公司可以在机位满员的情况下，将原计划 8 点多的机位拉掉一部分——既然可以将 CA1701 取消，为什么就不能拉掉 8 点多航班的 32 个机位呢?

航空公司当时态度依然非常坚决，表示这将会影响到 8 点多航班的乘客出行，并且这是违反航空公司的规定的。当时领队的态度也非常坚决，并强调如果不能解决此问题，将携带 32 位团友一起前往航空公司的值机柜台进行诉求。经过激烈的拉锯战，最终，航空公司同意领队的要求，将原定 7:50 起飞的航班改签到 9 点多起飞，而原先 9 点多起飞的部分乘客被拉掉机位，航空公司另行再作安排。

蒋先生的团队终于顺利登机，并且赶上了北京飞往伦敦的航班。

（2）旅行社责任原因导致更换航班。旅行社责任原因造成的航班更换，多数情况下为团队延误抵达机场。造成此类情况的原因有多种，包括导游、领队错误阅读航班信息，导致错过航班起飞时间；前往机场时，导游、领队没有预留足够时间，导致延误抵达机场；团队沿途遭遇严重堵车导致延误抵达机场；团队前往机场时，由于旅游大巴机械故障，导致延误抵达机场。遇此情况，领队应立即联系公司OP，由公司出面与航空公司协调沟通，尝试是否可以更改原订机票。通常团队票需遵循“不退不改”的出票限制条款，因此这一变更可能无法实现；有时，航空公司会基于与组团社长期的合作关系，通过上级主管部门审批，同意旅行社更改此延误的机票。如果最终机票无法改期，则需要重新购买全团旅游者的机票，旅行社、导游、领队将面临购票产生的全额损失。由于此时购买的机票属于临时出票，提前量少，因此机票的价格会很高；如时逢春节等旅游旺季或展会等特殊时期，航空公司可能没有足够数量的剩余机位用于延误的团队，因此，旅游者还将被迫在境外增加停留天数，旅行社、导游、领队则面临旅游者滞留期间的住宿、用餐等费用。因此，如遇此情况，为了减少团队在境外的停留，则有可能将团队拆分成几个批次陆续飞回国内。

（3）责任防范。

①导游、领队应有足够的责任心，仔细核对机票信息，如航班号、航班起飞日期、时间等。

②导游、领队在前往机场时应留出足够的时间量。特别是在美国等机场安检非常严格的国家，或者是在东南亚某些值机手续比较缓慢的国家，领队、导游都应严格遵循“国际航班提前3小时抵达机场、国内航空提前2小时抵达机场”的准则。

③导游、领队应及时了解当地的交通讯息，如送机当天是否有集会、游行、交通管制，以便视情形调整前往机场的出发时间。

④导游、领队应及时提醒司机检查旅游大巴的车况，并叮嘱司机安全行车。

二、安全事故的应急处理

1. 人身安全事故的应急处理

（1）旅游者受伤。旅游者如在旅游期间意外受伤，领队应立即向组团社

OP、组团社领队部经理报告状况。同时根据受伤情况的严重程度，迅速判断是否应送医院就诊。

在处理旅游者受伤的过程中，应严禁导游、领队擅自给旅游者使用药品。

如旅游者购买了意外保险或医疗保险等，领队应提醒旅游者联系保险公司及时进行报案，并妥善保存好医疗费用的单据，以便回国后向保险公司索赔。如旅游者因身体原因无法处理，领队应予以积极的协助。

（2）旅游者死亡。在游览过程中，如旅游者因自身疾病、交通意外等原因导致死亡，领队应作为重大事件对待，立即向组团社 OP、组团社领队部经理报告状况。领队应保护好死亡现场，并报告当地警方，以及稳定其他团友的情绪。如在整个事故的处理中，需要领队在现场，领队应予以配合。如接待社安排其他工作人员介入协助善后处理，领队应根据公司的指示，可继续随团进行领队工作。

2. 人身安全事故的预防

领队在游览的过程中，要不厌其烦地提醒旅游者注意以下人身安全须知：

（1）请勿在床上抽烟及乱扔烟蒂，以免引起火警、火灾。及时了解紧急出口所在。

（2）睡眠、休息时，请将房门的保险扣锁上。陌生人的来访，不要随意开门。

（3）请穿着防滑的鞋子，上洗手间或行走于积水、潮湿道路时，请注意防滑。

（4）如酒店有游泳池的，请在开放时间前往。如游泳池已关闭或池边无救生员，请勿入池。如在海、湖、河里游泳，必须穿着救生衣，并且在指定的安全区域内进行。

（5）餐厅用餐时，旅行包放置在胸前，不放置在身后。

（6）拍照不走路、走路不拍照；留意斜坡、台阶、道路不平整，以免被绊倒或踩空。

（7）过马路走斑马线，如某些路段没有斑马线，应确保左右相向没有车辆，并迅速通过。

（8）不与陌生人搭讪，不接受陌生人的食物，不让陌生人靠近。

（9）在游览时，请和旅游团其他旅游者保持一致的前进步伐，不掉队，以免成为犯罪分子抢劫、行凶的目标。

（10）夜间不要单独外出，如需要在晚间时候出行，需三五成群，请选择灯光通亮的大街，不行走于灯光昏暗的小巷或胡同。

（11）请确切地了解自己的身体、年龄、健康等状况。孕妇、心脏病患者、高龄人士、低龄、婴幼儿、高血压、骨质疏松等旅游者，绝对不适合参加任何剧烈、刺激性、高危的活动。

（12）如有携带孩、童随行的，作为监护人，请妥善照顾、照看好他们的饮食、起居等情况。

（13）与任何动物合影时，请保持安全的距离或听从驯兽师的指导。观赏动物时，请勿戏弄、挑逗，以免受到攻击、撕咬、叮啄。

（14）搭乘快艇、驾驶摩托艇或其他水上活动时，必须穿着救生衣。快艇行进时，严禁在艇内站立、走动。请勿将手、脚或身体的其他部分放置在船舷上，以免被碰、擦伤害。

3. 财产安全事故

（1）护照遗失的应急处理。旅行者在遗失护照后，应尽快向当地警察局进行报案，获取警察局开具的报案证明。旅游者持警察局开具的报案证明，前往中国驻该国使领馆办理新的旅行证件。

办理新的旅行证件一般需要 3 ~ 5 个工作日，旅游者此时可以与团队继续活动，申请旅行证件的后续工作可由接待社介入处理。旅游者获得新的旅行证件以后，不得前往下一国继续旅行，应直接从证件签发国返回国内，行程到此终止。旅游者申办旅行证件所需要的各项费用，以及旅游者提前回国所涉及的交通费用，如机票改签费或需重新购买机票（团队票无法退改），所涉费用均由旅游者自行承担。

（2）钱财被盗、遗失的应急处理。领队应及时向当地警方报案，如被盗现场在酒店或车上的，应保护好现场。如警方派工作人员前来调查，领队应协助旅游者进行如实描述。

领队应提醒被盗旅游者保存好被盗或遗失的报案证明。如旅游者有购买了旅行盗抢险的，领队应及时提醒旅游者在保险公司要求的时间内进行报案，以便回国时向保险公司索赔。领队同步应向旅行社 OP、领队部经理报告此事。

领队应给予当事人安抚，同时提醒其他旅游者加强防范意识，避免此类事件再次发生。

4. 财产安全事故的预防

（1）保管好自己的护照（如持有 ADS 签证，入境以后护照全程交由领队统一保管；如非 ADS 签证，建议整团护照交由领队统一保管）。钱币、证件、贵重物品等必须随身携带；景点游览时，该些物品同样请勿存放于车上。

（2）入住酒店后，请将钱币、贵重物品寄存于酒店的保险箱内。

（3）出行时携带适度的现金货币，同时携带多币种信用卡、银联卡。

（4）不在公共场合清点钱币，不在外人面前露富。

（5）酒店退房时，请确认自己带齐所有的物品。在餐厅用餐时请将包安放在胸前，酒店大堂、餐厅、机场、旅游景点等均为小偷经常光顾之地。谨慎保管自己的财产，不在公共场所整理钱币，以免引起歹徒的注意。

（6）请勿轻易将行李托付给陌生人看管；也不要轻易接受他人的请求代为看管行李。

（7）在东南亚的海岛上，不要受不良商贩的低价诱惑而搭乘摩托艇等，以免被敲诈勒索引起不必要的纠纷。

Part 2

操作实务篇

第二部分 操 作 实 务 篇

第三章 *chapter 3*

领队出团前的准备

领队的主要工作就是带领出境旅游团离开中国内地前往异国他乡进行参观游览。这是对每个领队的一次次考验，也是展示个人才华的一次次绝好机会。领队接到旅行社计调人员发出的带团通知并接受任务，标志着整个带团工作的开始。

领队的每次出境带团工作都必须以与旅行社计调人员进行交接作为开始，以结束带团再次与旅行社计调人员交接为终点。

在旅行社的委派下，领队全身心地投入工作，努力完成带团任务。旅行社的计调人员代表旅行社与领队进行任务传达，提供相关资料，介绍团队情况，告知注意事项及相关信息。在旅行社内部，负责团队操作的计调人员通常被称为 OP，这是英语 Operater 的缩写。不同的旅行社可能对此有不同的习惯称呼，也有的旅行社称 OP 为团队计调、团队操作。在台湾地区习惯称为团队线控。领队与具有出境旅游资格的旅行社之间的工作交接，主要是在 OP 与出境旅游领队之间展开。

旅行社的 OP 与领队展开工作，进行合作，首先，双方要努力做到配合默契。作为 OP 来说，最好是经验丰富、精明强干的领队人员与其配合，争取一次性完成交接工作，不留后患。作为接受任务的领队要全力以赴，积极配合，认真理解 OP 的意图、工作要求。其次，OP 与领队之间要时时刻刻确保联络畅通，无论在境内准备期间还是境外参观游览过程中，发生任何大小问题，领队都应该及时主动向 OP 进行通报。如果出境旅游团中有任何信息的变更，OP 也应该马上告知领队。再次，OP 与领队之间要步调一致，充分信任。一切以旅游者的需求为出发点。只要无关乎企业秘密和商业信息，不涉及个人隐私，OP 应尽可能向领队提供更多的有效信息，让领队做到心中有数。作为领队也要关注旅游团内的各种情况，倾听旅游者的意见和反映，及时向 OP 汇报，方便其进行有效的调控。最后，无论是领队还是旅行社的 OP，双方都必须勇于担当，讲究实效。一旦出境旅游团发生任何问题，大家首先要努力解决，消除隐患。绝对不能相互推诿，甚至相互指责。

领队出团前的准备工作，有接受带团任务和召开行前说明会两大项。一般的流程如下图所示：

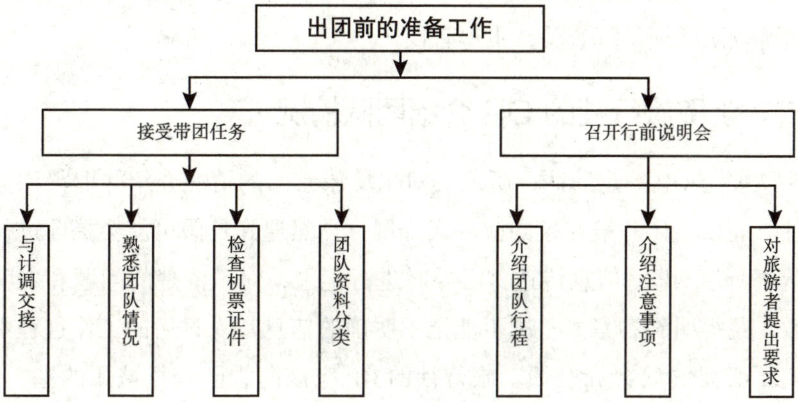

第一节　接受带团任务

领队在带领旅游团离境前往旅游目的地进行参观游览前，必须做大量的准备工作。准备工作细节多，繁杂度高，每一个领队都必须对此有足够的思想准备，努力让准备工作做得井井有条。如果领队在接受任务期间忽略细节、力求简单，一定会给今后的出境旅游带来意想不到的麻烦和困难，甚至造成旅游事故，给旅游者和旅行社带来不应有的损失，也给自己增添不必要的麻烦。

一、出境旅游文件交接

领队得到旅行社的出团通知后，应该马上向旅行社的有关部门上交自己的护照（往来港澳通行证、内地居民往来台湾通行证）用于前往目的地国家（地区）的签证、签注之用。领队应该主动与旅行社具体操作该出境团队的OP沟通，约定办理交接及听取团队具体情况介绍的时间。OP应该移交给领队的资料很多，林林总总。领队应该认真查收，仔细落实。

《旅行社出境旅游服务质量》中有关“出团前的准备”一节中，有以下表述：领队接受计调人员移交的出境旅游团队资料时应认真核对查验。出境旅游团队资料通常包括团队名单表、出入境登记卡、海关申报单、旅游证件、旅游签证/签注、交通票据、接待计划书、联络通讯录等。上述文件都非常重要，出境旅游领队必须认真查验，不得有误。

二、听取旅行社的OP介绍团队情况

领队要与OP约定时间，听取其对出境旅游团的情况介绍并取得相关资料和文件。此项工作一般在接团前一天开展，当然遇到长假可能会提前进行。领队要认真听取OP的信息传达，必要时进行记录，对不清楚的问题和事项要及时请教，获得明确答案。坚决不能把不明确的信息带入日后的工作过程中，以免引起不必要的误会和麻烦。旅行社的OP应该向领队介绍该团的基本情况，其中包括旅游团的构成（散客成团还是单位包团，或者说是几家旅行社联合出团）、旅游团内重点客人的情况、旅游团的详细行程安排、旅游团的某些特殊要求、旅游团内旅游者的分房安排及召开行前说明会的时间和地点。此外，旅行社的OP还要向领队移交该团的各种资料。根据《旅行社出境旅游服务质量》的要求，应该移交的资料主要包括团队名单表、出入境登记卡、海关申报单、旅游证件、旅游签证/签注、交通票据、接待计划书、联络通讯录等。此外，要移交的还有团队分房表、团队境外行程实施反馈表及领队资料领用单。如果某些旅游者因为种种原因，还没有与旅行社签订出境旅游合同，OP要请出境旅游领队带着旅游合同在旅游团出境以前让旅游者签收。领队资料领用单应该由 OP 和领队双方签字，以备核查。

三、获取“出境旅游行程表”

OP 应该移交给领队“出境旅游行程表”。由其在行前说明会上发给旅游者，至少要在出境前让旅游者得到，以便其查阅。

《旅行社出境旅游服务质量》对“出境旅游行程表”有严格规定，发给旅游者的“出境旅游行程表”应列明如下内容：旅游线路、时间、景点；交通工具的安排；食宿标准 / 档次；购物、娱乐安排以及自费项目；组团社和接团社的联系人和联络方式；遇到紧急情况的应急联络方式。

“出境旅游行程表”要内容翔实，信息全新，以方便出境旅游者阅读和理解为原则。旅行社制定的“出境旅游行程表”应包含多种信息，比如，中国与当地的时差、航班飞行时间、目的地国家（地区）的气候情况、外汇兑换信息、旅游者在旅游目的地的注意事项、费用说明、行程须知、联系方法、旅行社质量监督电话等。领队要仔细阅读、反复研究各项内容。领队要重点掌握旅游团的详细行程、抵离时间，熟悉并牢记旅游团的所有参观游览项目，了解旅游团的餐饮和娱乐活动的安排。

实用图表 出境旅游行程表

泰国旅游行程表

团号	ZL-CT140529		团队性质（包团、联合发团、散拼）		散拼
人数	16+1	领队	***	手机	***********
集合时间	2014 年 5 月 29 日晚上 21 点 00 分		集合地点	萧山机场国际航站楼 3 号门	
出发航班	FD569		航班时间	2315/0225+1	
送关人	…………		手机	………………	
游客注意：如持有中国内地地区之外的护照（含香港地区和台湾地区）参团出国、出境旅游的，其签证、签注自理。持香港地区或台湾地区护照的游客出国、出境时，离境时必须随身携带回乡证（回港证）或台胞证。游客自行办理签证、签注的，在出入境时因证件问题而产生的一切责任与后果，由游客自行承担。					

日期	交通	行程内容	酒店	用餐
5-29	飞机	**杭州→曼谷　FD5692315/0225+1** 按指定时间前往萧山国际机场集合，搭乘国际航班飞往微笑之城——曼谷，享受专车前往酒店休息。	MAPLE HOTEL	—
5-30	汽车	**曼谷** 我们乘坐【长尾船畅游湄南河】『30分钟』在这条泰国母亲河溯流直上金碧辉煌的【大皇宫】和【玉佛寺】『60分钟』。随后前往参观【阿南达沙玛空皇家御会馆】『30分钟』(入内参观请注意着装，女士请穿长裙，男士请穿长裤；如遇星期一或政治性原因闭馆，则改为参观皇后博物馆)。傍晚带您观看享誉全球的【人妖歌舞剧场表演】『60分钟』。	MAPLE HOTEL	早餐：酒店内 午餐：泰式自助餐 晚餐：咖喱螃蟹餐
5-31	汽车	**曼谷—芭堤雅** 早餐后自由活动；午餐后驱车前往旅游胜地芭堤雅，抵达芭堤雅后享受特别赠送的【泰式古法按摩包加钟】『90分钟』(温馨提示：按照泰国礼节，游客需给按摩师准备小费，18岁以下儿童不安排不退费)！晚餐后赠送【梦幻古堡西洋魔术秀】『45分钟』。	RAMANYA RESORT	早餐：酒店 午餐：帕拉索国际自助餐 晚餐：中式合餐
6-1	汽车	**芭堤雅** 早餐后导游大哥已经身着短裤短袖在大厅等候您，提醒您千万不可穿长裤皮鞋出海。我们启程【乘快艇】『20分钟』乘风破浪直飞芭堤雅最美岛屿【格兰岛】『3小时』。我们还将途经【海上浮台】观赏水上降落伞、水上摩托艇、香蕉船等水上付费运动。团友欲一显身手的请注意跟船家付费时另签保单，因水上项目不在普通意外保险范围内。继而安排趣味【丛林骑大象】『10分钟』。继而前往参观【三大奇观】『60分钟』，首先前往【七珍佛山】仿佛一斧劈开半山、镶上金粉金箔的大壁佛；【九世皇庙】，休息一下再前往栩栩如生的【蜡像馆】参观。黄昏时分前往最新开放景区【彩蝶花语城MIMOSA】『90分钟』。晚上赠送【鱼翅燕窝消夜】风味。	RAMANYA RESORT	早餐：酒店 午餐：岛上海鲜餐 晚餐：花语城合餐

<table>
<tr><td>6-2</td><td>汽车</td><td>芭堤雅—曼谷
早餐后入乡随俗前往【皇家寺】『50 分钟』。而后驱车前往【龙虎园】『70 分钟』。结束后驱车返回曼谷，途中停留【休息站】『15 分钟』；抵达曼谷后观赏泰国著名的【人蛇大战】并听取蛇毒知识讲解『70 分钟』。晚餐前往享用【KING POWER 拉玛雅国际自助餐】。晚餐后贵宾可在 KING POWER 或周边闹市区自由活动 90 分钟。</td><td>A-ONE HOTEL</td><td>早餐：酒店
午餐：泰式风味餐
晚餐：拉玛雅自助</td></tr>
<tr><td>6-3</td><td>飞机</td><td>曼谷—杭州　FD568　1710/2215
早餐后自由活动。午餐后驱车送往曼谷国际机场。留下最深刻的美好回忆，挥别微笑之邦——泰国，互道珍重，相约下次同游，返回温暖的家乡，结束难忘的泰国之旅。</td><td>—</td><td>早餐：酒店
午餐：中式合餐</td></tr>
<tr><td colspan="5">以上行程遇有特殊情况，我公司在不减少景点的前提下，征得客人同意后可根据实际情况调整行程先后顺序。</td></tr>
<tr><td rowspan="4">费用说明</td><td colspan="4">【包含项目】</td></tr>
<tr><td colspan="4">往返机票、机票税金、机场建设税、泰国签证费用 260 元 / 人、全程酒店住宿（双人标准间）、行程中团队标准用餐（用餐 6 菜 1 汤）、空调大巴、司机、导游、领队、以上行程中各景点第一门票。</td></tr>
<tr><td colspan="4">【不含项目】</td></tr>
<tr><td colspan="4">护照工本费 200 元 / 人、境外其他个人消费，机场来回接送。</td></tr>
<tr><td>行程须知</td><td colspan="4">1. 请准备好本人身份证原件，儿童请准备好户口簿原件，怀孕妇女不得参团。请自备个人洗漱用品及拖鞋、牙具。
2. 旅客必须随团队出入境，并听从领队安排。
3. 自由活动期间务必注意安全，证件请随身携带并妥善保管。
4. 请遵守旅游目的地的交通规则和游览规则。
5. 中国海关允许每位旅客携带现金 20000 元人民币及 5000 美元出境，出境时请将摄像机、高级照相机等填报在海关申报表上，以免回程时被征税或罚款。境外返回内地时，每人可免税携带两条烟、一瓶酒。动植物、水果及政治性、色情等杂志不得带入境。
6. 贵重物品（如现金、金银等）一定要随身携带或存放在酒店保险箱内，切勿放在行李箱或放在房间内及车船上，请妥善保管好您的物品。
7. 如遇不可抗拒因素或航班变更，团队行程会有所调整。
8. 请您在团队结束后，妥善保管好证件，新办护照有效期为 10 年，通行证有效期为 5 年。
9. 团队原则上按照同性别安排住房，夫妻可在不影响总房间数的前提下尽量安排同一间房。如出现单男单女请服从领队安排，不便之处敬请见谅。感谢合作。
10. 请客人关注气候变化因素（雨、雪、雾、冻等），准时到达集合地点，旅行社不承担因人力不可抗拒因素造成的损失及责任。</td></tr>
</table>

行程须知	**泰国旅游注意事项** 感谢您参加由浙江省……旅行社组团的泰国之旅。为确保行程的顺利进行，在此，本部门把本次行程的注意事项、相关事宜进行大体整理，并以文本的形式提供给您，恭请您抽出宝贵的时间进行阅读。 一、出、入境，海关，卫生检疫 1. 出、入境过边检的时候，我们将按《出境名单》的顺序依次排队办理手续（护照封面右上角的编号为排队的序号），并注意一米线。请勿在边检、海关区域摄影、拍照，以免被扣留器材。 2. 请携带身份证原件，以备杭州出、入境时边检人员的查验。 3. 根据海关规定，每人可携带 20000 元人民币以及价值 5000 美元的外币出境。 4. 动、植物，未经检疫的水果以及政治性、色情书刊、光盘等在回国时严禁携带入境。 5. 出、入境时请勿帮他人携带物品，以免被不良分子利用。 6. 回国入境时，每人烟酒的携带限量是：烟 2 条、酒 1 瓶。 7. 每到一个目的地国家，均需填写入境卡。领队会协助您填写该类表格。根据卫生检疫部门的要求，在入境时，健康申报表须由您本人填写。 8. 前往泰国入境时，请保留好自己的登机牌存根，以备移民官员查验。 二、登机手续，行李托运 1. 按民航规定，每位游客只能携带 1 件行李登机，其他行李均需托运。大拉杆箱必须托运。 2. 贵重物品、钱币、证件等切勿放在行李中托运。为了您的财产安全，托运的行李请上锁。 3. 飞机的座位由航空公司按姓氏拼音字母顺序排定，因此同一公司的游客不一定被安排在相邻的座位上。就整架飞机而言，团队通常会被安排在机舱的中后部及尾部就座。 4. 曼谷机场面积庞大，候机时请注意登机牌上标明的登机口，并在规定时间内登机。 5. 登机安检时，随身携带的液体物品限量为 100 毫升。安检人员可能会要求您打开液体物品检查，因此最好请勿携带易拉罐食品或饮品。酒精类制品及易燃、易爆等化学物品也是严禁随身携带登机的，而且即使办理托运手续，也会有被航空公司拒绝的可能。 6. 尖锐物品如修眉钳、指甲锉、剪刀、小刀、刀片剃须刀等都必须托运。如果随身携带该些物品登机并被安检人员查及，可能会被暂扣或没收。每人只能携带 1 个打火机登机。 三、自备物品 1. 为了节约资源，做好环保工作，我们入住的酒店多数不提供一次性用品，出行前请携带好牙刷、牙膏、洗发水、拖鞋等洗漱用品。 2. 需携带游泳装、晴雨伞、晕车药及其他常用药品、笔（需填表格）、1 瓶水等。 3. 泰国大皇宫禁穿无袖衫（云顶娱乐场禁穿无领衫）、短裤、拖鞋者进入，请准备好相应的服装。 4. 请准备 1 件长袖薄衬衣，在晚间行车时用以防寒。 四、饮食，住宿 1. 泰国饮食以酸辣为主，如果您担心无法适应当地的口味，可携带一些方便菜肴诸如小包装榨菜等，但是请勿携带肉、禽类制品。

行程须知	2. 膳食标准为简单的自助餐或每桌 6 ~ 8 菜一汤的团队餐，团队餐通常为空心菜、豆腐、炒蛋、煎鱼等，口味与杭州差异较大。不建议您在团队餐厅加餐，因为一则口味不佳，二则上菜速度偏慢。 3. 如航班正值用餐时间，则不另行安排团队用餐。 4. 目前正值旅游高峰，因此用餐可能会出现排队等候的情况。 5. 泰国的旅游业发展得很成熟，很多星级酒店建造年份已久，因此设施相对陈旧。此外，泰国酒店的房间内不供应开水。 6. 团队中如出现单男单女，旅行社将拆分夫妻房，请予以配合。如有特殊要求，则增收房差。 7. 新加坡、马来西亚酒店的插座式样与境内不同，但客房部可能提供“转换插头”借用服务。卫生间如有插座提供，请注意有 110V 与 220V 之分，使用前请仔细核对，以免烧毁电器。 五、货币，购物 1. 您可在泰国导游处换取泰铢，行程结束时如有多余，可按相同汇率换回人民币。行程中有一些购物商店。如您有购物欲望的，请在购物前认真比对货品质量、价格及生产地。建议您谨慎购物。 2. 如您有意购买高档耐用物品，请务必要求店家开具发票。遇店家开具英文发票的，请确认英文所表达的准确含义与您所购买的物品相符。 3. 建议出发前请预先拟定一个消费计划。考虑到货币的流通性以及携带的便利性，除人民币外，可携带一定数额的美元。 4. 除此外，泰国是一个小费王国，很多地方均需支付小费。如每天起床压在枕下的小费、与人妖合影的小费、坐船给船家的小费。如您晚间外出吃夜宵，在支付完餐费外，请再额外给服务生 10%小费。支付小费时请勿使用硬币。 六、交通、卫生、气候、时差 1. 泰国的交通为靠左行车，与我们所在的城市相反。过马路的时候请遵守红、绿交通指示灯的信号穿越人行横道。 2. 泰国的司机通常住在汽车上，因此请保持旅游车的整洁。有空调的室内请勿吸烟（特许除外）。 3. 现阶段曼谷气温为 24℃ ~ 33℃；曼谷时间比北京时间晚 1 小时。抵达目的地国家后，请及时调整您的手表或其他计时器，因为导游所说的集合时间、出团时间等均以当地时间为准。新加坡和马来西亚与北京时间没有时差。 七、安全 1. 注意人身安全，在泰国不要接受说华语的陌生人的搭话。如您需在旅行社行程以外的自由活动期间外出，尽可能三五成群、结伴而行，包斜背在胸前，最好由导游陪同。 2. 贵重物品必须随身携带。在景点下车游览时，贵重物品也请勿存放于车上。 3. 保管好自己的护照，这是您在国外的身份证明。在泰国，由于涉及水上活动，因此护照统一交由领队保管为妥。 4. 使用卫生间时请注意防滑，以免摔倒。 5. 在芭堤雅的金沙岛上，不要受不良商贩的低价诱惑而搭乘摩托艇等，以免被敲诈勒索引起不必要的纠纷。

<table>
<tr><td>行程须知</td><td colspan="6">6. 请勿擅自离团，除地接社需收取离团费外，旅行社不承担游客擅自离团时发生意外的责任。

八、其他注意事项
1. 在您出、入境时，可能会有很多游客同时在办理手续，因此会出现较长时间的排队、等候。行程中的用餐、景点游览、候船、候车及办理酒店入住等，也可能会出现此类情况。敬请您考虑以上客观实际情况，给予理解和支持。
2. 由于有着不同的文化教育及成长环境，各国地接导游的讲解、表达、服务、行事等很多方面与您的想象会有较大的差距。比如泰国导游，行事以“哉焉焉（意思为慢慢来）”为主，请入乡随俗。
3. 行程中需要搭乘多次国际航班，其间也有一些为时不短的行车，舟车劳顿，体力消耗很大。特别是出团的第一天和最后一天，都是晚航班，无法正常睡眠。因此请注意“游逸结合”，多休息。
4. 在泰国的行程中，很多景点都有摄影师给您“免费”拍数码照片（如第一天抵达曼谷时有“美女献花”合影），然后冲印好供您选购，请根据实际情况自主选择，通常为 100 泰铢 1 张。
5. 注意集合时间，请勿迟到，以免让其他的贵宾等候。
6. 为安全及工作便利，旅游车第一排为导游和领队的工作座，请您从第二排开始入座。
7. 根据国际惯例，旅行社不承担因人力不可抗拒因素而造成的损失及责任。

受时间及篇幅的限制，本《须知》只能对出国旅游的注意事项进行大概的提及。如果您对以上内容尚存疑问或者还有其他不明白的地方，请在出团前致电我社进行咨询。也希望您阅读本《须知》后，能给予我们的工作更多的理解和支持！
谢谢！！
衷心地祝愿各位贵宾高高兴兴出门，顺顺利利游览，开开心心、平平安安返回！！
“行万里，找中旅”！再次感谢您选择了浙江省中国旅行社！</td></tr>
<tr><td>温馨提示</td><td colspan="6">1. 旅行社强烈建议游客自行购买个人旅游意外保险。
2. 按国际惯例，如对为您提供服务的人员工作感到满意，可自愿额外支付适当小费表示感谢！
3. 在境外，有些宣传民族文化、特色、特产综合在一起的景点（类似于我国的民族村），会存在商店、小摊贩向游客贩卖不同档次、不同价位的纪念品、土特产等现象。游客在景点购物，偶有发生购物纠纷事件。因此，本公司特别提醒游客：景点商店、小摊贩，其所售卖的产品不论真伪，品质、价格及售后服务均无法保障，且协助游客维权亦存在困难，本公司不建议游客在景点购物，特别是高价值的物品。
4. 按《中国民航总局公告》规定，过机场安检不能随身携带液体物品，包括酒 、饮料和饮用水（必须托运）。谢谢！</td></tr>
<tr><td rowspan="4">联系方式</td><td>组团社</td><td></td><td>联系人</td><td></td><td>联系电话</td><td></td></tr>
<tr><td rowspan="3">地接社</td><td></td><td>联系人</td><td></td><td>联系电话</td><td></td></tr>
<tr><td>地接社地址</td><td colspan="4"></td></tr>
<tr><td></td><td>紧急联系人</td><td></td><td>紧急联系电话</td><td></td></tr>
</table>

<table>
<tr><td rowspan="5">联系方式</td><td rowspan="2">导 游</td><td></td><td>联系电话</td><td></td></tr>
<tr><td></td><td>联系电话</td><td></td></tr>
<tr><td rowspan="2">我国驻目的地使领馆联系方式</td><td colspan="3">电话 00662-2468247</td></tr>
<tr><td colspan="3"></td></tr>
<tr><td>质量监督电话</td><td colspan="3"></td></tr>
<tr><td colspan="5">************** 祝 您 旅 途 愉 快！ ***************</td></tr>
</table>

特别告知：按《中华人民共和国旅游法》第五十七条及本公司的规定，游客出团前应当与本公司签订旅游合同。未签订旅游合同的，本公司保留单方面终止服务的权利。签字即表示游客已仔细阅读并完全理解本旅游行程单中各个组成部分的内容及含义，并完全同意本条约定的双方的权利和义务。

游客签字处：____________

签字日期：______年______月______日

——资料来源：浙江省中国旅行社集团有限公司

四、获取《中国公民出国旅游团队名单表》

领队要从 OP 那里取得《中国公民出国旅游团队名单表》。国家旅游局在 2002 年 6 月 24 日下达了关于启用 2002 年版《中国公民出国旅游团队名单表》的通知。《中国公民出国旅游团队名单表》由国家旅游局统一印制，由省、自治区、直辖市旅游局按入境旅游业绩和经营等情况核发给组团社。《中国公民出国旅游团队名单表》的审核工作由省级旅游局或经授权的地级以上城市旅游局负责，审验专用印章和签字人签字须报送国家旅游局和公安部出入境管理局备案。组团社出境旅游专用印章和授权人签字须报所在地城市和省级旅游局备案，并由省、自治区、直辖市旅游局汇总报送国家旅游局和公安部出入境管理局备案。组团社操作人员必须按规定内容认真填写和使用该名单表。《中国公民出国旅游团队名单表》一式四联，分为：边防检查站出境验收联、边防检查站入境验收联、旅游行政管理部门留存联、组团社留存联。出境旅游领队带团只需要携带其中的第一、第二联。

出境旅游领队应该重视对《中国公民出国旅游团队名单表》的保管，不得丢失。否则不仅补办手续很麻烦，而且有可能影响整个旅游团的行程。值得注意的是，旅游团中的某些同行的旅游者不具有中国国籍，就不可能出现在《中国公民出国旅游团队名单表》上面，这种情况不是个例，需要领队多加注意。

五、熟悉旅游行程接待计划

领队要对“出境旅游行程表”进行仔细阅读、研究，对每个环节、细节要反复推敲，熟记在心。应重点掌握以下内容：

（1）掌握出境旅游团的详细行程计划，包括出境旅游团的集合出发、抵达各地的时间和所使用的交通工具。

（2）熟悉并牢记出境旅游团在各地的全部参观游览项目。

（3）熟悉并牢记出境旅游团在各地的下榻饭店名称及入住手续。

（4）熟悉并牢记出境旅游团在各地的餐饮安排、娱乐活动安排等事宜。

（5）熟悉并牢记出境旅游团在各地的地接社的负责人及当地导游人员的电话号码和其他联络方式。

（6）熟悉并牢记出境旅游团在各地的注意事项。

六、仔细查验全体旅游团成员的证件、签证和机票

领队得到旅游团的资料后就应该马上对全体旅游者的旅游证件、签证、机票等进行严格的核查。如果发现有与实际不相符的内容必须马上与 OP 沟通，防止出现任何差错而影响旅游者在旅游行程中的活动安排。

（1）检查护照的重点是检查其姓名、护照号码、护照签发地、护照有效期等项目。

（2）有些签证是使用印鉴盖在护照内的，也有些是用贴纸贴在护照内的。检查签证的重点是检查其签发日期、截止日期、签证号码等内容。如果出现使用另纸签证的情况，出境旅游领队应该认真检查签证上的内容。

（3）检查机票的重点是乘机人姓名、乘机日期、航班号等内容。如果有国际段航班转机，应该确认转机所在国家是否允许无过境签证转机。目前出境旅游团大多数都是使用电子机票，领队必须具备一定的英语知识，能完全识别国际机票上所有内容和表述。

领队进行所有的项目检查必须把检查旅游者的名字作为重点检查内容。旅游者护照上名字必须与机票、签证上面的名字完全一致。如果发现机票、签证姓名信息不符合，领队必须马上与OP沟通，迅速解决。

领队在取得旅游团全体成员的护照后，为了护照清点、发放方便，要在每本护照的封面上统一的位置上贴上不干胶，然后按照名单表的顺序写上编号和旅游者的姓名。这样还可以让每一个旅游者知道自己的序号，在需要通关、办理相关手续的时候做到有条不紊。

第二节　开好行前说明会

一、行前说明会的内容

用召开行前说明会的方式，旅行社事先告知旅游者在境外的注意事项，也是一种国际惯例。通常行前说明会在出团前一周左右召开。如果因故推迟，至少应该在旅行团出境前召开行前说明会。召开的时间和日期由旅行社在旅游者报名时告知，也有的是由旅行社OP电话通知旅游者。行前说明会是针对旅游团队的行程、注意事项等很多重要事情与旅游者进行沟通的主要方式，其中特别要强调旅游安全和文明出境旅游。作为领队必须参加行前说明会，在与旅游者的沟通中，要体现出领队的精神风貌，言谈举止要得体，态度要和蔼虚心。

行前说明会其实也是一种告知行为。对旅行社来说，向旅游者进行告知的期限，是从旅游者向旅行社咨询开始到旅游合同履行完毕，那么领队主要是利用行前说明会的形式，在行前说明会上进行告之。行前说明会的内容就是告知的范围：大到目的地的法律法规，民情风俗，小到气候变化、转机过程、入关注意事项、餐饮特色，等等。

《旅游法》第八十条规定，旅游经营者应当就旅游活动中的下列事项，以明示的方式事先向旅游者作出说明或者警示：正确使用相关设施、设备的方法；必要的安全防范和应急措施；未向旅游者开放的经营、服务场所和设施、设备；不适宜参加相关活动的群体。

牵涉到旅游者在境外旅游的安全问题，领队尤其要进行说明。有关中国旅游者在境外文明旅游的问题，领队也必须进行提醒，再提醒。

出境旅游必须召开行前说明会，这既是《旅行社出境旅游服务质量》的要求，也是由出境旅游的特殊性所决定的。召开行前说明会应当掌握以下几点：首先，讲解的内容必须规范。按照有关规定，行前说明会应当向旅游者说明出境旅游的有关注意事项、文明出境旅游要求，向旅游者发放“出境旅游行程表”、团队标志和“旅游服务质量评价表”、讲解和说明相关的法律法规知识以及旅游目的地国家的风俗习惯、向旅游者详细说明各种由于不可抗力、不可控制因素导致组团旅行社不能（完全）履行约定的情况，以取得旅游者的谅解。其次，尽可能召集所有的旅游者参加行前说明会。总有旅游者因为这样或那样的原因缺席行前说明会，或者是因为旅行社的 OP 没有全部通知到位，或者是因为旅游者对行前说明会不重视。如此现象可能导致旅游途中产生本来可以避免的纠纷。领队一定要做到把行前说明会上的主要内容告知每个旅游者。

《旅行社出境旅游服务质量》中对行前说明会应该包括的主要内容有比较明确的规定：

（1）向旅游者说明出境旅游的有关注意事项，以及外汇兑换事项与手续等。

（2）向旅游者发放《出境旅游行程表》、团队标识和《旅游服务质量评价表》。

（3）相关的法律法规知识以及旅游目的地国家的风俗习惯。

（4）向旅游者翔实说明各种由于不可抗力 / 不可控制因素导致组团社不能（完全）履行约定的情况，以取得旅游者的谅解。

知识链接 中国公民出境旅游文明行为指南

中国公民，出境旅游，注重礼仪，保持尊严。讲究卫生，爱护环境；衣着得体，请勿喧哗。尊老爱幼，助人为乐；女士优先，礼貌谦让。出行办事，遵守时间；排队有序，不越黄线。文明住宿，不损用品；安静用餐，请勿浪费。健康娱乐，有益身心；赌博色情，坚决拒绝。参观游览，遵守规定；习俗禁忌，切勿冒犯；遇有疑难，咨询领馆；文明出行，一路平安。

二、宣布分房名单表

除了《旅行社出境旅游服务质量》列明的内容外，在行前说明会上领队还要向旅游者宣布旅游团在境外下榻饭店的住房分配情况。按照惯例，旅游者在境外饭店的住房为双人标准间，即由两位旅游者同时分享一间房。如果有旅游者对同住的他人有异议，作为领队应及时与所涉及的其他旅游者商议并进行调解，争取让大家满意。

宣布住房名单时有几种情况可能发生：旅游者付费预订的是单人房间，却被错分成双人间。如发生此种情况，领队要马上与 OP 联系给予纠正。行前说明会上有的旅游者还可能提出房间内加床的要求，领队也应该向 OP 转达其要求。有些旅游者可能要求亲朋好友住在相邻的房间、对楼层有要求等，领队要一一进行解答。

三、告知旅游者其他事项

行前说明会还应对旅游者提出希望和祝福，并对旅游者参团表示感谢。还有其他一些必要的注意事项，领队需要特别记住：

（1）对旅游者详细解读《出境旅游行程表》。

（2）要对旅游者特别强调出发时间、集合地点。

（3）希望旅游者在出境旅游中团结互助、礼貌友善、支持领队的工作。

（4）强调文明礼貌，对以往中国旅游者在境外受非议的不文明习惯进行点评。

（5）对旅游目的地的天气状况进行介绍，对旅游者行装进行建议。

（6）特别强调在境外遵守当地法律法规。

（7）对旅游者要求换外汇的问题进行解答和帮助。

（8）把自己的手机号码告诉旅游者。

另外，旅行社提供给旅游者的团队标志胸章和太阳帽、折叠伞、行李牌、行李包、靠颈、眼罩等物品，也在行前说明会上一并发给旅游者。

四、行前说明会对目的地国家（地区）注意事项的介绍示范

出境旅游领队在行前说明会上对旅游者即将前往的国家（地区）进行介绍，是一项职业的工作内容。领队要向旅游者说明目的地国家（地区）的基本情况和相关的法律法规知识、风俗习惯和民族禁忌。

五、“全兼地”——旅行社的新岗位

近几年来，随着出境旅游者数量的不断增多，许多旅行社为了减少中间环节，降低成本，便于操作，在发往某些旅游目的地国家的团队中不要求对方接待社安排地陪，让我方的领队兼任地陪的工作。因此，目前具有经营旅游业务资格的旅行社里就出现了一个全新的岗位：“全兼地”导游（Througuide）。

由于担任“全兼地”导游工作的导游基本是由中国的出境领队转型而成，他们对于某些旅游目的地国家的情况不是非常了解，比如对澳洲、欧洲等各方面情况不尽熟悉。要比较好地胜任“全兼地”导游的工作，则要求我们的领队在比较短的时间内，尽快进入状态，熟悉相关联的业务，掌握必要的知识和服务技巧。下列技能是“全兼地”导游必须要掌握的。

1. 位置的熟悉

（1）熟悉地理位置。多数国家面积狭小，长途车开上几小时，就到了另外一个国家或者城市，特别是在欧洲，这种情况非常明显。因此“全兼地”导游在车辆行进时，应清楚目前所在的国家、城市的基本情况，甚至在长途巴士行车时，对于沿途经过的高山、湖泊都能进行相应的介绍讲解。

（2）熟悉餐厅位置。“全兼地”导游应该熟悉各个餐厅的地理位置。熟悉餐厅位置的好处是，“全兼地”导游可以根据景点游览的顺序搭配相应距离的餐厅进行用餐，以免造成额外的时间浪费。

（3）熟悉景点位置。“全兼地”导游必须熟悉景点的位置。包含停车场所在的位置，上下车的位置、景区景点的出入口位置，甚至景区厕所的位置等；哪些地方有雕像、哪些地方可以作为讲解点，以及最佳拍摄点、最佳拍摄时节等。这些通常都需要“全兼地”导游有相对较为熟悉的实践经验。

2. 熟悉历史、文化、民俗知识

在旅游目的地国家和地区，“全兼地”导游需要具体地对旅游景观进行讲解，这就需要掌握丰富的历史 、地理、文化等背景知识。在讲解中，往往要把一些历史典故、民间传说、名人逸事联系起来，这也是“全兼地”导游在讲解时的重要基础。比如，欧洲的历史基本可以从两条主线展现，一条是以罗马、希腊的历史发展为主线，另一条是以宗教发展为主线，“全兼地”导游应熟悉两条主线的来龙去脉，对于各主线上的延伸部分进行熟悉掌握，确保在讲解时体现出“全兼地”导游丰富的演绎水准，不出现历史、时间、地点、内容的差错点。

3. 熟悉法律法规

“全兼地”导游在服务过程中遇到的许多问题，往往需要依据目的地国家的法律、法规来解决和处理。所以，为了使自己的言行符合目的地国家法律、行业法规和规章的要求，必须认真学习和掌握目的地法律、法规和政策的知识。

比如，在国外，司机每天的工作时间不能超过 12 小时，每 2 小时司机必须停车一次等，这要求“全兼地”导游每天严格把控行车的时间，不能让司机超时工作。

4. 熟悉职责及流程

“全兼地”导游的工作职责里也包含领队的工作，因此“全兼地”导游必须同步熟悉和领队相关的所有知识。目前一些由领队转行做“全兼地”导游的，其岗位优势是对于领队业务这一块已经具备相应的基础，因此可以把学习的重点放在对地接导游业务熟悉的内容上。

总之，“全兼地”导游要尽量多掌握目的地国家和地区的文化、美食、艺术、建筑、景点及发展历史以及领队带团、突发事件处理、口语实务等方面的知识和技巧。

由于市场竞争日趋激烈，使得前往美洲、澳洲、欧洲等地的旅游团出现“全兼地”导游的方式，这已成为今后出境旅游业务操作中的一项重要举措。不可否认，前往欧洲的旅游团委派“全兼地”导游的团队数量较前些年已经有明显上升。

而随着出境旅游市场的不断大众化，出境旅游团队不断增加，使得“全兼地”导游的岗位人数目前仍有较为严重的空缺，这使得旅行社在旺季时不得不到处想办法借调“全兼地”导游。因此，对于热心致力于旅游业发展的出境领队，“全兼地”导游岗位仍然是值得努力争取的目标之一。目前，旅行社为了培养一个合格的“全兼地”导游，为了确保“全兼地”导游上岗后能圆满完成带团任务，通行的做法是让其至少跟随若干个旅游团实习。某些旅行社给予新进“全兼地”导游的跟团培训时间会超过一年。

第三节　出团前的行装准备

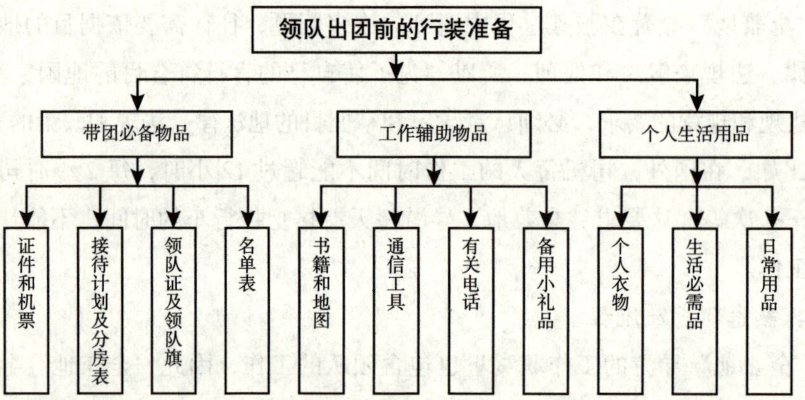

领队在带领旅游者前往异国他乡的时候，无论在精神上、物质上都要做好充分准备。否则就会给旅游计划的实施带来麻烦和不便。领队的行装要完全从实施旅游计划全过程考虑，既要有利于服务旅游者，也要有利于领队的个人生活。领队的行李，通常以一大一小两件为宜。大件行李中主要装领队的个人衣物用品，办理托运。小件行李要随身携带，将旅游团的工作文件、证件、机票以及个人贵重物品等放在里面，以备不时之用。领队的行装准备一般包括三部分：带团必备物品、工作辅助物品和个人生活用品。

一、带团必备物品

1. 证件和机票

在领队行装中最重要、最应该认真保管的是团队的证件和机票。当今我国公民出境旅游所必须持有的证件分别为因私普通护照、港澳通行证、赴台证。这些证件都是旅游者在境外的身份证明，领队务必妥善保管。领队要携带全团的护照和机票，一直到机场需要展示的时候才能发给旅游者。领队还需要将全团旅游者的护照、签证和机票进行复印。有人如果在境外发生证件遗失的事情，可以凭护照复印件和签证复印件等手续补办身份证明和证件。

2.《中国公民出国旅游团队名单表》

《中国公民出国旅游管理办法》规定，旅游团队必须持有《中国公民出国旅游团队名单表》才能通过边检。如果旅游者护照上的签证是个人有效签证，在过边检时，旅游者可以自行持证出境，而不需要展示《中国公民出国旅游团队名单表》。持团队签证的旅游者，出境时必须按照顺序排队并携带《中国公民出国旅游团队名单表》。此外，如果出境旅游目的地是对中国旅游者免签证的国家，旅游者的护照上并没有签证，旅游者出境时必须展示《中国公民出国旅游团队名单表》。所以领队要妥善保管好《中国公民出国旅游团队名单表》。

3. 出境旅游行程表

出境旅游行程表是旅游团队最根本性的文件之一，整个出境旅游团队的活动都必须按照“出境旅游行程表”进行。领队必须保管好“出境旅游行程表”。要注意的是，旅行社的 OP 在进行团队前期操作的时候，因受航班、酒店的不确定因素影响，《出境旅游行程表》可能会有几个不同的版本。某些旅游者手里的行程表有可能与领队手里的有某些不符，领队应该将行程表中更改的事项和理由向旅游者解释清楚。领队手中的行程表应当是组团旅行社与境外接待社最后确认的行程。如果此团要去几个不同的国家，由不同的几个国家的旅行社进行接待，则此团行程表就应该是组团旅行社与这些不同国家的接待社共同认可并遵守的契约的集合。

4. 分房名单表

分房名单表是出境旅游计划实施的重要文件。通常 OP 向领队交接的分房名单表只有一份。为了方便工作，领队应该考虑根据在境外整个游程中需要下榻饭店的数量多复印几份。虽然分房名单表在行前说明会上已经向旅游者进行了通报并得到其确认，但是在实际工作中可能会有所更改调整，领队对此要有思想准备。

5. 境外工作必备的电话号码

（1）常用的联系方式及联系人。领队要对将接待此团的境外旅行社的联系方式十分清楚。领队要随身携带的详细信息主要有下列内容：负责境外接待的旅行社的名称；境外接待旅行社的经理及 OP 的姓名及联络方式；境外旅行社办公室联络电话；境外导游姓名、性别及联络电话、备用的联络电话。为以防万一，领队对每家境外接待社至少要记下两个电话号码以作备用。比如地接社的联系人电话号码和地接社导游的电话号码。

知识链接　部分国家的报警电话、急救电话

日本报警电话：110，急救电话：119
韩国报警电话：110，急救电话：119
泰国报警电话：110，旅游救援电话：1155
新加坡报警电话：999
马来西亚急救电话：999
菲律宾报警电话：117
印度急救电话：10
法国报警电话：17
葡萄牙应急电话：112
荷兰急救电话：112
德国急救电话：112
瑞士医疗急救电话：144
瑞典急救、火警、匪警电话：112
西班牙急救救助电话：112
匈牙利急救电话：104
丹麦报警电话：112
冰岛急救电话：11
埃及报警电话：122，医疗急救电话：123
南非急救服务电话：999 或者 10177
美国急救求援电话：911
阿根廷医疗求援电话：107
澳大利亚火警、匪警、急救电话：000
意大利报警电话：113
奥地利报警电话：113
英国报警电话：999
爱尔兰报警电话：999
加拿大报警电话：911
巴西救助电话：192
土耳其报警电话：155
希腊急救电话：1663

（2）目的地国家（地区）的报警电话号码和旅游咨询电话。在带领团队游览过程中，领队需要备有一些紧急情况下使用的电话号码。主要是目的地国家（地区）的一些紧急电话号码，比如报警电话、急救电话和旅游咨询电话，可以查找这些信息记录在笔记本中备用，或者留存在自己的手机联系人中，拨叫时可以更为方便。

（3）中国驻外使领馆的电话号码。带团在国外参观游览过程中，如果旅游团遇到意外事件，领队在向当地有关部门报告的同时，也应当立即报告给中国驻当地的使领馆，以便得到中国驻外使领馆的帮助。所以，旅游目的地国家（地区）的中国驻外大使馆的电话，领队也应该在出行前作为带团必备资料准备好。

二、工作辅助物品

1. 领队证

《中国公民出国旅游管理办法》规定："领队在带团时应当佩戴领队证。"领队在带领出境旅游团离境时，不仅要如实向边防检查站提供相关的文件，也要自觉接受有关领队证的查验。领队在工作期间还要求佩戴领队证，不仅显示自己的身份，也方便旅游者辨认，非常有利于领队工作的开展和他人对领队的监督。所以领队应该随身携带领队证。

2. 领队旗

领队在机场召集旅游者，在景区景点集合旅游者，必须亮出醒目的旗子。所以领队在出团时一定不能忘记携带领队旗。

3. 有关旅游目的地的地图

领队的随身行李中应该有目的地国家（地区）的地图。领队随身携带目的地国家（地区）地图可以了解旅游团要经过的不同城市，也可以让领队在城市中辨清方向。所以，领队准备的个人资料中应当有所要抵达的每一个国家（地区）、每一座城市的详细地图。在地图上标注出下榻饭店以及游览景点的位置，这样既可以为旅游者提供实际的帮助，又能在与导游进行工作商讨时富有成效。

4. 通信联络工具（手机）

领队必备的工作物品还有手机及备用电池和充电器。中国的电信公司在世界上许多国家都有漫游业务，所以使用手机非常方便领队与旅行社、与旅游者和当地导游的联络。紧急情况下还可以与当地的警署及中国驻外使领馆联系。在某些国家，领队还要带上电源转换器。领队的手机等通信联络工具必须24小时开机，全天候待命。

5. 个人名片

作为出境旅游领队还要准备一些个人名片。名片上面要加上领队本人的手机二维码及手机APP。如果旅游者对本次出境旅游感到满意，希望与领队保持联系，肯定会主动索取领队的名片的。

三、个人生活用品

领队在境外带团短则四五天，长的可能两三个星期。领队要服务好旅游者，首先要先照顾好自己，善待自己。要保证自己身心健康，精神状态良好，领队的个人生活用品不可少。领队出境次数较多，每次出国回来后都应该整理好常用物品，在行李箱里安放整齐，以备下次出团使用。

1. 个人着装

领队在旅行团中是旅游者关注的人物，仪容仪表起着表率的作用。越是有经验的领队越会注意个人穿着，这也是领队精神面貌、文化修养的具体体现。领队的行李中，应该有一套较为正式的服装。在出席正式场合时可以进一步表现出领队的风采和个人魅力，可以因此赢得旅游者的尊重。相比正式服装而言，领队需要多准备一些休闲服装，在平日游览过程中穿着。领队要养成天天换衣服的良好习惯，尤其是在炎热的夏天，衬衣、T恤务必天天更换，以免给人留下不讲卫生的印象。由于带团工作十分辛苦，住宿的酒店经常更换，大部分时间领队没有时间或机会及时换洗衣服。在团队出发之前，领队应当根据旅行天数，对着装提前准备，带足替换的服装。

2. 生活用品

（1）洗漱用品、拖鞋、毛巾。为了提倡保护环境、低碳排放，国外的大部分饭店通常不会为客人准备一次性用品。因此，领队需要事先准备并携带洗发液、浴帽、拖鞋等一次性用品。出于卫生和安全的考虑，领队最好能够随身携带自己的毛巾等卫生用品。

（2）常用药品。领队要为自己准备充足的常用药品。旅行当中携带一些常用药品可做到有备无患。领队的工作千头万绪，非常辛苦，一旦身体不适，身边的小药能救大急。为了更好地服务旅游者，领队可以为旅游者准备一些创可贴、清凉油、晕车药，以备不时之需。类似举动，可以让旅游者感受到你的体贴和关怀。但需要注意的是，某些内服药不能轻易让旅游者服用。领队药箱必备的常用药有：肠胃药、消炎药、感冒药、降火药、体温表、创可贴、膏药、清凉油、晕车药、纱布、藿香正气水、速效救心丸等。

（3）其他用品。领队在给旅游者签到、记录某些情况、收费等情况下，需要用到笔记本、圆珠笔、计算器等物品，此类用品是必不可少的，最好随身携带。此外，还要带水杯、晴雨两用折叠伞、合适的太阳镜等。

知识链接 领队带团必须携带的资料和物品

领队证（胸牌）、身份证、护照或港、澳、台通行证、入台证（团队客人证件复印件）、团队出入境名单表、机票（电子或本票）、签证或港澳台签注、团队另纸签证表、团队客人分房表、团队行程计划单、团队行前会碟片、带团四张表格（客人意见表、旅游行前安全培训登记表、旅游行前安全培训会议主持程序及内容表）、旅游安全须知（温馨提示）、领队个人国际信用卡、手机开通国际漫游（IDD 功能）、手机要有足够的话费（或跟信用卡绑定）、行李牌、车头贴、工作服、公司旗、客人胸牌、客人的旅游包、（大团所需的对讲机 + 耳麦 + 充电器）、便利贴、螺丝刀、小手电、勺子、小刀、雨伞（披）、防水袋、防晒霜、黑色墨水签字笔、记事小卡片。

——资料来源：浙江中旅集团有限公司领队导游部

经典案例 餐厅的主管为什么冲着中国旅游者发火

2004 年 6 月，一个赴欧洲六国游的旅游团，乘奥地利航空公司的航班飞往第一站——奥地利首都维也纳。此团大多数为男士，均为某县城的企业家，此次是第一次赴欧洲。为了带好此团，领队亲自去某县城开行前说明会。除了给每位旅游者分发有关资料和讲解行程外，领队 Z 先生详细讲解了欧洲各国的宗教习俗、礼仪和有关法律及规定。但即将参团出游的 28 名旅游者中，W 先生等 6 人自称生意繁忙没来参加。

团队出发去机场的路上，领队试图给W先生等几位客人补补课，但他们却不愿意听，甚至产生了反感，说："中国人到外国去，要挺直腰板，不要低三下四。"但是，到达维也纳的第二天，用早餐时就被餐厅主管"发难"。

此团按费用标准，早餐在酒店用美式自助早餐。食品丰富，各种点心、奶酪、果酱、新鲜水果应有尽有。果酱、奶酪都用漂亮的不同水果颜色图案包装，客人根据自己的喜好来辨认和挑选。W先生不加选择地拿了一大盘，用餐时挨个打开，闻一下便放在餐桌上。用餐过程中，他的餐桌上放了十多盒已经打开而没吃过的各种果酱和奶酪。这时出来一位满头银发，身着黑色西装、洁白衬衫，打着黑色领结，看样子有五六十岁的餐厅负责人。他用很生硬的英语大声问："谁是这个旅游团的领队？"领队Z先生举手示意自己是领队。这位负责人毫不客气地对他说："告诉你的客人，你们中国过去很穷，许多中国人都吃不饱饭饿死。我读过许多第二次世界大战时期关于中国的书。现在中国强大了，中国人富起来了，你们就可以如此浪费，很可耻！走吧！走吧！早餐的时间结束了！"

评析：首先，行前说明会必须切实得到落实。根据《旅行社出境旅游服务质量》的要求，出境游组团旅行社有召开行前说明会的义务。行前说明会的主要目的是，为旅游者提供旅游目的地的各种信息，特别是与我国不同的法律规定、风俗习惯和生活理念，确保旅游者在旅游目的地行程顺利、心情舒畅，避免发生误会和纠纷。案例中W先生等6人自称生意忙，没有参加行前说明会，为日后因行为不当被外国人蔑视埋下了隐患。组团社面对不能参加说明会的旅游者，应当采取补救措施，如为旅游者提供相关书面材料，为旅游者补上说明会的课，而不能以旅游者不参加说明会为由为自己开脱。因为若旅游者在旅途中受辱，旅游者肯定会将郁闷情绪向领队发泄，影响领队的工作，回国后再向旅行社投诉。其次，领队应在旅途中不断强化说明会的相关内容。事实上，只要在旅游行程中，特别是抵达旅游目的地后，领队根据带团经验，不断将有关信息传达给旅游者，特别强调相关注意事项，比如在公共场所不要大声喧哗、吃自助餐时有序就餐、量力而行等，案例中不愉快的场面也许就可以避免。再次，领队的提醒应当注意技巧。领队对旅游者的提醒与批评应当委婉，最好不要直接批评，而应当以其他旅游团为例，旁敲侧击，借古喻今，教育旅游者讲文明礼貌，树立中国公民在国外的良好形象。

——资料来源：仉向明，黄恢月. 出境旅游工作案例分析. 北京：旅游教育出版社.

chapter 4 第四章

中国出境与他国（地区）入境

准备好了出团行装，带好所有工作上必备的、辅助的用品，带着旅行社的重托和旅游者的期望，领队就要带团出境，前往异国他乡进行参观游览了。旅游团队旅游的初始阶段对于领队来说是比较艰辛的，领队要带领旅游者经过海关、卫生检疫、安全检查等许多手续才能顺利离开中国，到达他国（地区）也要经过几乎同样的手续才能入境。

第一节　中国出境

领队带领旅游者出发离开国境，一般都通过设在机场口岸的、也可能通过在铁路、陆路、水路所设立的卫生检疫站、海关检查站、出入境检查站。作为领队要头脑清醒，有条不紊，按照工作程序按部就班地进行。

《旅行社出境旅游服务质量》对领队如何提供出入境服务有下列规定：

领队应告知并向旅游者发放通关时应向口岸的边检 / 移民机关出示 / 提交的旅游证件和通关资料（如：出入境登记卡、海关申报单等），引导团队依次通关。

向口岸的边检 / 移民机关提交必要的团队资料（如：团队名单、团体签证、出入境登记卡等），并办理必要的手续。

领队应积极为旅游团队办妥乘机和行李托运的有关手续，并引导团队登机。

出境工作流程图如下：

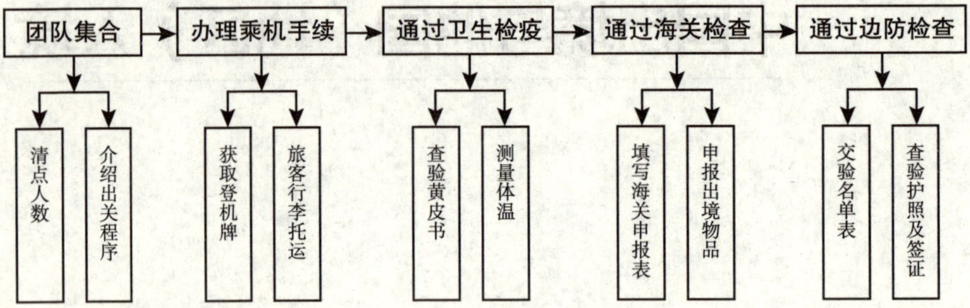

一、出发前集合

旅游团队出发的当天，领队应该提前到达出境的机场、车站、码头等出境口岸的地点等候旅游者。领队要充分考虑到各种因素，留出充分的时间余地。到达集合地点，领队应该将旅行社的旗子放置在最方便旅游者发现的地方，领队的手机必须始终保持工作状态，注意随时接听旅游者或者旅行社方面的电话。

领队到达集合地点后，如果发现有些旅游者已经到达，应该为其点名记录，同时发给旅行社赠送的旅行包、小礼品等。如果临近集合的时间，某些旅游者还没有到达集合地点，领队应该主动与其电话联系，了解情况，帮助他们及早到达集合地点。

待全团旅游者到达集合地点时，领队要致简单的欢迎词，并告知旅游者接下来要办理的一系列手续，如登机手续、托运行李、海关申报、边防检查及登机安全检查等，提醒旅游者积极配合，顺利通关。

二、办理乘机手续

一般情况下，离起飞时间 2 小时领队就可以前往值机柜台办理登机手续。按照《旅行社出境旅游服务质量标准》规定，“领队应积极为旅游团队办妥乘机和行李托运的有关手续”。所以，领队要在办理乘机手续时对旅游者提供相应的服务。领队要告知旅游者有关行李托运及其他相关规定。

1. 了解民航国际航班的行李托运携带规定

（1）计件免费行李额。按旅客所购票票价等级，对每一全价票或半价票的旅客交运的免费行李额为：一等票价和公务票价，免费交运行李件数为两件，每件最大体积（三边之和）不得超过62英寸（158厘米）。经济票价和旅游折扣票价，免费交运的行李件数为两件，每件最大体积（三边之和）不得超过62英寸（158厘米），但两件之和不得超过107英寸（273厘米），每件最大重量不得超过32公斤。按成人票价10%付费的婴儿可免费交运一件行李，但体积（三边之和）不得超过45英寸（115厘米）。另外还可以免费交运全折叠式或轻便婴儿车或婴儿手推车一辆。超过规定的件数及超过规定额最大体积的行李，需要交付逾重行李费。

（2）随身携带物品。除计重免费交运的行李额外，每一持有全价或半价客票的旅客还可以免费随身携带下列物品：女用手提包一个，大衣或雨衣一件或旅行用毛毯一条，手杖一根或伞一把，在飞行途中用的少量读物，小型照相机一架，小型望远镜一架，婴儿食物（限旅途中食用），婴儿摇篮（限一个），供病人行动的可折叠的轮（座）椅或一副拐杖或撑架或假肢。不准作为行李运输的物品：旅客的交运行李和自理行李内不得夹带易燃、易爆、腐蚀、有毒、放射性物品、可聚合物质、磁性物质及其他危险物品。旅客不得携带中华人民共和国在运输过程中有关国家法律、政府命令和规定禁止出境、入境或过境的物品及其他限制运输的物品。旅客乘坐飞机不得携带武器或随身携带利器和凶器。交运行李内不得装有货币、珠宝、金银制品、票证、有价证券和其他贵重物品。

（3）行李赔偿。托运行李如发生丢失或损坏，由航空公司负责赔偿，赔偿金额每公斤不超过人民币50元。如行李价值每公斤低于50元时，按实际价值赔偿。

（4）行李声明价值。托运行李每公斤价值超过人民币50元时，可以办理行李声明价值，航空公司收取相应的声明价值附加费。声明价值不能超过行李本身的实际价值。每一旅客的行李声明价值最高限额为人民币8000元。如果此件行李在飞行途中丢失，航空公司按照声明价值进行赔偿。

2. 领队协助旅游者办理乘机手续和行李托运

领队应事先收齐所有旅游团成员的护照、机票，然后手持全体旅游者的护照和机票在指定的值机柜台，也就是“团队”专用柜台办理乘机手续。领队要出示所有旅游者的护照和机票给柜台的工作人员。现在大多数航空公司都已经使用电子机票进行操作，所以领队只需要出示电子机票确认单就可以办理手续了。

有些旅游者希望亲朋好友在飞行过程中坐在相连的位置上，领队要想办法帮助他们解决，或者是登机以后协助旅游者调换座位。如无可能就耐心解释或者请旅游者自己办理登机手续。办理完登机手续后，领队应该将旅游者的证件、机票、登机牌等物品返还给旅游者。应该注意的是，领队决不能委托其他旅游者代为转交，必须亲自将所有物品交到旅游者手里，以体现领队的认真负责精神，同时要认真叮嘱旅游者保管好自己的各种物品。

取得登记牌后，领队应该要求全团旅游者配合将拟托运的行李在值机柜台前按顺序排好，以方便托运清点。领队在托运行李时特别要注意的是，如果旅游团在飞行途中需要转机，所有行李必须托运至最终目的地。

在办理行李托运手续过程中，领队应该要求所有的旅游者在旁边协助照看自己的行李。每个旅游者应该在看到自己的行李进入值机柜台行李传送带后方可离开。

事实上并不是所有的航空公司都要求旅游团统一办理行李托运手续。有的航空公司因为考虑到行李查询方便等原因，也会要求旅游者自己单独办理行李托运手续和乘机手续。在类似情况下，领队应该先带领旅游者到航空公司的值机柜台前，告诉其有关注意事项，然后在一旁看着旅游者自己办理行李托运手续，必要时进行帮助。

为了体现自己的服务意识，领队应该在所有的旅游者办理完手续后再为自己办理手续。领队还要提醒旅游者保管好自己的行李票据。

三、通过卫生检疫

1. 了解国家卫生检疫的有关规定

1986 年 12 月 2 日第六届全国人民代表大会常务委员会第十八次会议通

过的《中华人民共和国国境卫生检疫法》第八条规定："出境的交通工具和人员，必须在最后离开的国境口岸接受检疫。"中华人民共和国卫生检疫局对入出境人员依法实施如下主要卫生检疫内容：入境、出境的旅客、人员个人携带或者托运可能传播传染病的行李和物品应当接受卫生检查。卫生检疫机构对来自疫区或者被传染病污染的各种食物、饮料、水产品等应当实施卫生处理或者销毁，并签发卫生处理证明。海关凭卫生检疫机关签发的卫生处理证明放行。

2. 黄皮书查验

如果前往或途经的国家为传染病流行疫区，或者欲前往的国家对国际旅行预防接种有明确要求，需要提前办理黄皮书。

并非所有的国家（地区）都需要旅游者出示黄皮书，但是对某些流行病检查特别严格的国家（地区），要求入境的外国人出示预防霍乱和黄热病的接种或者复种证明书。

四、通过海关

中国海关的规定有：

1. 红色通道与绿色通道

我国海关依国际惯例实行红色和绿色通道通关制度。所谓"绿色通道"，也称"无申报"通道或"免验"通道，是指旅客携带无须向海关申报的物品或只出示申报单或有关单证后即可放行的通道。

（1）进出境旅客有下列情形之一的，可以选择"绿色通道"通关。但需向海关出示本人证件和按规定填写的申报单位。

①持有中国主管部门给予外交、礼遇签证护照的外国籍人员；

②海关给予免验礼遇的人员；

③无须办理红色通道海关验放手续的其他人员。

（2）所谓"红色通道"也称"申报"通道，是指须经过海关履行检查和检验手续后，方可放行的通道。选择红色通道的旅客，须向海关出示本人证件和《进出境旅客行李物品申报单》。

出境旅客有下列情形之一的，须选择红色通道通关：

①携带文物、货物、货样以及其他需办理出境验放手续的物品的；

②未将应携带出境物品原物带出的；

③携带外币、金银及其制品，但未取得有关出境许可或携带外币、金银及其制品数额超出原进境申报数额的；

④携带出境物品超出海关规定的限量、限值或其他限制规定的；

⑤携需携带出境的物品的；

⑥对海关规定不明确或不知如何选择通道的。

领队要告知全团旅游者中国海关禁止携带出境的物品，然后领队要请携带无须向海关申报物品的旅游者从绿色通道穿过海关柜台，进入等候。领队还要带领携带有向海关申报物品的旅游者从红色通道到海关柜台前办理手续。

知识链接　**中国海关部分限制进出境物品**

烟、酒。来往港澳地区的旅客（包括港澳旅客和内地因私前往港澳地区探亲、旅游的旅客），可免税携带香烟200支或雪茄50支或烟丝250克，酒1瓶（不超过0.75升）；当天往返或短期内多次来往港澳地区的旅客，可免税携带香烟40支或雪茄5支或烟丝40克，不准免税带进酒；其他进境旅客可免税携带香烟400支或雪茄100支或烟丝500克，酒2瓶（不超过1.5升）。

旅行自用物品。非居民旅客及持有前往国家或地区再入境签证的居民旅客携旅行自用物品限照相机、便携式收录音机、小型摄影机、手提式摄录机、手提式文字处理机每种一件。超出范围的，需向海关如实申报，并办理有关手续。经海关放行的旅行自用物品，旅客应在回程时复带出境。

金、银及其制品。旅客携带金、银及其制品进境应以自用合理数量为限，其中超过500克的，应填写申报单证，向海关申报；复带出境时，海关凭本次进境申报的数量核放。

携带或托运出境在中国境内购买的金、银及其制品（包括镶嵌饰品、器皿等新工艺品），海关验凭中国人民银行制发的特种发票放行。

外汇。旅客携带外币、旅行支票、信用卡等进境，数量不受限制。居民旅客携带1000美元（非居民旅客5000美元）以上或等值的其他外币现钞进境，需向海关如实申报；复带出境时，海关验凭本次进境申报的数额核放。旅客携带上述情况以外的外汇出境，海关验凭国家外汇管理局制发的外汇携带证查验放行。

人民币。根据中国人民银行2004年第18号公告规定，出境旅客携带人民币现钞的限额为2万元。

文物（含已故现代著名书画家的作品）。旅客携带文物进境，如需复带出境，请向海关详细报明。旅客携运出境的文物，须经中国文化行政管理部门鉴定。携运文物出境时，必须向海关详细申报。对在境内商店购买的文物，海关凭中国文化行政管理部门的鉴定标志及文物外销发货票查验放行。对在境内通过其他途径得到的文物，海关凭中国文化行政管理部门的鉴定标志及开具的许可出口证明查验放行。未经鉴定的文物，请不要携带出境。携带文物出境不据实向海关申报的，海关将依法处理。

中药材、中成药。旅客携带中药材、中成药出境，前往国外的，总值限人民币300元；前往港澳地区的，总值限人民币150元。进境旅客出境时携带用外汇购买的、数量合理的自用中药材、中成药，海关凭有关发货票和外汇兑换税单放行。麝香以及超出上述规定限值的中药材、中成药不准出境。

——资料来源：http: //www.17u.com

2. 中国海关部分禁止出境物品

内容涉及国家秘密的手稿、印刷品、胶卷、照片、唱片、影片、录音（像）带，CD、VCD，计算机存储介质及其他物品，珍贵文物，所有禁止进境的物品，濒危、珍稀动物、植物及其标本，种子和繁殖材料等，都属于中国海关禁止出境的物品。

五、通过边防检查

我国的口岸边防检查站属于公安部管理，其工作职责之一是对出境的旅游者身份及证件、签证进行检查，通过了此项检查就被允许出境。2007年1月1日起，中国公民出入中国国境不再需要填写出入境登记卡。

按照边防检查柜台前现场指挥的要求，领队应该带领全团排队按顺序接受边防出境检查。旅游者须出示本人护照、国际机票、登机牌。边检人员对护照、签证检查完毕后，在旅游者的护照上加盖出入境验讫章后将护照、机票、登机牌交还旅游者后，说明边检手续完成。

如果旅游团队签署的是团体签证或到免签国家旅游，领队应出示《中国公民出国旅游团队名单表》及领队证、团体签证。所有旅游者须按照名单顺序排队，逐一通过边防检查。旅游团队在过边防检查时，领队始终走在旅游团队前面，要第一个办妥手续，然后在里面旅游者可以看到的地方等候旅游者一一通过检查。对那些完成边防检查的旅游者，可先指引他们继续前去进行登机前的安全检查。

我国法律规定，下列人员被限制出境：

（1）刑事案件的被告人和公安机关或者人民检察院或者人民法院认定的犯罪嫌疑人；

（2）人民法院通知有未了结民事案件不能离境的人；

（3）被判处刑罚正在服刑的人；

（4）国务院有关主管机关认为出境后将对国家安全造成危害或者对国家利益造成重大损失的人。

（5）未持有有效证件或者持用他人的出境证件，以及持有伪造或者涂改的出境证件的人。

六、通过登机安全检查

由于近年来在世界各地恐怖主义行为有不断上升的趋势，因此各国机场对登机旅客的安全检查措施也日趋严格。2001 年 9 月 21 日，我国民航总局、公安部联合发布《关于民用航空安全的通告》，严禁旅客将枪支（含各种仿真玩具枪、微型发射器及各种类型的攻击性武器）、弹药、军械、警械、爆炸物品、易燃易爆物品、剧毒物品、放射性物品、腐蚀性物品、危险溶液及其他禁运物品带上飞机或夹在行李、货物中托运，禁止旅客携带任何刀具乘坐民航飞机。

旅游者在登机前被进行安全检查是世界各国普遍采用的一种查验制度，我国机场实行国际上通用的安全检查方法。凡是登机旅客都必须经过检查后，方能允许进入飞机。这种检查与海关和边防检查不同，不存在任何免检对象。

机场对旅游者身体及随身携带行李的检查方式有以下几种：

（1）搜身。安全检查人员从上、下、前、后用手摸搜旅客，但不搜衣袋。一般是由男检查员检查男性旅客，女检查员检查女性旅客。

（2）用磁性探测器近身检查。安全检查员手持探测器，贴近旅游者身体搜索身体的上下前后。遇到金属物后，探测器即会发出特殊声音，旅游者则需要从衣袋内取出全部金属物再被进行检查，直到安全检查员消除怀疑为止。

（3）过安全门。安全门是一种门式检查装置，旅客须从门框内一一通过。如果身上携带金属物，装置就会发出信号，安全检查员对有怀疑的人再做搜身检查。

（4）物品检查。旅客必须打开全部随身物品让安全检查员进行检查。

（5）用红外线透视仪器检查。旅客要将全部手提行李放在输送带上送入检查。安全检查员通过监视荧光屏观察物品，对有怀疑的物品要开箱检查。

对于出国旅行的旅游者来说，安全检查是口岸几项检查中的最后一项检查。旅游者经过安全检查后，即可前往候机室等候飞机起飞了。

在带领旅游者经过登机安全检查时，领队要提醒旅游者主动配合机场安检人员的工作，坚决避免与安全检查人员发生纠纷。

七、等待登机

完成上述各项检查后，领队应该带领全团旅游者到指定的登机闸口的候机区域候机。领队应该提醒旅游者注意收听机场的广播，以免耽误登机时间。在登机口开始放行后，领队应该招呼旅游者登机。领队应该在团队所有的旅游者都登上飞机后方可登机。

第二节　旅行途中

办理完在中国机场的全部出境手续后，直到抵达目的地国家（地区），然后办理好他国的入境手续、与当地导游会合之前，旅行社领队始终是单独在对出境旅行社派出的整个旅游团队进行服务。其间在飞行当中，领队无法与旅行社通过电话进行联络和沟通，发生任何事情都需要领队一人设法解决，旅游者的一些需求都需要领队帮助解决。

如果出境旅游团是前往周边国家或者地区，一般飞行时间不会太长。如果从中国前往欧美国家、澳洲等地，飞行时间通常较长，多则十多个小时或20多个小时，领队应充分利用机上的时间，对团队的情况进行进一步熟悉。

在这段时间内，领队可以从事的事情包括：

（1）对旅游团接待计划再次进行预习，对游览城市之间的衔接、转换再次进行确认。

（2）对行程中所涉及的不熟悉的景点进行预习，关注一些重点或者特殊的旅游者。

（3）与旅游者进行交谈，进一步了解旅游者的需求和期望值，耐心解答旅游者提出的问题，融洽关系。

在前往异国他乡的飞行途中，领队应完成的其他工作，在《旅行社出境旅游服务质量》当中是这样规定的："飞行途中，领队应协助机组人员向旅游者提供必要的帮助和服务。"也就是说，虽然旅游者可以在旅程中按照自己的愿望进行休息或者利用其他方式打发时间，而旅行社的领队仍然处于工作状态，作为服务性行业的一员，领队要时刻待命，为旅游者提供服务。

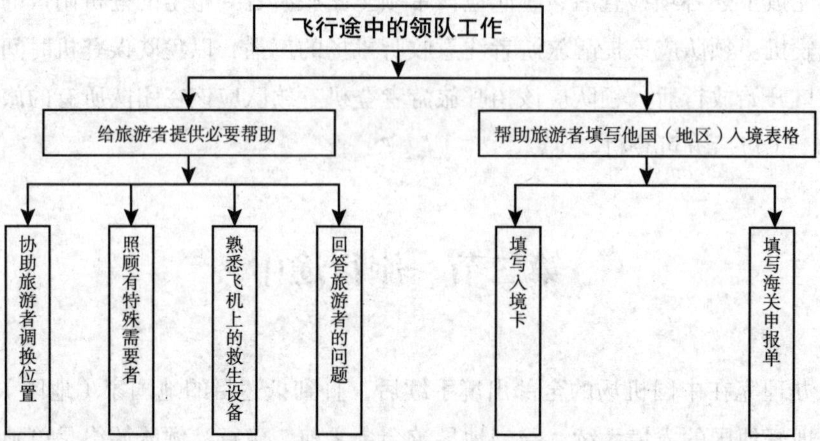

一、为旅游者提供必要帮助

1. 协助旅游者调换座位

因航空公司常常会按照旅游者姓氏的拉丁字母顺序发放登机牌，则有可能出现某些希望坐在一起的旅游者不能如愿。其登机牌上面的座位号经常不连接在一起，也就是说，这些旅游者在整个旅途中要分开就座。登机后，领队应当尽可能地帮助旅游者调换座位。领队应负责帮助旅游者之间相互进行协商，尽量能让旅游者中的家庭成员坐在一起。特别是母亲带领幼小的孩子出行，领队一定不能掉以轻心，应千方百计想办法满足他们的愿望。

领队自己的座位，以靠近中间通道为妥，而不应选择靠近窗口的座位，这样可以较为方便地站起身来照顾旅游者。

2. 熟悉飞机上的救生设备

领队应当熟悉飞机上救生设备的使用和安全门的设置，登机后认真听取空乘人员的讲解演示。一旦空中飞行期间发生意外，领队首先自己须懂得如何使用救生设备及开启安全门，并在需要时给团内旅游者讲解。在飞机起飞和降落过程中，领队要提醒旅游者调整好座椅背，系好安全带。领队要再次提醒旅游者乘机的注意事项。

3. 回答旅游者的问题

在长途飞行当中，团队旅游者提的问题可能是五花八门，最经常问的问题就是抵达时间、目的地的天气以及目的地国家（地区）的风土人情等。领队应当随时保持清醒头脑，注意飞机上电视屏幕的显示，记住抵达时间和待飞行时间，一有旅游者询问，立刻回答。这样可以留给旅游者领队干练和头脑清醒的印象，让他们对领队产生信任感和依赖感。

二、帮助旅游者填写他国（地区）入境表格

在从中国离境飞往另外一个国家（地区）的飞机上，领队需要做的最重要的事情，就是为全团旅游者填写将要抵达的国家（地区）的入境表格，主要是入境卡、出境卡和海关申报单。领队人员如果能在团队出境前获得出境旅游团需要的入境卡、出境卡和海关申报单，最好在出发之前填写完毕。否则就必须在飞行途中向空乘人员索取，在飞行途中加快完成。如果领队感到时间紧急，在飞机着陆前可能无法完成这项工作，也可以向空乘人员求助。空乘人员有责任帮助乘客填写入境卡、海关申报单等表格。入境卡、出境卡

和海关申报单通常都会用当地的文字和英文同时表述，领队填写时用英文即可。为旅游者填写所有的入境表格，也是出境旅游领队的工作之一，必须认真对待。

1. 填写入境卡

各个国家（地区）的入境卡不但格式各不相同，名称也不完全一样，有“AR. RIVE CARD”、“IMMIGRANT CARD”、“IMMIGRANT FORM”、“ENTER CARD”、“ENTER FORM”、“INSPECTION CARD”、“LANDING CARD”、“INCOMING PAS. SENGER CARO”等多种叫法。

世界各国（地区）的入境卡的内容详简不一，但其中所包含的主要项目大致相同，通常包含的主要项目有：Full Name（全名）；Family Name（姓氏）；Middle Name（中间名）；Given Name（名字）；Sex，Male，Female（性别：男，女）；Nationality（国籍）；Occupation（职业）；Date of Birth（出生日期）；Place of Birth（出生地）；Passport Number，Expiry Date，Date of Issue，Place of Issue（护照号码，有效期限，签发日期，签发地）；Travelling From（从何处来）；Destination（目的地）；TravellingBy，FlightNo.（旅行工具，航班号码）；Portoflast departure（最后出发港）；Adress and TelephoneNo.（地址和电话）；Signature（签字）；Date of Enter（入境日期）。

一些国家（地区）的入境卡与出境卡是同时印制在左右一体的卡片上，在填写入境卡的时候出境卡部分也需要填写。入境时，当地移民局官员会将出境卡部分折下，再将出境卡部分用订书机订在护照内，出境时即无须再填写出境卡。领队要注意提醒旅游者保管好出境卡部分，以免在他国离境时发生麻烦。

2. 填写海关申报单

领队除了在飞行途中需要为旅游者填写入境卡外，还需要先填写 1 份海关申报单。海关申报单不强求每人 1 份，通常是每个家庭填 1 份。

各国的海关申报单的内容有简有繁，申报重点也有所不同。其可能涉及的项目有：姓名、出生日期和地点、国籍、航班号、居住国、永久地址、在逗留国家（地区）的住址、随行家属姓名及与本人关系、签证日期、签证地点，随身携带物品，如现金、支票、手表、摄影机、摄像机、黄金、珠宝、香烟、酒、古董等。有些国家对动植物出入境控制很严，甚至少量水果也不允许带入境。美国海关申报单中有一栏就是：你或者你们一行人中是否“携带了水果、植物、肉类、食品、土壤、鸟类、蜗牛及其他活动物、野生动物产品、农产品”。

并非所有的国家（地区）都需要填写海关申报单，在不需要海关申报单的国家，领队可省却这项工作。

各个国家（地区）的海关申报单都不相同，但其中的内容大多一样。下面是一些领队要务必清楚的内容：Customer Decllaration Card（海关申报卡）；Last name，first name，and initials（姓、名、缩写名）；Date of birth（生日）；Nationality（国籍）；Needs to declare（需要申报）；Nothing to declare（无须申报）；From /To（从何处来 / 去何处）；Home address—Number，street（家庭地址，号码，街道）；Town / city（城镇或城市的名称）；Province or state（省或州的名称）；Country（国家）；Postal / Zip Code（邮政编码）；Arriving by：Airline Flight No.（搭乘的航空公司，航班号）；Purpose of trip：Study，Personal，Business（旅行的目的：学习、个人原因、商务）。

第三节 他国（地区）入境

经过数小时飞行，飞机抵达目的地国家（地区）的机场后，领队要带领旅游者办理一系列的入境手续。这些手续大致包括通过卫生检疫关、海关、移民局关几项。领队对他国（地区）入境各个环节的把握，大致可以依照在中国关口出境时经过的各个环节做反方向认识。当然也有一些国家的入境手续与其他国家略微有差异。

各个国家（地区）的入境，不仅程序前后不同，入境检查的项目和需要递交的材料也不一样。

入境检查在许多国家（地区）是由移民局的官员来担任的，但另外一些国家（地区）全部是由警察来担任。边防警察主要是针对身份证件的检查，在机舱口进行证件检查或在机场入关处进行证件检查；海关警察检查主要是针对过境旅游者所携带物品的检查。

境外国家（地区）的入境，大致的流程如下图所示：

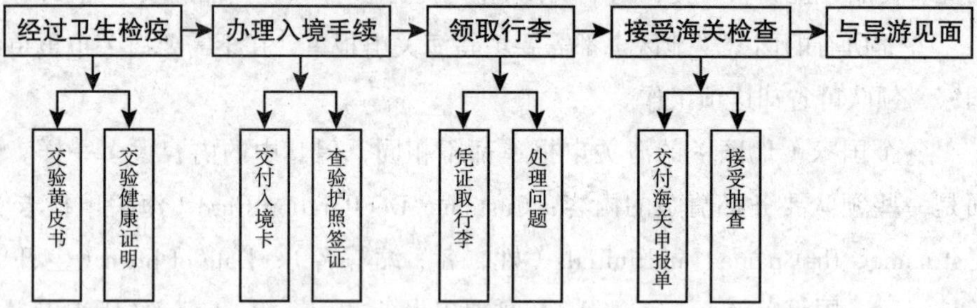

一、卫生检疫

各个国家（地区）的卫生检疫（Quarantine）的形式有许多不同，有的需要查验黄皮书和健康申报单，有的则完全不需要填写，只是对入境旅游者进行检视，发现患病旅游者时加以询问。

二、办理入境手续

世界上许多国家（地区）的入出境通常是由其移民局把守，领队带领旅游者沿“移民入境”（IMMIGRATION）或（ARRINAL）到达、（BAGGAGE CLAIM）行李认领标志前行，就能找到入境检查柜台。领队带领旅游者要在有“外国人入境”（FOREIGNER）或其他国家（OTHER COUNTRIES）标志的任一通道前排队，提醒旅游者要耐心等待，不能加塞抢行。许多国家都专门设有其他国家公民通道为旅游者办理入境手续。机场如果有“团队专用通道”，则在此专用通道排队。领队要事先告知各位旅游者，在等待入境期间要行为文明，在办理入境事务的柜台周围不能拍照，也不要大声喧哗。

1. 领队带领旅游团入境

领队要首先带领旅游者到达处理入境事务的柜台前，自己在前面向移民局官员说明情况，办理手续。许多国家的移民局官员会让旅游团优先通过检查。

实用图表 美国海关申报单

U.S. Customs and Border Protection

海关申报单

19 CFR 122.27, 148.12, 148.13, 148.110, 148.111, 1498; 31 CFR 5316

批准表格 OMB NO. 1651-0009

每位抵境旅客或家庭负责人必须提供以下资料（每个家庭只需填写一份申报单）：

1. 姓
   名　　中间名
2. 出生日期　日　月　年
3. 随行家庭成员人数
4. (a) 在美国的地址街名（旅馆名称/目的地）
   (b) 市　　(c) 州
5. 发照地点（国家）
6. 护照号码
7. 居住国名
8. 在这次到达美国之前曾去过的国家
9. 航空公司/航班号或船名
10. 这次旅行的主要目的是业务出差：　是　否
11. 我（我们）携带
    (a) 水果、蔬菜、植物、种子、食品、昆虫：　是　否
    (b) 肉类、动物、动物/野生动物产品：　是　否
    (c) 疾病媒体、细胞培养体、蜗牛：　是　否
    (d) 土壤或曾经到过农场/牧场/饲养场：　是　否
12. 我（我们）曾经非常接近牲畜（如摸过或者处理过）　是　否
13. 我（我们）携带超过 10,000 美元或相等数额外国货币的现金或代金：　是　否
    （代金的定义见背面说明）
14. 我（我们）携带商品：　是　否
    （可供销售的物品、用于招接订单的样品、或不属于个人用品的物品）
15. 居民 — 我（我们）在国外购买或得到并带到美国的所有物品（包括商品及为别人所带的礼品，但不包括邮寄到美国的物品）的**总价值为**：
    $
    来访者 — 将留在美国的所有物品（包括商品）的**总价值为**：
    $

请阅读本申报单背面的说明。空白处供列出所有必须申报的物件。

本人已经读过本申报单背面的重要说明，并且已如实申报。

X（签名）　　日期（日/月/年）

仅由海关官员填写

CBP Form 6059B (Simplified Chinese) (11/07)

（1）向移民局官员递交入境所需的证件和文件。领队站到入境检查柜台前后，首先要礼貌地向入境检查人员打招呼。通常领队要向移民局官员递交护照、签证、机票、入境卡等文件。某些国家还需要领队提供团队行程表和当地的接待旅行社、酒店等。有时候移民局官员会核对“黑名单”，看看该外国人是否榜上有名。如果有人以往曾在该国有过不良记录，比如曾被递解出境，则入境就会有麻烦。旅游团如果所持的是另纸团体签证，则需要听从入境边检站前的官员的指挥，到指定的柜台办理移民局查验手续。领队应走在团队的最前面，以便将另纸团队签证交付，并准备回答入境官的提问。

（2）接受移民局官员的盘问。旅游目的地国家（地区）移民局官员可能会就入境的原因进行简单盘问。问及的问题大致有：

①为何要来此地？

②计划到哪些城市逗留？

③整个旅游团有多少旅游者？

④准备在当地逗留多久？

⑤旅游团在哪些饭店下榻？

⑥当地的地接社是哪家？

⑦旅游者随身带了多少现金？

面对移民局官员的盘问，领队和旅游者都不必紧张，要积极配合，按照旅行社接待计划或者行程表的内容如实回答。如果有不清楚的问题，需要将当地地接社的负责人、导游的姓名及电话告诉移民局官员。

2. 完成入境检查

移民局官员经审验无误，在旅游者的护照上加盖入境章后，把护照、机票退还给旅游者。至此，领队及旅游者即通过入境关口，正式进入这个国家（地区）。许多国家的移民局官员会在完成对入境旅游者的审查后，对旅游者说一句“祝您旅游愉快”，领队及旅游者一定要礼貌地答以“谢谢你”（Thank you!）。即使是入境检查官没有说话，取回证件时也应当说一句“谢谢”。尤其是去欧洲、北美、南美等国家旅游，会碰到移民局官员询问而多数旅游者不懂英语，领队必须帮助翻译，并等每一位旅游者都顺利过关后，再带他们去行李认领处领队行李。

三、领取托运行李

1. 到指定通道拿取托运行李

通过移民局边防检查后，领队应带领旅游者到航空公司的托运行李领取处（Baggage Claim）领取自己的行李。通常机场会有免费的行李车供入境旅游者使用，从机场的行李区域的电子指示牌上可以找到所乘航班的行李通道位置。领队应该找到行李到达后旅游者取行李的位置，应在确认自己及每位旅游者的托运行李都拿到后，再带领旅游者一起去办理入境所需的下一项手续。

2. 托运行李出现问题应及时处理

如果旅游者托运的行李被摔破或者被遗失，要立即持行李牌到机场行李部门进行查询。如确认丢失，领队须填写行李报失单，交由航空公司解决。领队应记下机场服务人员的姓名及电话，以备日后询问。根据国际航空协会规定：行李于国际运输过程中受到损害，应于损害发生 7 日内以书面形式向承运人提出索赔申诉。但多数航空公司希望乘客最好在机场就作出反应，否则事后还需要另外填写一份报告书，解释为何没有立刻发现行李毁损，并需要提供证明。航空公司托运行李经常还会出现行李未能随旅游者一起抵达的情况，通常航空公司会负责在行李抵达后及时将行李送至旅游者下榻的饭店，也可能有进一步的补偿。领队要熟悉行李赔偿的程序，维护旅游者的合法权益。

四、办理入海关手续

1. 领队要了解他国（地区）海关的规定

海关是每一个主权国家设在口岸上对进出国境的货物、物品、运输工具等执行监督管理并征收关税的机关。世界上各国出入境口岸都设立有海关，以对出入境人员携带的货物进行检查。因此旅游者出国不仅在出境时要接受本国海关的检查，在抵达外国入境口岸时，同样要接受外国海关的检查。许多国家的海关，是设立在卫生检疫和护照签证查验结束并提取托运行李之后的。

因各国国情不同，海关监督检查的范围也不同，但是对出入境旅客携带物品行李的查验都有明确的规定。哪些物品可以被携带入境，哪些物品不可以入境，哪些可以免税，哪些需要征税，每个国家的海关都会有详细的规定。

在携带物品入境方面的规定，各国存在着很大不同。有些物品几乎所有国家的海关一律禁止入境。如世界各国海关都严禁鸦片、海洛因、大麻等致瘾、致幻物品及其原料的入境。各国海关最常见的是对旅游者随身携带的烟和酒进行限制。许多国家限制入境的物品各不相同，领队在带团出境前必须进行认真核查，对旅游者进行告知。各国海关一般都规定肉类制品、植物、农作物种子、动物、水果、食品、蔬菜等不能入境。

2. 海关的检查方法

领队应该告诉每个旅游者，通过海关时，要主动出示海关申报单，共用一张申报单的旅游者要一起接受检查。各国海关的官员有权力对入境的旅游者进行检查。其检查方法通常有如下几种：免检、口头申报、递交海关申报单和开箱检查等方法。旅游者通常很少会被开箱检查。一般海关检查就是例行公事，主要方法就是抽查。旅游者把填写好的海关申报单递交后就可以直接离开。因为海关代表国家利益，所以海关官员权力比较大，有些国家法律规定海关官员可以对旅游者进行搜身检查。领队要事先告知旅游者，配合当地海关官员的检查，千万不要与其发生争执。

五、与导游会合

办完一系列必要的手续后，领队就可以带领旅游者离开口岸，到外面寻找当地接待社的导游。一般情况下，目的地国家（地区）的导游人员会手持双方约定的接团标志牌迎接旅游团。

领队见到当地导游后，要确认其身份，或者与其交换信息，确保旅游团没有被错接。在登车前，领队应该再次清点人数并核实旅游者的行李物品是否齐全。领队和当地导游应该一起把旅游者带到旅游车上。在旅游车启动前，领队还应该与当地导游进行简单沟通，了解离开机场后旅游团的去向；了解去下榻饭店或者景点的距离和时间；领队要向当地导游简单通报旅游者的情况。

经典案例 何女士为什么被泰国移民局拒绝入境

2006年5月，何女士在某出国旅游公司的门市部报名参加新、马、泰十日游旅游团，并按组团社要求交付了本人的护照和其他办理签证的有关材料。几天后，何女士接到一个电话，对方自称该公司东南亚部计调人员，并通知何女士："签证没有问题，您报名参加的旅游团将按时出发，请您到我公司缴纳团款并签订出境游合同。"不久，又接到一位王小姐的电话，她自我介绍是该团的领队，并通知何女士该团集合的时间、地点、航班和应带的物品等。

但直到该团上飞机时，领队王小姐才告诉何女士该团办理的是"落地签证"，即待抵达泰国下飞机后，再办理签证手续。何女士听了此话，不置可否地登上了飞机。

该团抵达泰国曼谷机场，领队收齐了全队护照，连同填好的"落地签证"表格以及签证费送进了机场移民局。等待入境时，一位签证官出来告知，何女士的护照有效期只有4个月了，不满6个月，不符合签证条件，拒绝其入境。何女士无奈，在机场"逗留"了一夜，第二天乘早班机被遣返回国。

回国后，何女士向当地旅游质量监督管理部门投诉，并要求赔偿。她认为旅行社没有按照合同规定的标准提供服务，是违约行为。工作人员严重失职、欺骗、敷衍，致使自己的旅游行程无法顺利进行，给自己的精神造成了极大损失。同时，在泰国曼谷机场入境受阻，领队没能及时采取有效措施进行弥补，只是向客人摆摆手说"回去再说吧"，亦是严重的失职行为。为此，何女士要求旅行团退赔团费3980元，其他相应的交通费、误工费等2500元，以及精神损失赔偿费5000元。

评析：

首先，旅行社没有为何女士办理符合规定的签证致使其入境受阻，被遣返回国。而作为旅行社的代表，领队王小姐在事情发生后没有采取补救措施，最终导致旅行社无法履行与何女士出团前所签订的旅游合同。其次，旅行社缺乏严格规范的管理制度。对于各部门的监督、培训未予以重视，致使员工操作不规范、层层出漏洞。

（1）在何女士向组团社门市部交付护照时，门市部即有义务对护照进行审核，以确保旅游者提供的证件符合要求，发现问题时，应该及时通知旅游者更换。

（2）门市部与组团社计调人员交接时，工作粗糙，双方无签名记录就进行了护照及有关材料的交接，直到操作时，计调人员才发现了护照有问题，但却未予以补救，并且没有事先告知何女士该团是落地签证。

（3）领队出团前，从计调处交接的所有关于客人的资料：护照、机票、行程表、团队名单等，未按带团程序的规定作最后一次核对。这是最后一次把关，可以对某一部分的疏漏作最后一次弥补，使组团社避免风险，使何女士如期出游。而该领队没完成业务准备中规定的出团前的"三核对"，即：（a）护照与机票核对；（b）机票与行程核对，包括国际段和国内段行程、日期、航班、间隔时间等；（c）护照与名单表核对，包括护照签证有效期、签证水印以及签字等，核对团队实际出国人数与“团队名单表”是否一致。这是一项仔细、认真、严肃的工作，稍有疏忽便出问题；有时造成的经济损失无法估量。

（4）该案例中，3位业务人员，即门市部的业务员、组团社负责东南亚部业务的计调人员和该团领队，均要各自承担相应的事故责任。

（5）经协商退还何女士2000元，但没有给付精神损失赔偿。

——资料来源：仉向明，黄恢月．出境旅游工作案例分析．北京：旅游教育出版社．

chapter 5 **第五章**

领队在境外的主要工作

旅游团全体成员经过辛苦的旅程，到达了旅游目的地国家（地区）。由于刚到一个陌生的环境，虽然兴奋激动，但由于人生地疏，语言不通，环境不熟，旅游者会产生茫然无助的不安全感，存在拘谨心理和戒备心态，求安全的心理表现得特别突出。这是每个旅游者在这一阶段共同的心理状态。他们此时最急需的是如何消除这种不安全感，消除陌生的心理状态，与新的环境相适应。领队要按照工作程序，稳定旅游者的情绪；与当地导游进行认真交流，落实好各项服务内容，安抚旅游者的情绪，为旅游者提供周到的服务。

《旅行社出境旅游服务质量》中有关旅行游览服务的要求是：

领队应按组团社与旅游者所签的旅游合同约定的内容和标准为旅游者提供接待服务，并督促接待社及其导游员按约定履行旅游合同。在旅游途中，领队应积极协助当地导游，为旅游者提供必要的帮助和服务。

中国的旅行社在境外的合作伙伴就是当地的接待社。整个出境旅游计划的完成必须与接待社密切合作，同舟共济。在境外旅游期间，领队一般都是要通过与境外导游人员的商量、沟通，才能为中国旅游者提供有针对性的服务。对于旅游行程中的食、住、行、游、购、娱的安排，领队都要与当地导游进行良好协商，求同存异，以当地导游为主、我方领队为辅来合作进行。

第一节　领队与地陪的配合

领队与当地导游之间是一种合作关系，因为其服务对象相同、服务目标相同、服务基本指导原则相同，所以领队与导游的合作是建立在共同的基础上的。为了确保旅游计划的顺利实施，领队应该尽量配合当地导游人员的工作，领队要多与当地导游磋商，支持导游的工作。另外，毕竟我方领队是组团社的代表，与全团旅游者相处的时间比较长，与旅游者的关系也较当地导游相对密切。领队要把旅游者的想法、要求、建议和意见及时转告给当地导游。同时，领队也不能忘记自己的工作中还有“督促接待社及其导游员按约定履行旅游合同”的责任，对当地接待社及导游提供的服务要进行全程监督，必要时要向国内组团社汇报。

一、向旅游者介绍导游

到达旅游目的地之后，等所有的旅游者上了当地的旅游大巴，领队应该进行一次正式而简短的讲话。其实在境外，到达任何一个新的城市，第一个讲话的都应该是中国的旅行社的领队。这个讲话就是领队在境外旅游活动开始的一个开场白，每个领队都不可小视其作用。其主要内容如下：

（1）代表国内组团社再次感谢旅游者参加旅游团。

（2）对旅游者经历了漫长的旅程顺利抵达目的地表示祝贺，并预祝在当地的旅行顺利、愉快。

（3）再次表达组团社和领队本人愿为旅游者提供良好服务的真诚愿望。

（4）向全体旅游者介绍当地导游。

领队致辞完毕后，当地导游的出场就显得自然而顺理成章。领队与当地导游第一次见面后就应该叮嘱导游，在双方核对商定日程之前，不要向旅游者贸然宣布详细的行程，以免引起误会。

二、领队与导游进行沟通

通常在安顿好全体旅游者入住饭店后，领队还不能马上休息，按照流程应该与当地导游一起核对行程、商讨细节，对这个团队接待的具体事项进行面对面的沟通交流。

1. 按照日程表逐项对照

首先，领队与导游应逐项对照双方所持的行程计划表是否一致。比如下榻饭店、游览景点、停留天数、交通工具的安排、离开时间等大项，应首先予以确认，如果发现有不一致的地方，领队应马上请导游与接待社联系。其次，领队需要对行程表中所涉及的用餐、购物、观看演出等诸多细项与地陪进行沟通，可以按照旅游团在此地停留的天数逐项叙述。导游有时会提出对行程进行调整的建议，如其建议对整体计划无大碍，领队原则上应该同意，但是要做好记录。

2. 领队需要将团队的特殊性向导游进行介绍

为方便导游及时安排准备，领队应将该团队的特殊性向导游进行说明。比如此团中某些旅游者的特殊兴趣；团员中老人较多，团队行动不能过于急促；导游人员在安排行程时要具有较强的弹性；某些旅游者在饮食方面可能有特殊要求等。

3. 行程当中领队与导游的交流

（1）在整个游览期间，领队应始终在旅行车的第一排就座。距离导游较近，可以随时与导游进行沟通。有些领队喜欢坐在车的后面，其实是不妥的。领队与导游的沟通，有时需要近距离小声商量，如在介绍团队构成、团队中旅游者的特点等情况时，都需要稍稍避开旅游者的关注。同时，领队也要向旅游者说明，旅游车的第一排座位是专门给领队、导游预留的。

（2）如果在参观游览过程中出现问题，领队与导游要及时沟通。在游览过程中如果发生某些旅游事故或者出现突发性事件，领队应当主动与当地导游及时商量，确定解决办法。必要时报告组团社。

（3）领队要及时向当地导游反映旅游者的要求和意见。因为领队是组团社派出的随行人员，旅游者更愿意把自己的想法直接告诉领队。领队有责任把旅游者的意见、建议和要求反馈给当地导游，以便更好地满足旅游者的要求和愿望。

三、告知义务

《旅游法》第六十二条规定：订立包价旅游合同时，旅行社应当向旅游者告知下列事项：

（一）旅游者不适合参加旅游活动的情形；

（二）旅游活动中的安全注意事项；

（三）旅行社依法可以减免责任的信息；

（四）旅游者应当注意的旅游目的地相关法律、法规和风俗习惯、宗教禁忌，依照中国法律不宜参加的活动等；

（五）法律、法规规定的其他应当告知的事项。

在包价旅游合同履行中，遇有前款规定事项的，旅行社也应当告知旅游者。

1. 告知的时间

作为领队，应在行程出发前、行程实施中，不间断地向旅游者告知以上相关情况。

（1）行前会的告知。领队在召开行前会时，应做好相关的会议档案记录，包括行前会的时间、地点、主持人、参会人，同时应事先准备好行前会所讲解的《旅游注意事项》的文本，请旅游者在参加会议时，在《旅游注意事项》上签名，表示其已经参加行前会的相关注意事项培训，包含已经获得安全告知等事宜。

（2）出发时的告知。由于部分旅游者无法参加行前会，因此在机场报到时，领队应事先多准备一些行前会所讲述的《旅游注意事项》文本，发给未参加行前会的旅游者，并请旅游者在领队留底的那份《旅游注意事项》上签字，表示旅游者已经收到这一份《旅游注意事项》。同时，领队应告知旅游者，如果在阅读《旅游注意事项》时有任何不明白的问题，请随时询问领队。

（3）行程中的告知。即使旅游者参加了行前会，或者已经在出发时获得了《旅游注意事项》，也并不意味着旅游者把《旅游注意事项》所列的内容进行了认真解读。或者有的旅游者即使参加了行前会，但过后就将领队所讲述的注意事项抛到脑后。因此领队应在行程中，不断地就《旅游注意事项》进行提醒。

2. 告知的方式

（1）口头告知。口头告知是最简便、最容易实现的告知方式。口头告知的最大缺陷是，如果没有相应的视频、音频录制，一旦发生重大事故，特别是责任方是在旅游者本身时，旅游者往往出于对自身的保护，将事故责任转移至旅行社及领队。而领队之前的口头告知往往因为没有任何凭证留底，无法成为呈堂证供。

（2）书面告知。行前会时旅游者的参会签到，机场报到发放《旅游注意事项》并要求旅游者签字，都是书面告知的具体表现。

（3）短信告知。对于一些重要的安全事项告知，领队可以在旅游出发前，给每个旅游者发送短信进行告知。

（4）其他方式的告知。某些旅行社会将《旅游注意事项》制作成光盘发放给旅游者，或者请当团领队出发时携带上光盘，并在旅游大巴上进行播放。

3. 告知的取证

不管是何种告知方式，当领队将相关信息告知旅游者的时候，都应该有相应的留底证明，以表示领队在此次行程前或行程中，已经将相关注意事项告知旅游者。

（1）书面留底。领队应保管好召开行前会的相关原始记录，如参会者的签到本，以及出发机场报到时旅游者在《旅游注意事项》上的签字留底。

（2）短信留底。领队如果通过手机短信等方式发送给旅游者的旅游注意事项，应保留发送短信的凭据。

（3）音频、视频留底。对于行程中一些口头告知的注意事项，由于不适用于请旅游者签字，因此领队也可以采用现场录音、现场拍摄视频的方式进行留底。

“告知”的首要目的是通过旅行社或领队的事先提醒，避免在行程中发生意外事故。同时，如果事故最终发生了，如旅行社及领队事先曾有告知，则一定程度也可以获得责任的减免。

发生事故时，当旅游者一味以“领队没有事先告知”为由，将责任归咎于旅行社及相关人员时，领队不应该苛求每一位旅游者都具备高尚的情操及优秀品格。对于领队而言，与其事后亡羊补牢，不如事前未雨绸缪。不管是何种告知方式，领队应该在日常的工作中养成严谨的工作习惯，一方面尽职做到让旅游者事先知晓安全等以免危害发生，另一方面也保护好旅行社及自己的利益不受侵犯。

第二节　食、住、行、游、购、娱的落实

一、安排旅游者入住饭店

《旅行社出境旅游服务质量》对抵达下榻饭店后的领队服务要求引用了《导游服务质量》中的“4.3　入店服务要求”。

地陪服务应使旅游者抵达饭店后尽快办理好入店手续，进住房间，取到行李，及时了解饭店的基本情况和住店注意事项，熟悉当天或第二天的活动安排，为此地陪应在抵饭店的途中向旅游者简单介绍饭店情况及入店、住店的有关注意事项，内容应包括：饭店名称和位置，入店手续，饭店设施和设备的使用方法，集合地点及停车地点。

旅游团（者）抵饭店后，地陪应引导旅游者到指定地点办理入店手续。

旅游者进入房间之前，地陪应向旅游者介绍饭店内就餐形式、地点、时间，并告知有关活动的时间安排。

地陪应等待行李送达饭店，负责核对行李，督促行李员及时将行李送至旅游者房间。

地陪在结束当天活动离开饭店之前，应安排好叫早服务。

领队应当按照上述要求，具体实施应该提供给旅游者的服务，领队要再次介绍所下榻饭店的名称、在这个城市中的位置、告知入住需要办理的手续、详细说明饭店的设施和使用方法等。除上述要求规定的动作外，还有一些工作也必须落实。

进入下榻的饭店后，领队要做的第一件事情就是分配住房。此项工作由领队亲自担任，地陪协助办理。领队比地陪更加熟悉旅游者的需求，填写房号、发放住房卡等工作当然由领队办理较为合适和快捷。领队要注意各种房型房间的使用，了解房间的位置，将不同的房间发给不同需求的旅游者。领队要保管好分房表，必要时将分房表在总台留存备查。领队要把下榻饭店的名片及时分发给旅游者，以备旅游者离开饭店后如有迷路可以安全返回。除此以外，领队

还需要做以下工作：

1. 介绍饭店设施

领队要详细地向旅游者介绍下榻饭店的设施，介绍外币兑换处、商场、娱乐场所、公共洗手间、早餐厅、安全通道等设施的位置。领队应该向旅游者指明所住房间、楼层的位置，电梯的位置，房间门锁的开启方法的等。领队特别要提醒旅游者注意爱护饭店的设施，要向旅游者介绍房间内保险箱的使用方法、饭店需要付费的服务和设施的使用方法。对中国旅游者可能出现的问题，领队要有针对性地反复提醒，比如千万不能在房间内吸烟、不能让卫生间的水流出来弄湿了房间的地毯、不要在饭店里大声喧哗、不能影响他人休息等。

2. 离开下榻的饭店

旅游团离开下榻饭店赶赴下一段旅程，领队应提前将一些注意事项告诉旅游者。在旅游团离站的前一天，领队应与导游磋商并确定第二天的离店时间，将起床叫早、用早餐的时间和地点、移交行李和出发集合时间等通知旅游者。

（1）提醒旅游者与饭店结账。一般来说，中国旅游者在境外饭店内消费不多，但是领队还是要提醒旅游者如果在饭店打过国际长途电话、看过付费电视、饮用过冰箱内的饮料、使用过房间内的付费物品等个人消费，应当提前与饭店结清。最好避开团队要匆忙赶路之前和早餐后的旅游者结账高峰时间。领队应负责催促旅游者办理并协助其完成结账。

（2）提醒旅游者带齐全部私人物品并清点旅游者托运行李。每次离开饭店，领队都要提醒旅游者检查私人物品是否有遗漏，尤其是旅游者的个人证件及贵重物品。领队要仔细清点全团旅游者交付托运的行李，检查是否安全上锁。领队还要提醒旅游者把饭店的住房卡交还给饭店总台。

二、旅游者用餐时的服务

1. 旅游者用餐服务的要求

出境旅游团用餐时领队应提供的服务要参照《旅行社出境旅游服务质量》中引用的《导游服务质量》要求的内容：简单介绍餐馆及其菜肴的特色，引导旅游者到餐厅入座，并介绍餐馆的有关设施，向旅游者说明酒水的类别，解答旅游者在用餐过程中的提问，解决出现的问题。

旅游者用餐时，领队应提前了解餐厅的情况；了解团队旅游者用餐的桌次；了解食品的卫生状况；向旅游者说明用餐的某些规定。领队自己用餐不能与旅游者相隔太远，以方便及时解决出现的问题和提供服务。

2. 对旅游者用餐的提醒

领队应当将国外的一些用餐规则告诉旅游者。如果需要凭餐券用餐，应该亲自把餐券发到每个旅游者的手里。领队要告诫旅游者，吃自助餐的时候，一次不要取食太多，已经拿到的食物一定要吃完；餐厅的食品和饮料不能带走；注意用餐文明；餐时不能大声喧哗，避免影响餐厅中的其他客人。领队要提醒旅游者，用餐时不要把大件行李存放在餐厅里面。

三、旅游者购物时的服务

《旅行社出境旅游服务质量》对旅游者购物时的领队服务要求引用了《导游服务质量》中的要求，其中包括：向旅游团（者）介绍本地商品的特色，随时提供旅游者在购物过程中所需要的服务，如翻译、介绍托运手续等。

作为组团社委派的领队应该按照《旅游法》第三十五条的精神安排旅游者的购物活动。《旅游法》第三十五条指出："旅行社不得以不合理的低价组织旅游活动，诱骗旅游者，并通过安排购物或者另行付费旅游项目获取回扣等不正当利益。旅行社组织、接待旅游者，不得指定具体购物场所，不得安排另行付费旅游项目。但是，经双方协商一致或者旅游者要求，且不影响其他旅游者行程安排的除外。"

应该指出，《旅游法》并没有禁止购物，但必须同时满足以下全部前提：旅游线路卖价必须在合理以上的水平；不得"指定"；不得前往"具体购物场所"。领队与旅游者经过充分协商，在平等自愿的前提下签订购物或自费项目补充协议，并不违反法律规定。

旅行社组织旅游者购物无可非议，但是应该把握以下原则：购物的价格要公开透明；价格不得明显高于当地市场价格；旅行社协助旅游者购物，但不得以不合理低价团费为诱饵，诱骗旅游者在行程中购物。

领队要根据每个旅游团的特点，有的放矢地向旅游者介绍本地特色商品，适当地做好翻译工作。领队同时要当好购物顾问，并向旅游者介绍有关商品的托运种类，及海关对旅游者携带物品出境的有关规定。

在境外购物旅游者可以享受购物退税的政策。购物退税是指某些国家对境外旅游者在退税定点商店购买的随身携运出境的退税物品，按规定退税的政策。领队应及时向旅游者介绍相关国家的退税规定，提醒旅游者购物完毕后不要忘记索取发票。

四、旅游者观看演出时的服务

1. 服务要求

《旅行社出境旅游服务质量》援引的《导游服务质量》中，对旅游团观看文娱节目时领队及导游的服务要求主要有两点：简单介绍节目内容及其特点；引导旅游者入座。质量标准也强调，在旅游团（者）观看节目的过程中，领队及导游应自始至终坚守岗位。

2. 提前告诉旅游者有关注意事项

境外某些演出在室内举行。室内剧场演出相对国内会有许多限制，领队应该了解并事先告诉旅游者。比如应该提前多长时间进场，观看演出时是否允许照相、摄像，演出结束后旅游者与演员合影是否应付小费、该付多少等。

境外一些正规的芭蕾舞、歌剧等演出，对观众的服饰会有要求，领队也需要提前告诉旅游者以便有所准备。领队要提醒旅游者，观看正规的演出不能提前退场，一方面要尊重演员的劳动成果，另一方面也显示中国人的文明素养。

在国外的剧场观看演出时不允许吃零食、喝饮料，领队要特别提醒旅游者，不要违反剧场的相关规定，以免受到处罚。

五、旅游者在参观游览当中的服务

1. 领队要提前出现在集合地点

当天出发前，领队应提前到达集合地点。热情地招呼旅游者。如果旅游者有需要帮助的地方，领队应该及时地提供帮助。

2. 清点人数

待旅游者上车后，领队应礼貌地清点人数。若发现有旅游者未到，领队应向其他旅游者问明情况，及时寻找。若旅游者自愿留在饭店或不随团活动，领队要问明情况，留下书面记录，并让旅游者签名。领队应做好提醒工作，必要时写便条交给旅游者，以保证旅游者的安全。

3. 宣布行程

领队每天上车后的第一件事就是要告诉全体旅游者当日的行程。旅行团当日计划行程要让旅游者心中有数。而且，事后领队应该多次重复，以使旅游者始终做到心中有数。宣布当日日程，内容包括去程所需时间、每个游览项目所需大致时间、午晚餐的时间和地点。若遇有需乘船或乘坐缆车的项目，说明准确的乘坐时间、地点，并提醒注意事项。

4. 领队导游讲解

进入旅游景区进行导游讲解，是当地导游的最主要工作。领队应监督当地导游完成好这项工作。在前往景区景点的途中，导游应向旅游者进行风光导游和风情导游，介绍当地的风土人情、自然景观，回答旅游者提出的问题。抵达景区后，导游应向旅游者详细讲解该景区，尤其是景区的历史价值和特色。领队应事先与导游进行沟通，告知旅游者感兴趣的内容。若出发地到达游览景区路途较长，领队和导游可事先设计好讲一些长话题、讨论一些旅游者感兴趣的问题，以活跃车内气氛，使旅途变得轻松愉快。

5. 提醒工作

抵达游览景区时，下车前，领队应再次向旅游者讲清该景区停留时间以及参观游览结束后的集合时间和地点。提醒旅游者记住旅行车的型号、颜色、标志、车牌号。有可能的话，领队要在景区示意图前，向旅游者讲解游览线路，提醒游览注意事项。为防止旅游者在游览过程中走失，除了做好上述提醒工作外，领队还须做到时刻不离旅游者，并注意观察周围环境，随时清点人数，特别关照老弱病残的旅游者，做好旅游团在活动期间的断后工作，以免旅游者走失或发生意外。在当地地陪缺位或者失责的情况下，领队应该行使地陪的职责。

六、领队在境外的其他工作

1. 领队要监督各地接待计划的完成

督促境外地接社和当地导游人员认真实施旅游计划是领队在境外的主要工作之一，也是《出境旅游领队人员管理办法》为领队规定的主要任务之一。领队在境外带团期间若发现当地的接待工作有降低标准的现象（如降低餐标、遗漏景点、用车不合要求、导游人员不尽责等），应及时向地陪提出，必要时可以与当地接待社交涉或报告国内组团社。

2. 维护旅游团的内部团结

在境外旅游期间，领队的另一项重要工作是维护好整个旅游团的团结，协调好旅游者之间的关系，合情合理地处理好发生在旅游团内部的某些矛盾，保证旅游行程的顺利完成和旅游合同的顺利履行。领队特别要关注的是，如果是散客成团，或者是几家旅行社共同组团出行，发生问题和产生矛盾的可能性相对较大，决不可掉以轻心。分配房间、安排座位、规定出发时间时要考虑多方面的需求。

3. 处理投诉

处理好旅游投诉，可以将坏事变成好事，有助于改进境外旅游接待工作中的一些薄弱环节。领队处理旅游者的投诉，要注意以下几点：

（1）如果旅游者对某些服务不满意或者提出投诉，领队要及时解决。领队要耐心倾听旅游者的叙述，不与旅游者进行争辩，以体现对旅游者的尊重。领队在接受旅游者投诉时，应该尽量采取个别接受的方法，以避免对其他旅游者产生影响。对于集体投诉，最好请其派出代表。领队要保持冷静，耐心倾听。不管旅游者的态度如何、事情大小，都要让旅游者把需要表述的意思讲完。

（2）表示同情和理解，不盲目做出承诺。对旅游者提出的投诉和不满，领队要设身处地为旅游者考虑，要采取适当的语言来缓解旅游者的情绪。对于旅游者在投诉中所提出的要求，特别是有关赔偿的要求，领队不能轻易做出任何承诺，以避免工作中的被动和可能带来的麻烦。

（3）调查了解，迅速回复。领队应该在进行全面调查了解，并同有关方面进行核实的基础上根据事实进行处理，不要匆忙做出判断。如果涉及赔偿问题，要同有关方面协商后进行。除了不可控因素导致的服务缺陷，需要对旅游者进行耐心解释外，不少旅游者的投诉问题可以通过提供超常服务得以解决。领队一定要通过努力，把旅游者的不满和投诉在境外解决完毕，尽量不要把问题带回国来解决。

4. 填写《领队日志》

根据旅行社管理层的指示，依照领队工作规范，领队要填写《全陪日志》或其他旅游行政管理部门和组团社所要求的有关资料。《领队日志》的内容包括：当天参观旅游的景区景点；旅游日程安排及交通情况；各地接待质量（指旅游者对食、住、行、游、购、娱等各方面的满意程度）；对发生的问题及事故的处理经过；旅游者的反馈及整改建议。

5. 回收《旅游服务质量评价表》

领队在完成其他各项工作后，还要在旅游行程结束前，请旅游者填写《旅游服务质量评价表》，并将其妥善保管后带回旅行社上交。在可能的情况下，请旅游者一定要签上自己的姓名和联系方法，以备核实。

经典案例　领队带团通过安检为什么受阻

2007年5月黄金周期间，领队M先生带领一个“澳洲七日游”旅游团一行32人，乘澳航从上海飞悉尼，在上海进行海关检查时受阻：领队M先生新买的一大支牙膏和一瓶头发定型水被海关没收，一位患风湿病的老太太拿了7瓶医院熬制的液体中药，也不能随身携带上机。

领队的牙膏、定型水被没收无话可说。而老太太急得要哭了：“我不想出门旅游，花钱太多，我女儿一定要让我去澳大利亚，说那边风景好、人少、气候好，对我身体有好处。我有痛风病，临出发前，特地去医院看病，让医生开了7瓶中药，每天服一瓶，这样走路时膝关节就不会痛了……”海关人员请老太太出示医生处方或病历以及医院证明，老人均拿不出上述证明，由于着急，老人家情绪失控哭喊着说花了1万多元一定要上飞机。最后，海关检查人员找到领队，让他帮助老人让机场包装行李服务处将其中6瓶中药用坚硬的材料包装好，再与办理托运行李柜台的工作人员商量，将托运的行李找出来，把包装好的中药打包在行李里，重新托运。老太太随身携带1瓶中药上机。

评析：

（1）这件事情的发生，主要责任在领队。

（2）依据民航总局［2007］1号《关于限制携带液态物品乘坐民航飞机的公告》（以下简称《公告》），全国民用机场于2007年5月1日起遵照《公告》内容实施新的液态物品检查规定。此次新规定针对国际、地区航班乘客的携带物品提出了更为严格的限制，为避免旅游者、特别是乘坐国际航班出行的旅游者，在通过安全检查的过程中遇到不必要的麻烦，管理部门特提前发给各旅行社，希望在组团的过程中提前做好团队成员的宣传工作，以确保旅游者出行顺畅，减少因不符合规定携带液态物品而造成的不必要损失。《公告》规定："乘坐国际、地区航班的旅客要将随身携带的液体物品（包括液体、凝胶、气溶胶、膏状物）盛放在容积不超过100毫升的容器内。对于容积超过100毫升的容器，即使该容器未装满液体，亦不容许随身携带，应办理交运。"领队的一大支牙膏无疑超过了100毫升，老太太的7瓶中药就更不要说了。

（3）此《公告》4月中旬就发到各旅行社，领队M先生服务的组团社曾组织大家学习讨论过。据了解，行前说明会上M先生也顺便讲了一些，为什么团队通过安全检查时受阻？无疑，领队对国家的"法令"敷衍搪塞，讲解时轻描淡写，未强调遵守法令的重要性。

（4）这是相关部门执法不严的后果，使人们明知故犯，养成习惯，总觉得通过说情，可以蒙混过关，问题不大。因此出门旅游者在出入境时，所带香烟、酒类超过限量的情况时有发生。

（5）领队不仅自己应当做守法的榜样，而且要告知甚至强调旅游者遵守海关、安检的各项规定。因为这不是个人的事，它关系到国家、人民的安全，否则就是领队渎职。

——资料来源：仉向明，黄恢月．出境旅游工作案例分析．北京：旅游教育出版社．

第六章 *chapter 6*

他国（地区）离境及中国入境

他国（地区）离境及中国入境的程序，与他国（地区）入境及中国出境的程序有相似之处。但也不完全相同，并不是简单的入境换出境，出境换入境的顺序颠倒。领队应掌握所有程序的要点，把最后的工作做完美。

完成了团队在境外的全部旅行活动之后，此时领队的带团工作已进入后期阶段。领队的工作也应从安排组织团队在境外期间的活动慢慢转向组织旅游团返程回国的活动中来。

从离开他国（地区）到入境中国，有许多程序需要一步步进行。领队基于已经经历了的中国出境、他国（地区）入境的经验，应能较好地对待下面的步骤。

第一节　办理他国（地区）离境

在搭乘离境飞机前，要办理他国（地区）的各种离境手续。办理离境手续的流程大致如下图所示。

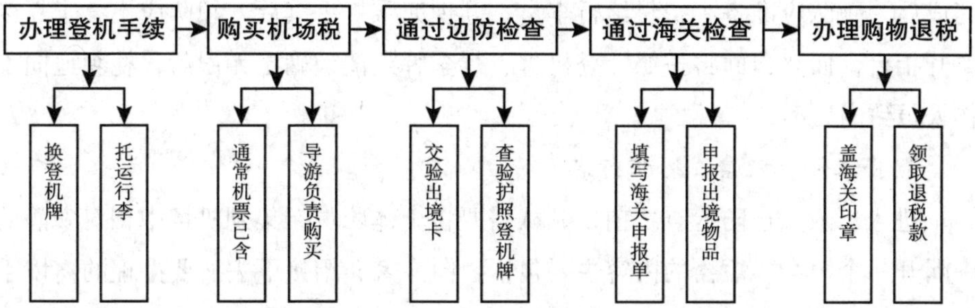

一、办理乘机手续

旅游团在结束境外的整个旅游行程后，需要搭乘飞机返回中国。领队及导游应对从城区到机场的用时进行充分估算，按照许多国家（地区）国际机场的要求，离境客人通常都需要提前 2 小时赶到机场。现在由于中国旅行者在境外购物较多，团队中大多数人需要在机场办理退税手续，此项工作比较费时。故建议有些团队需要提前 3 小时到机场。

境外各国（地区）机场的航空公司办理乘机手续，整个程序与出境时在国内的航空公司柜台办理手续基本一致。领队有了中国出境时办理乘机手续的经验，此刻应从容对待。按照旅行社间的常规协议，境外接待社的导游应当负责帮助所接待的旅游团办理出境乘机手续。

1. 打印登机牌

来到值机柜台后，领队须首先礼貌回应航空公司工作人员的问好，然后主动报告乘机人数，交付全部的护照。需要注意的是，有很多国外机场办理登机牌是需要自助打印的。领队应该清楚登机牌打印设施的操作，以便帮助旅行者打印登机牌。

2. 行李托运

在值机柜台，领队应当要求所有旅游者将托运行李排列整齐，并进行行李数量清点。领队协助旅游者将行李放在传送带上，逐一托运。托运的箱包中，若有违禁物品，行李传送带系统会自动报警，这时候需要旅行者打开行李，由航空公司工作人员再次查验。另外，在一些习惯上收取小费的国家，行李托运完成后，领队应准备小费付给行李员。办理完乘机手续后，领队应不急于立刻离开柜台，而要当面将护照、登机牌、行李牌点清，确定无误后，礼貌地向工作人员致谢后离开。

3. 将证件、机票发给旅行者

进入出入境边防检查之前，领队需要将全体团员召集到机场中相对安静的一隅开一个短会。短会的内容主要包括：向大家介绍接下去所要办理的离境手续；讲解登机牌上的信息，如航班号、登机时间、登机门等，希望团员在出入境手续办理完自由购物时，掌握好时间以免误机；其他重要的提醒，如不要帮其他不认识的旅游者携带物品等。在讲清主要事项后，领队将护照、登机牌逐项分发给旅游者。

二、购买离境机场税

1. 多数情况下机场税包含在机票中

通常情况下，机场税在购买机票的时候已经付清。但也有一些国家的国际机场，机场税是不在机票当中代收的，需要在乘机前现场购买。

2. 机场税不能向旅游者再行收取

按照中国国内组团社与出境旅游者签署的出境旅游合同的规定，境外机场税一项应包含在正常的旅游收费中，应当由旅行社予以支付。领队出团前应当对此项费用如何支付有所了解，如需领队支付，则领队就需在购买后将机场税凭据发给每位旅游者，以便旅游者应对关口检查。机场税如需交还旅行社报账，在应对关口检查后，领队还应把机场税收据从旅游者手中收回并妥善保管。

3. 通常机场税应由境外接待社支付

通常情况下，在境外机场发生的机场税，是由境外接待社来支付的。境外接待社于国内组团社的包价旅游报价当中，一般会包含有机场税一项。因而，一般情况下，机场税是由境外接待社的导游代为支付购买的。

三、办理移民局离境手续

1. 填写出境卡

许多国家的出境卡是与入境卡印制在一张纸上，旅游者在入境时就需要填写完成。入境时，入境官员会将入境卡部分撕下留存，然后把出境卡部分订在或夹在护照里还给旅游者。因而旅客在出境时无须重新填写出境卡，只要将护照交给入境官员即可。但如果旅游者不慎将夹在护照里的出境卡丢失，此时就需要补填一张。并非所有国家（地区）的出境都需要填写出境卡，比如法国、瑞士等欧洲国家出入境就没有填写出（入）境卡之说。另外，持另纸团体签证的旅游团，在他国（地区）离境时通常也不需要填写出境卡。

2. 通过离境边检

相对入境来说，各国（地区）出境的边防检查手续办理得较为宽松。旅游者在通过离境边检时，要确认边检官员在护照上盖的离境印章是否清晰，以便回国后能够顺利销签。

领队带领旅游者进入离境边检区域后，在出境检查柜台前排队，依次办理离境手续。旅游者向边检官员交上护照、登机牌后，站立等待查验。如查验无误，护照将被盖离境印章，或将签证盖过“已使用”（USED）的章，然后将所有物品交还旅行者，离境手续即告完成。

边检出境官员检查旅游者的护照及签证的时候，通常会按照旅游者签证的有效期及准许停留天数进行推算，如超出，旅游者将可能会得到惩罚。比如，我国内地旅游者到香港特别行政区旅游，所办理的个人旅游签注，规定在香港停留天数只能是 7 天，如超过，在香港出境时就会受到香港边检警察的盘问和惩处。

从整体上来说，各个国家（地区）的出境边检手续的办理，通常都会比入境边检手续要快。

四、办理海关手续

1. 不同国家（地区）的海关有不同的出境限制

旅游者到其他国家（地区）旅游，必须事先掌握对各个国家（地区）海关规定的出境禁止携带的违禁物品清单。2003年曾发生过中国在非洲工作回国的医生携带象牙在比利时出境时被比利时海关扣押逮捕的事件，原因就是中国旅游者对比利时海关的出境违禁品规定不了解。出团前领队应到相关国家的驻华使馆、旅游局网站上进行查询，也可以在当地国家向导游询问，应竭力避免出现旅游者因携带违禁物品被他国（地区）海关扣押的事件发生。

把目的地国家（地区）的海关违禁物品事先告知旅游者，应是领队的责任和义务。大致来说，各国（地区）海关对离境携带物品的限制主要有以下几种情况：

（1）旅游者入境时申报过的物品必须携带离境。如印度尼西亚海关就有此类规定：外国旅行者自用的照相机、摄像机、卡带式录音机、望远镜、运动器械、笔记本电脑、手机或其他类似设备入境时必须申报，离境时必须带回。

（2）许多国家（地区）的海关对携带金钱离境有限额。比如塞舌尔，其机场入境时虽不设外汇申报点，但在出境时对外汇检查非常严格，一旦发现旅客所携外汇超过其规定数量（400美元）就将给予没收。土耳其海关规定，携带相当于100美元的土耳其货币出境时必须申报。意大利海关规定，携带外币入境，数额不限；但是出境时必须申报所持有的外币数额。

（3）对动物、植物实物及骨骼的离境有限制。如坦桑尼亚海关规定：出关者禁止携带象牙、犀牛角等物品。海关对此会查堵严密，旅客如违规，将被处以重罚。海椰子是塞舌尔的特有物种，被视为国宝。携带海椰子在塞舌尔离境时，必须持有塞舌尔有关部门颁发的编号和许可证，否则将被重罚。

（4）其他类型的各种限制。还有一些海关限制并不典型，多是某一个国家（地区）的特有规定。如土耳其海关规定，携带贵重物品或电器离境要申报，而古董、红茶、咖啡和香料禁止携带离境。

另外，在考虑境外国家（地区）离境的海关限制携带物品的时候，一定不能忘记我国海关的入境物品限制。各个国家（地区）与我国的海关边检在限制入境的物品上有许多不一致的地方。如在境外购买的一些印刷品书刊、鲜花水果等物品，我国的边检海关就不允许入境。以往常发生有旅游者在香港购买了大量烟酒，在香港出境时一切顺利，但却因违反我国内地的海关规定而不能携带入境的事件。

2. 通过海关

国外多数国家（地区）机场海关的检查是以抽查的方式进行。通常是无申报物品的旅行者无须填写海关申报单，径直走过海关柜台即可。但如果携带了限制出境的物品而没有申报，则会受到惩处。因而，如旅游者携带了限制出境的物品应主动申报，以免出现麻烦。

通过海关前，领队应当就海关的规定及申报的利害向旅游者说明，要求旅游者主动向海关申报限制携带出境的物品。领队应帮助旅游者填写海关申报单并协助其与海关人员进行交涉。

五、办理购物退税手续

欧洲、澳大利亚以及南非等许多国家或地区，都有对旅行者购物实行退税的规定。如南非规定：外国旅客在南非购买纪念品，凡金额超过 250 兰特，从购物之日起 90 天内，可在离境时到机场退税处申请退还增值税。欧洲国家中对退税的规定更加普遍。按照规定，非欧盟国家的旅行者在欧洲购物时，如果所购物品不在当地使用并在 3 个月内携带离境，便可以享受到退税的优惠，即有资格在离开欧盟国家时将购物时交付的增值税退回。如法国的退税优惠是：在法国购物 175 欧元以上的商品，出境时可扣除 12% 的附加价值税。丹麦规定，来丹麦的旅游者出境时，可凭免税商店开具的特质发票，在机场退 13% 的税。克罗地亚规定，外国公民在克罗地亚的购物超过 500 库纳可以申请退税。

在各个国家（地区）机场办理退税，方法不一，需要事先弄清楚，如在德国法兰克福机场办理退税，过了出境关卡（Passport Control），必须到退税海关（Custom/ExportCertification）申请退税的柜台（CashRefund）出示支票，才可以完成整个退税手续，拿到退还的欧元或美元。

在欧洲，究竟是先办理乘机手续还是先办理海关退税，各个机场的规定也都不同，领队可以先向机场查询再转告旅行者。

领队应该事先了解不同国家（地区）的退税规定和操作方式，以便为旅游者提供帮助。

对我国多数旅游者来说，在国外离境时办理消费退税都会有语言交流方面的种种不便，而且在短暂的时间里常常无法完成退税，故领队可以建议旅游者回到国内来办理退税手续。目前已经有一些退税公司在中国开展了退税业务，在北京、上海、广州等大城市设立了退税点。

经典案例 退到了税却误了登机

2013年7月，某国际旅行社领队小王带领38名旅游者从杭州出发参加荷法瑞意11日9晚旅行。在欧洲期间，整个行程都非常顺利，旅游者也玩得非常开心。最后一天，小王带领旅游者由罗马机场飞往阿姆斯特丹机场，准备在阿姆斯特丹再转机回杭州。旅游者们在罗马机场顺利地盖好了海关退税章，准备在到达阿姆斯特丹机场时拿退税现金。由于拿退税现金的旅游者非常多，需要排长队，而转机航班时间又紧，最终很不幸有2名旅行者居然错过了登机时间从而导致误机，损失非常大。故领队可以建议旅游者回到国内来办理退税手续。

六、准备登机

1. 领队应核实登机闸口向旅游者提醒

领队应注意收听机场内的广播，或向机场内的咨询台询问，或从电脑屏幕上查询了解所搭乘的航班登机闸口是否改变。在确信无误后要将登机口及登机时间告诉旅游者，并提醒每一位旅游者不要误机。对老年人和无购物需求的客人，领队应直接带他们到登机闸口等候。需要注意的是，有时候航空公司会调换登机口，领队要及时观察机场电子信息显示屏，以免误机。

2. 避免旅游者因购物而误机

喜欢购物的中国旅游者多数不会放弃在机场免税店购物的机会，此时领队应当及时提醒旅游者，一定要注意收听广播或查看机场显示屏中的提示，在机场规定的时间内登机。因为购物时大多数人较为投入而往往忘了时间的流逝。

许多航空公司规定，航班起飞时间一到，舱门就会按时关闭。如有旅游者没能按时登机，飞机也并不会拖延等待而会照常起飞。故旅游者对此不能疏忽大意、掉以轻心，否则损失将会非常惨重。

为避免出现误机事情，领队应及早赶到登机口，清点人数，与未能及时赶到的旅游者联系。若仍有旅游者未到登机口，领队应该要求机场工作人员进行机场广播通知。

第二节　带团归国入境

回国入境的工作流程大致如下：

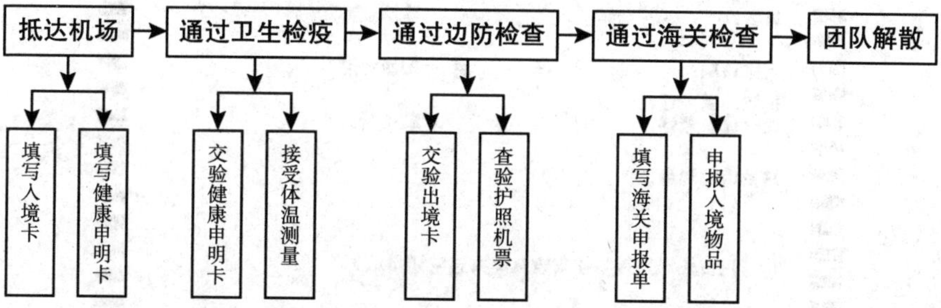

一、接受检验检疫

1. 了解国家有关卫生检疫的有关法规

中国边防口岸的卫生检疫机构，是以《中华人民共和国国境卫生检疫法》为法律依据而设立的。目的是“为了防止传染病由国外传入或由国内传出……保护人体健康”。我国所列的传染病，包括鼠疫、霍乱、黄热病以及国务院确定和公布的其他传染病。

出入境检疫对象包括：入境、出境的人员，交通工具，运输设备以及可能传播检疫传染病的行李、货物、邮包等特殊物品。《食品卫生法》规定的出入境检疫对象有进口食品、食品添加剂、食品容器以及包装材料、工具设备等。

2.《入境健康检疫申明卡》的内容

《中华人民共和国国境卫生检疫法》第十六条规定："国境卫生检疫机关有权要求入境、出境的人员填写健康申明卡，出示某种传染病的预防接种证书、健康证明或者其他有关证件。"《入境健康检疫申明卡》的查验内容是：

实用图表 中华人民共和国出入境健康申明卡

中华人民共和国出入境检验检疫
出/入境健康申明卡

旅客须知：为了您和他人的健康，请如实逐项填报；如有隐瞒或虚假填报，将依据有关法律予以追究。

姓名：______ 性别：○男 ○女

出生日期：______年____月 国籍/地区：______

护照（回乡证、通行证）号码：______ 航班号：______

联系地址和电话：______

1、过去7天您是否与家禽或鸟类有过密切接触？

○是 ○否

2、过去7天您是否与感染禽流感患者或疑似患者有过密切接触？

○是 ○否

3、您如有以下症状和疾病，请将"○"涂黑"●"

○发热 ○流涕 ○咳嗽 ○咽痛

○头痛 ○腹泻 ○呕吐 ○呼吸困难

○精神病 ○性传播疾病

○开放性肺结核 ○艾滋病（包括病毒携带者）

我已阅知本申明卡所列事项，并保证以上申报内容正确属实。

旅客签名：______ 日期：______年____月____日

体温（检疫人员填写）：______℃

（1）对于申明精神病、麻风病、艾滋病（包括携带者）、性病、开放性肺结核的外国人阻止其入境。

（2）对在入境时发现的患有发热、咳嗽、腹泻、呕吐等症状或其他一般性疾病患者，进行医学观察和流行病学调查、采样，实施快速诊断，区别情况，隔离、留验或发就诊方便卡，采取其他预防、控制措施。

（3）对来自黄热病疫区的人员，查验黄热病预防接种证书。对于无证者或无有效证件者，应现场予以黄热病预防接种并发给证书。

（4）检疫传染病的监测：发现鼠疫、霍乱、黄热病染疫人，必须立即隔离检疫；对染疫嫌疑人应按潜伏期实施留验；对染疫人，染疫嫌疑人的行李、物品，实施卫生处理。

（5）对在国外居住3个月以上的中国籍人员（海员、劳务等重点人群）实施艾滋病和性病监测。

3. 交付《入境健康检疫申明卡》

领队带领旅游者返回国内，通常在返程的飞机上就可以拿到《入境健康检疫申明卡》。这份申明卡用中文填写即可，领队可以指导旅游者完成填写。

飞机落地后，领队带领旅游者在经过“中国检验检疫”的柜台时，将填写完成的《入境健康检疫申明卡》交出，如无例外，就可以通过检疫柜台继续前行。

二、接受边防检查

1. 通过入境边防检查

领队带领旅游者在边检柜台前排队，接受边防检查站的入境检查。将护照一起交入境检查员。入境检查员核准后在护照上加盖入境验讫章，将护照还给旅游者，则入境边检手续完成，旅游者即可入境。我国法律规定的被禁止入境的情况有以下几种：

（1）入境后可能危害中国的国家安全、社会秩序者。

（2）持伪造涂改或他人护照证件者。

（3）未持有效护照、签证者。

（4）患有精神病、麻风病、艾滋病、性病等传染病者。

（5）不能保障在中国期间所需费用者。

2. 持另纸团体签证要走团队通道

如果出境旅游团队是持《中国公民出国旅游团队名单表》和另纸团体签证，须走团队通道。《中国公民出国旅游团队名单表》中的入境边防检查专用联由边检收存。旅游者按照名单表顺序排队办理入境手续。

三、接受海关查验

1. 了解中国海关对入境物品的限制规定

（1）中国海关规定禁止入境的物品。对中国海关明令禁止携带入境的物品，领队需要事先向旅游者说明，以免旅游者携带入境时遇到麻烦。禁止携带入境的物品主要有以下几种：

①各种武器、弹药、爆炸物；伪造的货币、有价证券以及制造设备。

②对中国政治、经济、文化、道德有害的印刷品、胶卷、照片、录音带、录像带、CD、VCD及计算机存储介质等。

③烈性毒药。

④鸦片、吗啡、海洛因、大麻等能致人成瘾的麻醉品、迷幻药品、精神药品等。

⑤带有危险病毒、病虫及有害生物的动、植物及其产品。

⑥有碍人、畜、植物的，能导致传播病虫毒害的水果、仪器、药品或其他物品。

（2）中国海关限制入境的部分物品。在旅游者经常会买的烟酒方面，中国海关对到港澳地区旅游和到国外旅游的旅游者有不同标准的限制规定，如下表所示。

旅客类别	免税烟草制品限量	免税12度以上酒精饮料限量
来往港澳地区的旅客（包括港澳旅客和内地因私前往港澳地区探亲和旅游等旅客）	香烟200支或雪茄50支或烟丝250克	酒1瓶（不超过0.75升）

续表

旅客类别	免税烟草制品限量	免税 12 度以上酒精饮料限量
当天往返或短期内多次来往港澳地区的旅客	香烟 40 支或雪茄 5 支或烟丝 500 克	不准免税带进
其他进境旅客	香烟 400 支或雪茄 100 支或烟丝 500 克	酒 2 瓶（不超过 1.5 升）

根据中国海关总署 2010 年 54 号公告，入境居民旅客携带在境外获取的个人自用入境物品，总值在 5000 元人民币以内（含 5000 元）的；非居民旅客携带拟留在中国境内的个人自用入境物品，总值在 2000 元人民币以内（含 2000 元）的，海关予以免税放行，单一品种限自用、合理数量，但烟草制品、酒精制品以及国家规定应当征税的 20 种商品等另按有关规定办理。烟草制品、酒精制品、照相机、摄像机等 20 种商品不在免税范围内。进境居民旅客携带超出 5000 元人民币的个人自用入境物品，经海关审核确定属自用的；进境非居民旅客携带拟留在中国境内的个人自用入境物品，超出人民币 2000 元的，海关仅对超出部分的个人自用入境物品征税，对不可分割的单件物品全额征税。

（3）中国海关允许入境但须申报检疫的物品。根据农业部、国家质量监督检验检疫总局第 1712 号公告，中华人民共和国禁止携带、邮寄入境的动植物及其产品，包括：

动物及动物产品类：活动物（犬、猫等宠物，需具有输出国家或地区官方机构出具的动物检疫证书和疫苗接种证书，每人仅限 1 只），包括所有的哺乳动物、鸟类、鱼类、两栖类、爬行类、昆虫类和其他无脊椎动物，动物遗传物质；（生或熟）肉类（含脏器类）及其制品；水生动物产品；动物源性奶及奶制品，包括生奶、鲜奶、酸奶，动物源性的奶油、黄油、奶酪等奶类产品；蛋及其制品，包括鲜蛋、皮蛋、咸蛋、蛋液、蛋壳、蛋黄酱等蛋源产品；燕窝（罐头装燕窝除外）；油脂类，皮张、毛类，蹄、骨、角类及其制品；动物源性饲料（含肉粉、骨粉、鱼粉、乳清粉、血粉等单一饲料）、动物源性中药材、动物源性肥料。

植物及植物产品类：新鲜水果、蔬菜；烟叶（不含烟丝）；种子（苗）、苗木及其他具有繁殖能力的植物材料；有机栽培介质。

其他检疫物类：菌种、毒种等动植物病原体，害虫及其他有害生物，细胞、器官组织、血液及其制品等生物材料；动物尸体、动物标本、动物源性废弃物；土壤；转基因生物材料国家禁止入境的其他动植物、动植物产品和其他检疫物。

2. 旅游者自行接受海关查验

如果旅游者有需要申报的物品，应在入境飞机上填写海关申报表。如果没有物品需要申报，则无须填写。

出境时旅行者经过申报的旅行自用物品，如照相机、摄像机、手提电脑等，旅游者复带入境时应出示出境时填写的申报表。

四、领取托运行李

1. 领取托运行李

完成入境边防检查后，进入中国境内。领队及旅游者可以按照行李厅的电子指示牌的标志，在行李转盘上找到自己的托运行李。

知识链接 行李丢失的处理

如果万一遇上行李丢失的情况，首先不要慌张，记得要做以下步骤：

查询：应当立即持行李牌、登机牌向工作人员询问，或者到机场行李查询处查看相关情况。

提出要求：如果是需要旅游者等待较长的一段时间才能拿到行李，那么航空公司一般会向旅游者支付一些购买生活急需物品的现金，然后凭发票报销。

交涉赔偿：首先需要填写行李报失单，交由航空公司处理。领队应该记下机场服务人员的姓名及电话，以便日后询问。一般来说，国际航线的平均赔偿标准是20美元/千克。如果你在托运行李时有购买行李保险的话，便可以得到价值相符的赔偿了。

此外，大部分丢失的行李都可以被找回来，但是行李箱可能破损，在这种情况下，也是可以申请赔偿的。

2. 行李遗失的处理

当旅游者发现自己行李遗失时，领队应协助旅游者与机场的行李值班室进行联络。根据国际航空协会的“终站赔偿法则”规定，转机旅游者的行李遗失，应由搭乘终站的航空公司负责赔偿。这类赔偿通常会在查找超过 21 天仍无下落后进行。

3. 团队解散

常在旅游者取回自己的托运行李后，团队就可以解散了。领队一定要记得收回所有旅游者的护照和登机牌，以便送回使领馆进行销签工作。最后，领队应与每位旅游者致谢道别。

知识链接 销签制度

销签就是注销签证。是使领馆对于发放的旅游团队签证进行回国监督的一种措施，主要目的是让相关国家使领馆通过护照和回国登机牌确认所有团队成员均已按时返回。

欧洲开放国家众多，申根国又可以互通，对销签检查尤为严格。据悉，大多数申根国都要求持 ADS 旅游签证的团队旅游者回国一周内必须将护照和回国登机牌交回使领馆销签，而且必须整团旅游者同时办理销签手续，一旦回国登机牌遗失，旅游者必须自己前往使领馆当面陈述，以证明自己已经回国。

有些使领馆会指定个别旅游者回国后本人亲自前往使领馆面试销签。按照相关规定，面试销签所产生的费用由旅游者个人承担。如果旅游者不配合，那么就会在使领馆签证系统中留下不良记录，影响旅游者今后的签证申请。

实用图表 中华人民共和国海关出境旅客行李物品申报单

中华人民共和国海关
出境旅客行李物品申报单

请先阅读背面的填表须知，然后在空格内填写文字信息或划√

1. 姓名 拼音 □□□□□□□□□□□□□□□□□□□□
 中文正楷 □□□□□□□□□□

2. 出生日期 □□□□ 年 □□ 月 □□ 日

3. 性别 男 □ 女 □

4. 进出境证件号码 □□□□□□□□□□□□□□□□□□□□

5. 国籍(地区) 中国 □ （香港 □ 澳门 □ 台湾 □ ）
 外国 □□□□□□□□□□□□□□□□□□□□

6. 出境事由 公务 □ 商务 □ 旅游 □ 学习 □
 定居 □ 探亲访友 □ 返回居住地 □ 其他 □

7. 航班号/车次/船名 □□□□□ 8. 同行未满16周岁人数 □

我（我们）携带：

9. 需复带进境的单价超过人民币5,000元的照相机、摄像机、手提电脑等旅行自用物品 是□ 否□

10. 超过20,000元人民币现钞，或超过折合5,000美元外币现钞 是□ 否□

11. 金银等贵重金属 是□ 否□

12. 文物、濒危动植物及其制品、生物物种资源 是□ 否□

13. 无线电收发信机、通信保密机 是□ 否□

14. 中华人民共和国禁止和其他限制出境的物品 是□ 否□

15. 货物、货样、广告品 是□ 否□

我已阅知本申报单背面所列事项，并保证所有申报属实。

携带有9-14项下物品的，请详细填写如下清单：

品名/币种	数量	金额	型号	海关批注

旅客签名 年 月 日

chapter 7 第七章

领队带团归来后的交接工作

领队带团结束归国后，带团工作并没有结束，领队应该尽快到旅行社完成工作的交接。领队的一次完整的接团工作，是从团队出发前与OP的工作交接开始，也一定要到团队归来后与OP工作交接完成后才算结束，只有完成了交接工作，才代表着一次完整的带团工作的结束。

相对出团前的交接，带团归来后的工作交接要简单许多，但仍然需要领队能以善始善终的态度来认真对待、妥善完成。

第一节　与组团社OP进行工作交代

领队与组团社OP之间的工作交接，分口头工作汇报和书面报告两部分。

进行口头工作汇报时，领队需要对所带团队的旅游过程进行简单的描述和评价，对发生的问题及解决过程分项进行概要汇报。领队如果有对团队的行程安排、地面接待的改进意见及其他合理化建议，也可以一并提出。

领队向OP交接的文字资料，除组团旅行社要求填写的《领队日志》、《旅游服务质量评价表》之外，也包括此团运行过程中产生的其他资料。

1. 将《领队日志》和《旅游服务质量评价表》交予OP

(1)《领队日志》。领队按照要求每日填写的《领队日志》，记载了团队从出发到归来的每天的主要情况。包括住宿酒店、用餐、游览、导游、当日交通工具的运用等，是团队运行的原始记录，领队将其交给 OP 后，应当归入该团的档案中。

OP 对领队交回来的《领队日志》应当进行认真翻阅，如发现其中有缺失的内容，应要求领队进行填补。对领队在《领队日志》中反映的问题，要及时进行处理，避免同样的问题在下一个旅游团中再重复出现。对其中反映出的重要问题应报出境部部门经理知晓。

（2）《旅游服务质量评价表》。《旅游服务质量评价表》通常是领队在行前

实用图表　×××旅行社领队日志

<table>
<tr><td colspan="8">团号________　人数________　领队________　导游________</td></tr>
<tr><td rowspan="2">简略行程</td><td>日期</td><td colspan="2">所经城市</td><td colspan="2">交通工具</td><td>航班号</td><td>备注</td></tr>
<tr><td></td><td colspan="2"></td><td colspan="2"></td><td></td><td></td></tr>
<tr><td colspan="8">当日日志</td></tr>
<tr><td>日期</td><td></td><td>天气</td><td></td><td>气温</td><td></td><td>所经城市</td><td></td></tr>
<tr><td colspan="4">当日行程</td><td>时间</td><td>计划人数</td><td>实际人数</td><td>备注</td></tr>
<tr><td colspan="4"></td><td></td><td></td><td></td><td></td></tr>
<tr><td colspan="4"></td><td></td><td></td><td></td><td></td></tr>
<tr><td colspan="4"></td><td></td><td></td><td></td><td></td></tr>
<tr><td colspan="4"></td><td></td><td></td><td></td><td></td></tr>
<tr><td colspan="4"></td><td></td><td></td><td></td><td></td></tr>
<tr><td colspan="4">用餐地点</td><td>用餐标准</td><td></td><td></td><td></td></tr>
<tr><td colspan="4">早：</td><td>早：</td><td></td><td></td><td></td></tr>
<tr><td colspan="4">中：</td><td>中：</td><td></td><td></td><td></td></tr>
<tr><td colspan="4">晚：</td><td>晚：</td><td></td><td></td><td></td></tr>
<tr><td colspan="4">酒店名称：</td><td></td><td></td><td></td><td></td></tr>
<tr><td colspan="4">酒店计划用房：</td><td colspan="4">酒店实际用房：</td></tr>
<tr><td colspan="2">查房方式：</td><td colspan="6">A. 电话查房　B. 大堂等待　C. 逐一上门查房</td></tr>
<tr><td colspan="2">游览车车号：</td><td colspan="2"></td><td colspan="2">司机服务：</td><td colspan="2">车况：</td></tr>
<tr><td colspan="2">导游姓名：</td><td colspan="2"></td><td colspan="2">导游服务：</td><td colspan="2">讲解：</td></tr>
<tr><td colspan="8">当日小结</td></tr>
<tr><td colspan="8"></td></tr>
<tr><td colspan="4">阅读后请签名：</td><td colspan="4">计调领队部</td></tr>
</table>

说明会上发给旅游者，领队在旅程中回收后应带回给 OP。《旅游服务质量评价表》集中了旅游者对旅行社提供的境外的旅游、食宿、导游等多项服务的评价意见，是来自旅游者的最直接的反映，对旅行社改进工作会很有帮助。《旅游服务质量评价表》通常由旅行社的客户服务部门保存。

2. 同时上交特殊事情的书面报告和接团工作总结

（1）领队对带团期间发生的特殊事情应进行书面报告。对带团当中团队在旅游期间发生的一些重要情况，领队应当提供单独的书面报告。团内发生过的一些事情包括团队旅游者过生日、旅游者之间发生争吵、行李丢失、旅游者被窃等，只要是领队认为有必要进行汇报的问题，或在旅行当中发生的较重要事件，领队都应以书面报告的形式进行详细记录，以备日后查询。

（2）领队接团个人工作总结。领队接团个人工作总结，应当包括领队本人对所带领的出境旅游团的认识、对目的地国家的讲解要点以及对改进线路产品的一些建议。总结经验，对于领队认识提高和业务能力增长十分重要。领队在总结中提出的对线路产品的建议，也可以使领队的业务智慧得到很好的体现。

以上两种文字资料是作为领队对 OP 的口头带团工作汇报的补充，需要一并上交存档。旅行社的部门经理应当对领队的总结及报告及时批阅，避免其中提及的问题拖延。

3. 交齐其他与该团有关的资料凭证

（1）有证据作用的凭证。团队在旅行期间，如果有行程变更、增加自费项目、取消景点游览等，按照要求，都应有旅游者的签字确认。如团队发生过这些情况，有旅游者签字的单据，领队均应该保存起来，带回交付 OP 归档。这些凭证可以留作证据，以作为应对争议诉讼等不时之用。

（2）旅游者来函等资料。有些旅游者对旅行社的安排不太满意，会写成文字，让领队带回。领队应将这些资料认真收妥，带回交给 OP。凡旅游者反映的所有问题，旅行社都应有专人负责给予答复。

《领队日志》以及领队为特殊事件所写的书面报告等领队上交的所有资料，都应由 OP 收齐归卷入档，要将其作为此团的原始资料档案进行编号登记并收存。按照国家有关要求，旅行社的全部业务档案应当至少保存 3 年才能进行处理。

第二节　与旅行社财务部进行账务处理

1. 按照旅行社的要求按时进行报账

按照各家旅行社的不同规定，领队应在带团结束后及时到旅行社财务部门进行报账，通常各家旅行社规定的时效为1周，领队应问清时间，遵照执行。

2. 领取团队酬劳并报清其他支出

报账时领队要交付出团计划，按照各家旅行社的规定领取补助。领队在带团期间有否借款，或因特殊原因得到组团旅行社批准个人垫付的房费、餐费、交通费或其他费用，也需在报账时一并结清。

第三节　保持与旅游者的联系

1. 带团归来不应与旅游者彻底告别

（1）将旅游者作为旅行社的人脉资源加以重视。许多领队带团回来后就与旅游者彻底告别，其实这是一种工作的误区。出境旅游短则几天，长则数周，领队与旅游者日日相见，同甘共苦，共同经历风雨，一起感受了异国他乡的美丽，因此可以有许多共同的感受一起交流。

（2）争取将一次性旅游者变成常规旅游者。旅游者多会有再次参加出境旅游的可能，领队应保持与旅游者建立起的信任关系，为其介绍新的旅游线路，争取让旅游者成为旅行社的常客。许多领队都会添加旅游者的微信，然后不时地在自己的微信中发一些在国外带团的美图等。旅游者在微信朋友圈看到之后，若有出游的兴趣便会联系领队。

2. 用多种方式与旅游者保持联系

通过多种手段与旅游者进行情感交流。如打个电话，或者通过E-mail以及微信、QQ等信息交换方式，与旅游者交流感受、表达问候并感谢旅游者参加了旅游团，可以让旅游者对旅程的甘甜进行回味，唤起其对领队及组团社的良好印象，为其再次参加同一家旅行社的出行起到很好的铺垫作用。

Part 3

法律法规篇

第三部分　法　律　法　规　篇

第八章 chapter 8
中华人民共和国旅游法

第一节 《中华人民共和国旅游法》概述

一、《中华人民共和国旅游法》的主要内容

2013年4月25日，十二届全国人大常委会审议通过了《中华人民共和国旅游法》(以下简称《旅游法》)，于10月1日开始施行，这是我国旅游业发展中的一件大事。《旅游法》是十二届全国人大常委会审议通过的第一部法律，也是我国旅游业发展史上的第一部法律。由于旅游产业链条长，关联行业广，涉及部门多，很难针对不同类型的旅游活动单独立法，只能采取综合立法模式。《旅游法》共设10章112条，除总则、附则之外，分别对旅游者、旅游规划和促进、旅游经营、旅游服务合同、旅游安全、旅游监督管理、旅游纠纷处理、法律责任做出规定，涵盖了行政法、经济法、民法的内容。

1. 突出旅游法的保障地位，为维护旅游者和旅游经营者及其从业人员的合法权益、保护旅游资源、保障旅游安全奠定了法律基础

(1) 在维护旅游者权益方面。旅游法单设“旅游者”一章，以具体权利落实对旅游者的保护。一是自主选择权；二是拒绝强制交易权；三是知悉真情权；四是要求履约权；五是受尊重权；六是请求救助保护权；七是特殊群体获得便利优惠权。同时，还在其他各章以保障旅游者合法权益为主线做出更加详细的规定。

（2）在保障旅游经营者及其从业人员权益方面。旅游法注重平衡对旅游经营者权益的保障。在遇有不可抗力、合同不能继续履行的情况下，赋予旅行社变更、解除合同的权利；为解决旅游经营者责任问题，针对旅游活动中出现的各种情况，法律规定了公平合理分担责任的原则，并建立了责任保险制度。为保障旅游从业人员合法权益，法律专门规定，旅行社应当与导游签订劳动合同，支付劳动报酬、缴纳社会保险或者支付导游服务费用，不得要求导游垫付或者向导游收取费用。

（3）在保护旅游资源方面。旅游法提出旅游业发展遵循社会效益、经济效益和生态效益相统一的原则，在有效保护的前提下，依法合理利用旅游资源。对自然资源和人文资源进行旅游利用，必须严格遵守有关法律、法规的规定，符合资源、生态保护与文物安全的要求，尊重和维护当地传统文化和习俗，维护资源的区域整体性、文化代表性和地域特殊性，并考虑军事设施保护的需要。政府应当加强对资源保护和旅游利用状况的监督检查。

（4）在保障旅游安全方面。旅游法确立政府统一负责、部门依法监管、旅游经营者具体负责、旅游者自我保护的全程责任制度：一是设立事前预防制度，包括旅游目的地安全风险提示、流量控制，旅游经营者安全评估、警示、培训等；二是设立事中安全管理制度，包括政府安全监管和救助，旅游经营者报告和救助，旅游者遵守安全规定等；三是设立事后应急处置制度，包括政府和旅游经营者处置责任、旅游者配合并依法承担费用等义务。

2. 强化旅游法的规范功能，为规范旅游经营、旅游服务合同、旅游监督管理、旅游市场秩序，发挥市场配置资源的基础性作用提供了法律依据

（1）在规范旅游经营方面。旅游法确立了旅游经营的基本制度。对于旅游经营者，法律明确了旅行社经营许可条件、业务范围、经营规则，规定旅行社不得虚假宣传，不得安排违法和违反社会公德的项目，不得以不合理低价组织旅游活动，不得指定具体购物场所，不得安排另行付费项目，不得要求导游垫付或者收取费用，不得拖欠导游工资或者服务费。对于旅游从业人员，法律明确了从业条件，要求导游、领队必须持证上岗，为旅游者提供服务必须接受旅行社的委派。

导游、领队不得擅自变更旅游行程或者中止服务活动，不得向旅游者索取小费，不得诱导、欺骗、强迫旅游者购物或者参加另行付费项目。关于景区，法律明确了开放条件，要求利用公共资源建设的游览场所应当体现公益性质，对门票价格做出更加细致的规定。关于新兴旅游业态，法律对农家乐、高风险旅游项目、网络经营以及其他旅游经营活动作出明确规定。同时明确了旅游经营相应的法律责任。

（2）在规范旅游服务合同方面。旅游法对包价旅游合同的订立、变更、解除、违约做了全面具体的规定，进一步明确了包价旅游合同的主要内容、旅行社说明义务、合同解除各种情形以及责任分担，并对旅游安排合同、代订合同、咨询合同和住宿合同衔接做了原则规定。从法律上规定了旅游者与旅行社、组团社与地接社、委托社与代理社、旅行社与履行辅助人之间的特殊责任分担制度。同时还对旅游者义务提出了明确要求，对法律责任进行了系统规定。

（3）在规范旅游监管方面。旅游法明确了政府牵头、部门分工负责的监管机制、联合执法机制、统一受理投诉机制、违法行为查处信息共享机制、跨部门跨地区督办机制、监督检查情况公布机制。禁止旅游主管部门及其工作人员参与任何形式的旅游经营活动。要求旅游行业组织依法制定行业经营规范和服务标准，对其会员的经营行为和服务质量进行自律管理，组织业务培训，提高从业人员素质。同时，法律还对旅游纠纷处理的途径、程序和法律责任进行了规定。

3. 发挥旅游法的促进作用，为健全旅游管理体制、强化旅游发展规划、完善旅游产业发展机制、发挥政府主导作用、促进旅游业持续健康发展创造了法制环境

（1）在健全旅游管理体制方面。旅游法规定国务院建立健全旅游综合协调机制，对旅游业发展进行综合协调。要求县级以上地方政府加强对旅游工作的组织和领导，明确相关部门或者机构，对本行政区域旅游业发展和监督管理进行统筹协调。

（2）在强化旅游发展规划方面。旅游法进一步明确了旅游发展规划的编制主体、内容要求，以及旅游发展规划与土地利用总体规划、城乡规划、环境保护规划以及其他自然资源和人文资源的保护和利用规划的衔接，要求将旅游业发展纳入国民经济和社会发展规划。

（3）在完善旅游产业发展机制方面。旅游法进一步明确了各级政府促进旅游产业发展的职责。一是制定并组织实施有利于旅游业持续健康发展的产业政策，推进休闲体系建设，采取措施推动区域合作，促进旅游与其他产业的融合，扶持特殊地区旅游业发展；二是根据实际情况安排资金，加强旅游基础设施建设、公共服务和形象推广；三是根据需要建立旅游公共信息和咨询平台，建立客运专线或者旅游者中转站，向旅游者提供必要的公共服务；四是倡导健康、文明、环保的旅游方式，支持和鼓励各类社会机构开展旅游公益宣传，鼓励和支持发展旅游职业教育和培训，提高从业人员素质。

二、颁布实施《旅游法》的重要意义

法治是治国理政的基本方式。《旅游法》的制定，是对我国旅游业 30 多年发展经验的总结；《旅游法》的颁布，是我国旅游业发展史上的重要里程碑；《旅游法》的实施，是促进旅游业持续健康发展的重要的制度基石。

（1）制定《旅游法》是保护旅游者和市场经营者合法权益的迫切需要。近年来，有关部门在整顿和规范旅游市场秩序方面做了大量工作，但是部分旅游企业经营行为不规范、旅游市场秩序混乱的问题仍然比较突出，恶性竞争、零负团费、强迫购物、虚假广告等问题屡禁不止。这些行为不仅侵害了旅游者的合法权益，而且影响了中国旅游业的形象，制约了旅游业持续健康发展。造成这些问题的一个重要原因是法律法规不健全。《旅游法》运用行政法、经济法和民事法的基本原则和手段，对旅游业发展的重要领域进行规范，对于有效打击违法行为、维护旅游者和经营者的合法权益，具有不可替代的作用。

（2）制定《旅游法》是有效保护和合理利用旅游资源的根本保障。在旅游业快速发展的过程中，一些地方盲目开发、过度开发旅游资源的问题日益突出。热点旅游景区普遍超负荷经营，人满为患；一些景区生态环境受到严重破坏；个别城市或景区在发展旅游业中破坏珍贵的自然遗产和文化遗产，造成的损失不可逆转。《旅游法》全面界定了政府、旅游经营者和旅游者三方的责任，确定了旅游规划的法律效力，对于旅游资源的整体性保护、禁止重复建设和掠夺性开发、促进旅游业持续健康发展，意义重大。

（3）制定《旅游法》是促进经济发展方式转变和经济结构调整的有力支撑。旅游业资源消耗低，关联产业多，带动作用大。发展旅游业能够有效扩大内需和提高第三产业在国民经济中的比重。2012年，国内旅游消费2.3万亿元，占社会消费品零售总额的比例突破10%，旅游业对住宿业的贡献率超过90%，对民航和铁路客运业的贡献率超过80%。目前，全国26个省（区、市）把旅游业定位为支柱产业，其中17个省（区、市）定位为战略性支柱产业。通过立法促进旅游业持续健康发展，对我国扩大内需和优化产业结构、提升经济增长的内生动力将发挥重要作用。

（4）制定《旅游法》是适应国际交流与合作新形势的客观要求。用法律的手段规范旅游市场，促进旅游业健康发展，是国际通行做法。一些国际旅游组织和区域组织都制定了多边旅游公约，旅游业发达的国家和地区也都有《旅游法》或相关法律。作为世界旅游大国，我国居民出境旅游需要熟悉和了解目的地的法律，境外居民入境旅游也须遵守我国法律。国内旅游企业经营活动需要与国际通行做法接轨。《旅游法》的施行，有利于拓展我国旅游业国际交流与合作，促进我国与世界各国的民间往来。

三、实施《旅游法》的热点焦点问题

社会各界对《旅游法》的关注度很高，旅游业界和社会各界对《旅游法》的内容以及实施过程中对旅游产业发展、旅游市场规范和旅游者权利义务产生的影响已经展开了广泛、深入的探讨，一些问题成为各界关注的热点和焦点。

国家旅游局组织召开贯彻实施《旅游法》有关问题咨询会，来自全国人大法工委、国家发改委、国家工商总局、中国消费者协会、国家旅游局等部门相关机构负责人，就社会普遍关注的有关热点焦点问题进行了说明。①

① 根据《国务院就《旅游法》召开电视会议　汪洋发表讲话》、《国家旅游局全面权威解答〈旅游法〉实施十大热点问题》整理而成。

1. 旅游团费的理性回归

《旅游法》颁布以来，一些旅行社已经率先根据《旅游法》的有关规定，调整经营方式，纠正低价收客、安排购物和自费项目收取回扣等不正当利益的不合理经营模式。与此同时，这些旅行社推出的旅游团队报价，特别是2013年10月1日之后的报价，有了非常明显的上涨。对此，社会上存在一些不理解的议论，认为是旅行社借《旅游法》实施之机涨价。为此，相关部门负责人表示，"十一"后团队旅游价格的上升，不是一般意义上的"涨价"，而是价格水平理性的、正常的回归。旅行社以低于接待和服务实际费用的价格招徕旅游者，再通过安排旅游者在旅行社指定的具体购物场所购物、参加另行付费旅游项目等手段，获取不正当利益来弥补成本，即"零负团费"的操作方式，是一种违反市场经济规律的、扭曲的经营模式，对旅游者合法权益和健康的市场竞争带来的负面影响和危害极大。

"零负团费"操作模式下产生的旅游者所购商品质价不符、价格虚高等问题，对旅游者的权益造成很大损害。《旅游法》严禁旅行社"零负团费"经营，旅游团费的上升，是剔除旅行社行业各种潜规则、恢复规范经营模式的正常反映和理性回归。

此前，团队旅游的价格通常非常低，主要是因为旅游者在旅游目的地的吃、住、行等费用以购物等方式的不正当利润来弥补，弥补之后的利润由地接旅行社所有，这在客观上造成了旅游者花很多钱却买到了名不副实的商品，是不正当的经营模式。《旅游法》实施后，旅行社在安排行程时会更加照顾到旅游者的感受，现在团队游价格上涨的部分主要为旅游者吃、住、行等方面的费用。价格回归对于旅行社来说是好事，对于消费者权益保护也是有利的。"十一"期间旅游价格较大幅度的上涨，是《旅游法》实施与黄金周旺季的叠加效应造成的。

2. 旅游者权益保护

"维护旅游者权益"贯穿《旅游法》始终。旅游者权益的维护，需要政府、旅游经营者等各方面的保障，同时也需要旅游者自我维权、自我保护意识的逐步提升和消费心理的逐步成熟，这有赖于旅游者对法律法规有关内容的深入理解。

为此，相关部门负责人表示，旅游者享有知悉其购买的旅游产品和服务的真实情况的权利。旅游者有权要求旅行社就包价旅游合同中的行程安排、成团最低人数、服务项目的具体内容和标准、自由活动时间安排、旅行社责任减免信息以及旅游者应当注意的旅游目的地相关法律、法规和风俗习惯、宗教禁忌、依照中国法律不宜参加的活动等内容作详细说明，并有权要求旅行社在旅游行程开始前提供旅游行程单。

旅游者有权自主选择旅游产品和服务，有权拒绝旅游经营者的强制交易行为。旅行社未与旅游者协商一致或未经旅游者要求，指定购物场所、安排旅游者参加另行付费项目，以及旅行社的导游、领队强迫或者变相强迫旅游者购物、参加另行付费项目的，旅游者有权拒绝，也可以在旅游行程结束后30日内，要求旅行社为其办理退货并先行垫付退货货款，退还另行付费项目的费用。

旅游者有权要求旅游经营者按照约定提供产品和服务。旅游者人身、财产受到损害的，有依法获得赔偿的权利。旅行社不履行包价旅游合同义务或者履行不符合约定的，旅游者可以依法要求其承担继续履行、采取补救措施或者赔偿损失等违约责任；造成旅游者人身损害、财产损失的，可以依法要求其承担赔偿责任。旅行社具备履行条件，经旅游者要求仍拒绝履行合同，造成旅游者人身损害、滞留等严重后果的，旅游者还可以要求旅行社支付旅游费用1倍以上3倍以下的赔偿金。

旅游者有权要求旅游经营者保证其提供的商品和服务符合保障人身、财产安全的要求。旅游者有权要求为其提供服务的旅游经营者就正确使用相关设施设备的方法、必要的安全防范和应急措施、未向旅游者开放的经营服务场所和设施设备、不适宜参加相关活动的群体等事项，以明示的方式事先做出说明或者警示。

旅游者在人身、财产安全遇有危险时，有权请求旅游经营者、当地政府和相关机构进行及时救助；中国出境旅游者在境外陷于困境时，有权请求我国驻当地机构在其职责范围内给予协助和保护。

包价旅游合同在旅游行程中被解除的，旅游者有权要求旅行社协助旅游者返回出发地或者旅游者指定的合理地点；由于旅行社或者履行辅助人的原因导致合同解除的，旅游者有权要求旅行社承担返程费用。

旅游者发现旅游经营者有违法行为的，有权向旅游、工商、价格、交通、卫生等主管部门举报；旅游者与旅游经营者发生纠纷的，有权向相关主管部门或旅游投诉受理机构投诉、申请调解，也可以向人民法院提起诉讼。

3. 旅行社境内外组织、接待行为的法律适用

目前，一些旅行社对由境内旅行社组织、境外旅行社接待的活动是否适用《旅游法》有不同看法，认为境内组团社无法控制境外地接社安排的购物活动。为此，相关部门负责人表示，《旅游法》明确规定组织到境外的旅游活动适用《旅游法》，旅行社对此要有明确的认识。

与旅游者的合同是由组团社签订的，行程是由组团社事先设计或确认的，境外地接社也是由组团社委托接待旅游者的，因此，境外地接社的行为应当受组团社的控制，后果应由组团社承担。同时，《中国公民出国旅游管理办法》也明确规定，组团社及其领队应当要求境外地接社按照约定安排旅游活动；不按照要求安排的，组团社及其领队应当制止。

目前，市场上有一种现象，有的旅游者去港澳等地，在当地的旅行社报名，参加境外旅行社组织的到其他国家或地区的团队旅游。如果查实该活动是由我国境内旅行社参与组织的，依据《旅游法》，境内旅行社必须承担相应责任。

4. 旅行社安排的购物活动和自费项目

社会上特别是旅游业界对《旅游法》关于旅行社安排购物和参加另行付费旅游项目的禁止性规定存在一些模糊认识，有的认为不可以安排，有的认为可以安排，有些甚至认为《旅游法》禁止旅游者购物。为此，相关部门负责人表示，在治理“零负团费”问题上，《旅游法》重点规范的是旅行社通过安排旅游者在其指定的购物场所购物和参加另行付费项目而获取回扣等不正当利益的行为，并非禁止旅游者购物或参加自费项目。旅游者可以在旅游行程中自行安排活动的时间内，自愿、自主地安排个人的购物等活动，旅行社也可以选择旅游目的地的、主要面向当地社会公众服务的商业区，作正当、合理的安排，满足旅游者的购物需求。

旅行社如果安排具体购物场所或另行付费旅游项目，必须符合几个要求：

其一，不得以不合理的低价组织旅游活动，不得诱骗旅游者，也不得通过安排这些活动获取回扣等不正当利益；必须与旅游者协商一致或者是应旅游者要求，否则旅行社、导游或领队均不得指定具体购物场所，不得安排另行付费旅游项目，即使旅游者同意，也不得欺骗旅游者，不得通过安排这些活动获取回扣等不正当利益。其二，旅行社必须充分满足旅游者的知情权，就具体购物场所和另行付费旅游项目的情况，包括具体的名称、地点、时长、购物场所的主要商品或自费项目的主要内容，以及相关价格等情况，向旅游者做出真实、准确、详细的说明。其三，不得影响其他不参加相关活动的旅游者的行程安排，要对这部分旅游者的活动做出合理的安排。其四，不得将旅游者是否同意相关安排作为签约条件，旅游者不同意的，不得拒绝签订合同或者增加团费；旅游者同意的，不得因此而减少团费。

旅行社违反这些要求的，旅游者有权拒绝，也有权在旅游行程结束后30日内，要求组团社或地接社为其办理退货并先行垫付退货货款，退还另行付费项目的费用。

5. 旅游购物场所、自费项目经营者经营规范的问题

目前，旅游购物场所和自费项目经营者和旅行社、导游、领队之间给予和收受回扣等不正当利益的问题比较突出。同时，旅游购物场所、自费项目经营者虚假宣传、销售不合格商品的情况也时有发生。这些做法是助长“零负团费”、造成“零负团费”经营模式难以根除的原因之一。旅游购物场所和自费项目经营者均属于《旅游法》第一百一十一条所指的“旅游经营者”。不仅《旅游法》对旅游经营者的行为规范有直接的规定，《消费者权益保护法》、《产品质量法》、《反不正当竞争法》等有关法律法规对这两类旅游经营者同样适用。

对于销售不合格商品问题，《旅游法》第六条规定，“旅游经营者应当诚信经营，公平竞争，承担社会责任，为旅游者提供安全、健康、卫生、方便的旅游服务”；第五十条规定“旅游经营者应当保证其提供的商品和服务符合保障人身、财产安全的要求”。这与《消费者权益保护法》第四条规定的“经营者与消费者进行交易，应当遵循自愿、平等、公平、诚实信用的原则”是一致的。《产品质量法》第三十九条也明确规定“销售者销售产品，不得掺杂、掺

假，不得以假充真、以次充好，不得以不合格产品冒充合格产品”。

消费者在旅游消费中同样享有《消费者权益保护法》规定的9项权利，相关的经营者应当严格履行《消费者权益保护法》、《产品质量法》和《旅游法》规定的义务，保证其提供的商品或者服务符合保障人身、财产安全的要求；保证在正常使用商品或者接受服务的情况下其提供的商品或者服务应当具有的质量、性能、用途和有效期限；提供符合《产品质量法》和相关标准要求的商品；按照国家规定或者与消费者的约定，承担包修、包换、包退或者其他责任等。

对于旅游购物场所的经营者销售假冒伪劣和不合格商品的，工商部门将依据《消费者权益保护法》、《产品质量法》、《旅游法》等法律法规的规定严厉查处，并积极配合旅游主管部门加强对相关旅游经营者的教育引导和行业规范，切实营造良好的旅游环境，促进旅游消费需求。

对于虚假宣传问题，《消费者权益保护法》第八条、第十九条明确规定，消费者享有知悉其购买、使用的商品或者接受的服务的真实情况的权利；经营者应当向消费者提供有关商品或者服务的真实信息，不得作引人误解的虚假宣传。《反不正当竞争法》第九条明确规定，经营者不得利用广告或者其他方法，对商品的质量、制作成分、性能、用途、生产者、有效期限、产地等作引人误解的虚假宣传。《广告法》也明确规定，广告不得含有虚假的内容，不得欺骗和误导消费者。所以，对于旅游购物场所和自费项目经营者在经营活动中，对所提供的商品和服务作引人误解的虚假宣传的，工商部门将依法予以查处。

对于商业贿赂问题，《旅游法》已经在第一百零四条明确规定，“旅游经营者违反本法规定，给予或者收受贿赂的，由工商行政管理部门依照有关法律、法规的规定处罚”。

旅游经营者通过回扣等方式给予或收受贿赂，排斥了其他竞争对手，扰乱了旅游市场的公平竞争秩序，属于工商机关依照《反不正当竞争法》所监管的内容。《反不正当竞争法》第八条规定，“经营者不得采用财物或者其他手段进行贿赂以销售或者购买商品。在账外暗中给予对方单位或者个人回扣的，以行贿论处；对方单位或者个人在账外暗中收受回扣的，以受贿论处”。因此，当旅游购物场所、自费项目经营者等采用财物或者其他手段进行贿赂，符合《反不正当竞争法》第八条规定的，工商机关将依法严厉查处，维护旅游消费者的合法权益和公平竞争的旅游市场秩序。

6. 导游服务费和导游小费的关系

《旅游法》对“导游服务费”和“小费”都做出了有针对性的规定。一些旅行社认为，导游服务费就是小费，可以由旅游者在行程中直接向导游支付，有些旅游者对旅行社在出境游中收取小费的做法也存有疑问。为此，相关部门负责人表示，《旅游法》规定的导游服务费，是旅行社支付给导游的劳动报酬，是旅游团费的组成部分，必须在包价旅游合同中列明，由旅行社向旅游者收取；而《旅游法》规定的小费，是旅游者因对导游服务满意而自愿、额外、直接向导游支付的费用。

《旅游法》明确规定，旅行社、导游均不得向旅游者索取小费。但是在境外一些国家或地区，有向导游、司机等旅游从业人员支付小费的习惯，这部分小费收入是他们劳动报酬的组成部分，通常必须支付。根据《旅游法》关于“旅游者在旅游活动中应当尊重当地的风俗习惯、文化传统”的原则，对这种特殊情况，建议旅行社可以将该费用直接包含在旅游团费中向旅游者收取，或者在签订合同时专门向旅游者详细说明后另行收取，不得由导游、领队直接收取。

7. 导游、领队与旅行社的关系

目前，有一些旅行社和导游、领队对彼此之间的责任关系认识不清。有些旅行社认为，临时聘用的导游不是自己的员工，旅行社难以控制其在带团过程中强迫、诱导旅游者消费等违法行为，因此旅行社对由此产生的不利后果不应当承担责任；同时，因临时聘用导游在带团中可能有其他收入，所以旅行社没有必要向其支付劳动报酬。为此，有关部门负责人表示，旅行社不管是委派属于自己员工的导游、领队，还是临时聘用导游为旅游者提供服务，都应认识到，导游、领队在履行职务过程中的行为代表旅行社，其相关违法、违约行为的法律后果由旅行社承担。因此，旅行社应加强对导游、领队的管理。当然，导游、领队作为执业人员，也应对自己的违法行为承担相应责任，《旅游法》都有明确规定。

导游的劳动权益受法律保障。导游有权要求旅行社依法支付劳动报酬，有权拒绝旅行社要求其垫付团费或者收取费用的行为，并向有关部门举报。

8. *旅游者在出境旅游时解除合同的限制*

不少旅行社提出，《旅游法》规定，旅游者在行程结束前可以解除合同，但在出境旅游中，通常要求“团进团出”，这与旅游者行使解除权在操作上可能出现矛盾和问题。对此，有关部门负责人表示，《旅游法》规定，“随团出境的旅游者不得擅自分团、脱团”；《中国公民出国旅游管理办法》规定，“旅游团队出境后因不可抗力或者其他特殊原因确需分团入境的，领队应当及时通知组团社，组团社应当立即向有关出入境边防检查总站或者省级公安边防部门备案”。据此，发生不可抗力、旅游者疾病等足以导致旅游者无法随团入境的客观原因的，应当按照《中国公民出国旅游管理办法》的规定办理；旅游者在行程中解除合同返回的，旅行社应当为其办理相关分团入境手续、协助其返程。需要特别提示的是，目前大陆居民赴台旅游有集体随团活动的强制性要求，旅行社在签订合同时就应明确告知旅游者解除权受到限制的这一规定。

9. *旅游行程单*

目前，旅游业界对旅游行程单以及包价旅游合同与旅游行程单的关系问题仍存在模糊认识，对其具体要求和如何操作提出一些疑问。为此，相关部门负责人表示，旅游行程单是对包价旅游合同必备条款中的旅游行程安排、服务项目安排和标准、具体内容和时间等进行细化，其内容应当与包价旅游合同的内容及对旅游者的承诺相一致。

旅行社应当在合同订立时或者订立后、实际出团前向旅游者提供旅游行程单。

10. *旅游者如何维护权益和履行义务*

当前，旅游者依法维护自身权益的意识大大提高，对旅游市场秩序的规范起到了积极的推动作用。但实践中，也有个别旅游者在旅游活动中有不恰当的行为，包括在解决旅游纠纷中有些过激的言行，甚至导致行程难以顺利进行，损害了其他旅游者的利益。为此，相关部门负责人表示，《旅游法》明确规定，“由于地接社、履行辅助人的原因导致违约的，由组团社承担责任”。也就是说，不论是因为地接社还是因为直接提供相关旅游服务的履行辅助人的原因而发生了问题，组团社都要承担责任。因此，旅途中发生的问题，如果不是当时必须解决的，旅游者完全可以回到居住地后找组团社承担责任。当然，也不排除旅游者可以及时与地接社协商解决，可以向当地旅游及相关部门投诉解决。

旅游团队多由互不相识的旅游者组成，每个旅游者的行为关系到其他旅游者的利益，为了照顾其他旅游者的利益，《旅游法》规定，旅游者在行程中有下列情形之一的，旅行社可以解除合同：一是患有传染病等疾病，可能危害其他旅游者健康和安全的；二是携带危害公共安全的物品且不同意交有关部门处理的；三是从事违法或者违反社会公德的活动的；四是从事严重影响其他旅游者权益的活动，且不听劝阻、不能制止的。旅游者的上述行为造成其他旅游者或旅行社损失的，旅游者也要依法承担赔偿责任。

因不可抗力或者旅行社、履行辅助人已尽合理注意义务仍不能避免的事件危及旅游者人身、财产安全的，由旅行社与旅游者分担旅行社因此采取相应安全措施所支出的费用；造成旅游者滞留的，因此增加的食宿费用由旅游者承担，返程费用由旅行社与旅游者分担。

11. 文明旅游

当前，个别旅游者的不文明旅游行为，损害了我国旅游形象以及国家形象，但有些旅行社提出，遇到类似问题自身难以解决。为此，国家旅游局监督管理司相关负责人表示，《旅游法》明确规定了旅游者有文明旅游的义务，同时对旅行社和导游提出了要求。在签订包价旅游合同时，建议旅行社将文明旅游行为规范作为合同内容，并向旅游者详细说明文明旅游行为规范的要求。此外，旅行社应当加强对导游、领队的教育和约束，要求其履行相关带团职责。

导游在旅游行程中，应当自觉遵守文明旅游行为规范，向旅游者告知和解释旅游文明行为规范，引导旅游者健康、文明旅游，劝阻旅游者违反社会公德的行为，在此情况下，旅行社可以解除合同。对旅游者有不文明旅游行为且屡次不听劝阻的，视为《旅游法》规定的从事违反社会公德的行为；如给旅行社造成损失，旅行社可以要求旅游者赔偿。

旅游者应当自觉遵守相关文明旅游规范，因旅游者的不文明行为产生的不利后果，由旅游者自行承担。

第二节 相关法律

一、《中华人民共和国旅游法》

《中华人民共和国旅游法》（全文）

第一章 总 则

第一条【立法目的】 为保障旅游者和旅游经营者的合法权益。规范旅游市场秩序，保护和合理利用旅游资源，促进旅游业持续健康发展，制定本法。

第二条【适用范围】 在中华人民共和国境内的和在中华人民共和国境内组织到境外的游览、度假、休闲等形式的旅游活动以及为旅游活动提供相关服务的经营活动，适用本法。

第三条【国家发展旅游事业的原则和职责】 国家发展旅游事业，完善旅游公共服务，依法保护旅游者在旅游活动中的权利。

第四条【旅游发展原则】 旅游业发展应当遵循社会效益、经济效益和生态效益相统一的原则。国家鼓励各类市场主体在有效保护旅游资源的前提下，依法合理利用旅游资源。利用公共资源建设的游览场所应当体现公益性质。

第五条【旅游方式倡导】 国家倡导健康、文明、环保的旅游方式。支持和鼓励各类社会机构开展旅游公益宣传，对促进旅游业发展做出突出贡献的单位和个人给予奖励。

第六条【旅游市场规则】 国家建立健全旅游服务标准和市场规则，禁止行业垄断和地区垄断。旅游经营者应当诚信经营，公平竞争，承担社会责任，为旅游者提供安全、健康、卫生、方便的旅游服务。

第七条【旅游综合协调机制】 国务院建立健全旅游综合协调机制，对旅游业发展进行综合协调。

县级以上地方人民政府应当加强对旅游工作的组织和领导，明确相关部门或者机构，对本行政区域的旅游业发展和监督管理进行统筹协调。

第八条【旅游行业组织】 依法成立的旅游行业组织，实行自律管理。

第二章 旅游者

第九条【自主选择权、公平交易权利和知悉真情权】 旅游者有权自主选择旅游产品和服务，有权拒绝旅游经营者的强制交易行为。

旅游者有权知悉其购买的旅游产品和服务的真实情况。

旅游者有权要求旅游经营者按照约定提供产品和服务。

第十条【受尊重权】 旅游者的人格尊严、民族风俗习惯和宗教信仰应当得到尊重。

第十一条【特殊群体的便利和优惠】 残疾人、老年人、未成年人等旅游者在旅游活动中依照法律、法规和有关规定享受便利和优惠。

第十二条【救助、保护和获得赔偿的权利】 旅游者在人身、财产安全遇有危险时，有请求救助和保护的权利。旅游者人身、财产受到侵害的，有依法获得赔偿的权利。

第十三条【文明旅游义务】 旅游者在旅游活动中应当遵守社会公共秩序和社会公德，尊重当地的风俗习惯、文化传统和宗教信仰，爱护旅游资源，保护生态环境，遵守旅游文明行为规范。

第十四条【不得损害他人合法权益义务】 旅游者在旅游活动中或者在解决纠纷时，不得损害当地居民的合法权益，不得干扰他人的旅游活动，不得损害旅游经营者和旅游从业人员的合法权益。

第十五条【告知和配合义务】 旅游者购买、接受旅游服务时，应当向旅游经营者如实告知与旅游活动相关的个人健康信息，遵守旅游活动中的安全警示规定。

旅游者对国家应对重大突发事件暂时限制旅游活动的措施以及有关部门、机构或者旅游经营者采取的安全防范和应急处置措施，应当予以配合。

旅游者违反安全警示规定，或者对国家应对重大突发事件暂时限制旅游活动的措施、安全防范和应急处置措施不予配合的，依法承担相应责任。

第十六条【随团出入境义务】 出境旅游者不得在境外非法滞留，随团出境的旅游者不得擅自分团、脱团。

入境旅游者不得在境内非法滞留，随团入境的旅游者不得擅自分团、脱团。

第三章　旅游规划和促进

第十七条【旅游发展编制】 国务院和县级以上地方人民政府应当将旅游业发展纳入国民经济和社会发展规划。

国务院和省、自治区、直辖市人民政府以及旅游资源丰富的设区的市和县级人民政府，应当按照国民经济和社会发展规划的要求，组织编制旅游发展规划。对跨行政区域且适宜进行整体利用的旅游资源进行利用时，应当由上级人民政府组织编制或由相关地方人民政府协商编制统一的旅游发展规划。

第十八条【旅游发展规划内容】 旅游发展规划应当包括旅游业发展的总体要求和发展目标。旅游资源保护和利用的要求和措施，以及旅游产品开发、旅游服务质量提升、旅游文化建设、旅游形象宣传和推广、旅游基础设施和公共服务设施建设的要求和促进措施等内容。

根据旅游发展规划，县级以上地方人民政府可以编制重点旅游资源开发利用的专项规划，对特定区域内的旅游项目、设施和服务功能配套提出专门要求。

第十九条【规划衔接】 旅游发展规划应当与土地利用总体规划、城乡规划、环境保护规划以及其他自然资源和文物等人文资源的保护和利用规划相衔接。

第二十条【其他规划的支持】 各级人民政府编制土地利用总体规划、城乡规划，应当充分考虑相关旅游项目、设施的空间布局和建设用地要求。规划和建设交通、通信、供水、供电、环保等基础设施和公共服务设施，应当兼顾旅游业发展的需要。

第二十一条【旅游资源利用原则和监督】 对自然资源和文物等人文资源进行旅游利用，必须严格遵守有关法律、法规的规定，符合资源、生态保护和文物安全的要求，尊重和维护当地传统文化和习俗，维护资源的区域整体性、文化代表性和地域特殊性，并考虑军事设施保护的需要。有关主管部门应当加强对资源保护和旅游利用状况的监督检查。

第二十二条【规划评估】 各级人民政府应当组织对本级政府编制的旅游发展规划的执行情况进行评估，并向社会公布。

第二十三条【政策扶持】 国务院和县级以上地方人民政府应当制定并组织实施有利于旅游业持续健康发展的产业政策，推进旅游休闲体系建设，采取措施推动区域旅游合作，鼓励跨区域旅游线路和产品开发，促进旅游与工业、农业、商业、文化、卫生、体育、科教等领域的融合，扶持少数民族地区、革命老区、边远地区和贫困地区旅游业发展。

第二十四条【资金保障】 国务院和县级以上地方人民政府应当根据实际情况安排资金，促进旅游基础设施、旅游公共服务和旅游形象推广。

第二十五条【旅游形象推广】 国家制定并实施旅游形象推广战略。国务院旅游主管部门统筹组织国家旅游形象的境外推广工作，建立旅游形象推广机构和网络，开展旅游国际合作与交流。

县级以上地方人民政府统筹组织本地的旅游形象推广工作。

第二十六条【旅游公共服务体系建设】 国务院旅游主管部门和县级以上地方人民政府应当根据需要建立旅游公共信息和咨询平台，无偿向旅游者提供旅游景区、线路、交通、气象、住宿、安全、医疗急救等必要信息和咨询服务。设区的市和县级人民政府有关部门应当根据需要在交通枢纽、商业中心和旅游者集中场所设置旅游咨询中心，在景区和通往主要景区的道路设置旅游指示标识。

旅游资源丰富的设区的市和县级人民政府可以根据本地的实际情况，建立旅游客运专线或者游客中转站，为旅游者在城市及周边旅游提供服务。

第二十七条【职业教育和培训】 国家鼓励和支持发展旅游职业教育和培训，提高旅游从业人员素质。

第四章 旅游经营

第二十八条【旅行社设立条件】 设立旅行社，招徕、组织、接待旅游者，为其提供旅游服务，应当具备下列条件，取得旅游主管部门的许可，依法办理工商登记：

（一）有固定的经营场所；

（二）有必要的营业设施；

（三）有符合规定的注册资本；

（四）有必要的经营管理人员和导游；

（五）法律、行政法规规定的其他条件。

第二十九条【旅行社业务范围】 旅行社可以经营下列业务：

（一）境内旅游；

（二）出境旅游；

（三）边境旅游；

（四）入境旅游；

（五）其他旅游业务。

旅行社经营前款第二项和第三项业务，应当取得相应的业务经营许可，具体条件由国务院规定。

第三十条【旅行社业务经营许可证管理】 旅行社不得出租、出借，或者以其他形式非法转让旅行社业务经营许可。

第三十一条【旅游服务质量保证金】 旅行社应当按照规定交纳旅游服务质量保证金，用于旅游者权益损害赔偿和垫付旅游者人身安全遇有危险时紧急救助的费用。

第三十二条【旅行社发布信息要求】 旅行社为招徕、组织旅游者发布信息，必须真实、准确，不得进行虚假宣传，误导旅游者。

第三十三条【旅行社安排旅游项目和活动禁止内容】 旅行社及其从业人员组织、

接待旅游者，不得安排参观或者参与违反我国法律、法规和社会公德的项目或者活动。

第三十四条【旅游产品和服务的订购】 旅行社组织旅游活动应当向合格的供应商订购产品和服务

第三十五条【对旅行社诱导、欺骗旅游者消费，并以此获取不正当利益、从而以不合理低价组织、接待旅游者经营模式及其具体行为的禁止性规定】 旅行社不得以不合理的低价组织旅游活动，诱骗旅游者，并通过安排购物或者另行付费旅游项目获取回扣等不正当利益。

旅行社组织、接待旅游者，不得指定具体购物场所，不得安排另行付费旅游项目。但是，经双方协商一致或者旅游者要求，且不影响其他旅游者行程安排的除外。

发生违反前两款规定情形的，旅游者有权在旅游行程结束后30日内，要求旅行社为其办理退货并先行垫付退货货款，或者退还另行付费旅游项目的费用。

第三十六条【旅游团队安排全程陪同】 旅行社组织团队出境旅游或者组织、接待团队入境旅游，应当按照规定安排领队或者导游全程陪同。

第三十七条【导游执业资格】 参加导游资格考试成绩合格，与旅行社订立劳动合同或者在相关旅游行业组织注册的人员，可以申请取得导游证。

第三十八条【导游劳动报酬】 旅行社应当与其聘用的导游依法订立劳动合同，支付劳动报酬，缴纳社会保险费用。

旅行社临时聘用导游为旅游者提供服务的，应当全额向导游支付本法第六十条第三款规定的导游服务费用。

旅行社安排导游为团队旅游提供服务的，不得要求导游垫付或者向导游收取任何费用。

第三十九条【领队执业资格】 取得导游证，具有相应的学历、语言能力和旅游从业经历，并与旅行社订立劳动合同的人员，可以申请取得领队证。

第四十条【禁止私自承揽业务】 导游和领队为旅游者提供服务必须接受旅行社委派，不得私自承揽导游和领队业务。

第四十一条【导游和领队从业行为规范】 导游和领队从事业务活动，应当佩戴导游证、领队证，遵守职业道德，尊重旅游者的风俗习惯和宗教信仰，应当向旅游者告知和解释旅游文明行为规范，引导旅游者健康、文明旅游，劝阻旅游者违反社会公德的行为。

导游和领队应当严格执行旅游行程安排，不得擅自变更旅游行程或者中止服务活动，不得向旅游者索取小费，不得诱导、欺骗、强迫或者变相强迫旅游者购物或者参加另行付费旅游项目。

第四十二条【景区开放条件】 景区开放应当具备下列条件，并听取旅游主管部门的意见：

（一）有必要的旅游配套服务和辅助设施；

（二）有必要的安全设施及制度，经过安全风险评估，满足安全条件；

（三）有必要的环境保护设施和生态保护措施；

（四）法律、行政法规规定的其他条件。

第四十三条【利用公共资源建设的景区门票管理】 利用公共资源建设的景区的门票和景区内的游览场所、交通工具等的收费，实行政府定价或者政府指导价，严格控制价格上涨。拟提高价格的，应当举行听证会，征求旅游者、经营者和有关方面的意见，论证其必要性、可行性。

利用公共资源建设的景区，不得通过增加另行收费项目等方式变相涨价；另行收费项目已收回投资成本的，应当相应降低价格或者取消收费。

公益性的城市公园、博物馆、纪念馆等，除重点文物保护单位和珍贵文物收藏单位外，应当逐步免费开放。

第四十四条【景区门票价格及公示】 景区应当在醒目位置公示门票价格、另行收费项目的价格及团体收费价格。景区提高门票价格应当提前六个月公布。

将不同景区的门票或者同一景区内不同游览场所的门票合并出售的，合并后的价格不得高于各单项门票的价格之和，且旅游者有权购买其中的单项票。

景区内的核心游览项目因故暂停向旅游者开放或者停止提供服务的，应当公示并相应减少收费。

第四十五条【景区流量控制】 景区接待旅游者不得超过景区主管部门核定的最大承载量。景区应当公布景区主管部门核定的最大承载量，制定和实施旅游者流量控制方案，并可以采取门票预约等方式，对景区接待旅游者的数量进行控制。

旅游者可能达到最大承载量时，景区应当提前公告并同时向当地人民政府报告，景区和当地人民政府应当及时采取疏导、分流等措施。

第四十六条【城镇、乡村居民旅游经营】 城镇和乡村居民利用自有住宅或者其他条件依法从事旅游经营，其管理办法由省、自治区、直辖市制定。

第四十七条【高风险旅游经营许可】 经营高空、高速、水上、潜水、探险等高风险旅游项目，应当按照国家有关规定取得经营许可。

第四十八条【网络旅行社业务经营】 通过网络经营旅行社业务的，应当依法取得旅行社业务经营许可，并在其网站主页的显著位置标明其业务经营许可证信息。

发布旅游经营信息的网站，应当保证其信息真实、准确。

第四十九条【交通、住宿、餐饮、娱乐等服务履行要求】 为旅游者提供交通、住宿、餐饮、娱乐等服务的经营者，应当符合法律、法规规定的要求，按照合同约定履行义务。

第五十条【旅游经营者安全、质量保障义务】 旅游经营者应当保证其提供的商品和服务符合保障人身、财产安全的要求。

旅游经营者取得相关质量标准等级的，其设施和服务不得低于相应标准；未取得质量标准等级的，不得使用相关质量等级的称谓和标志。

第五十一条【禁止给予或者收受贿赂】 旅游经营者销售、购买商品或者服务，不得给予或者收受贿赂。

第五十二条【旅游者个人信息保密】 旅游经营者对其在经营活动中知悉的旅游者个人信息，应当予以保密。

第五十三条【道路旅游客运安全管理】 从事道路旅游客运的经营者应当遵守道路客运安全管理的各项制度，并在车辆显著位置明示道路旅游客运专用标识，在车厢内显著位置公示经营者和驾驶人信息、道路运输管理机构监督电话等事项。

第五十四条【景区、住宿经营者与实际经营者的连带责任】 景区、住宿经营者将其部分经营项目或者场地交由他人从事住宿、餐饮、购物、游览、娱乐、旅游交通等经营的，应当对实际经营者的经营行为给旅游者造成的损害承担连带责任。

第五十五条【旅游经营者报告义务】 旅游经营者组织、接待出入境旅游，发现旅游者从事违法活动或者有违反本法第十六条规定情形的，应当及时向公安机关、旅游主管部门或者我国驻外机构报告。

第五十六条【旅游经营责任保险制度】 国家根据旅游活动的风险程度，对旅行社、住宿、旅游交通以及本法第四十七条规定的高风险旅游项目等经营者实施责任保险制度。

第五章 旅游服务合同

第五十七条【订立旅游合同】 旅行社组织和安排旅游活动，应当与旅游者订立合同。

第五十八条【包价旅游合同内容和形式】 包价旅游合同应当采用书面形式，包括下列内容：

（一）旅行社、旅游者的基本信息；

（二）旅游行程安排；

（三）旅游团成团的最低人数；

（四）交通、住宿、餐饮等旅游服务安排和标准；

（五）游览、娱乐等项目的具体内容和时间；

（六）自由活动时间安排；

（七）旅游费用及其交纳的期限和方式；

（八）违约责任和解决纠纷的方式；

（九）法律、法规规定和双方约定的其他事项。

订立包价旅游合同时，旅行社应当向旅游者详细说明前款第二项至第八项所载内容。

第五十九条【旅游行程单】 旅行社应当在旅游行程开始前向旅游者提供旅游行程单。旅游行程单是包价旅游合同的组成部分。

第六十条【委托旅游合同要求】 旅行社委托其他旅行社代理销售包价旅游产品并与旅游者订立包价旅游合同的，应当在包价旅游合同中载明委托社和代理社的基本信息。

旅行社依照本法规定将包价旅游合同中的接待业务委托给地接社履行的，应当在包价旅游合同中载明地接社的基本信息。

安排导游为旅游者提供服务的，应当在包价旅游合同中载明导游服务费用。

第六十一条【投保提示义务】 旅行社应当提示参加团队旅游的旅游者按照规定投保人身意外伤害保险。

第六十二条【包价旅游合同旅行社告知义务】 订立包价旅游合同时，旅行社应当向旅游者告知下列事项：

（一）旅游者不适合参加旅游活动的情形；

（二）旅游活动中的安全注意事项；

（三）旅行社依法可以减免责任的信息；

（四）旅游者应当注意的旅游目的地相关法律、法规和风俗习惯、宗教禁忌，依照中国法律不宜参加的活动等；

（五）法律、法规规定的其他应当告知的事项。

在包价旅游合同履行中，遇有前款规定事项的，旅行社也应当告知旅游者。

第六十三条【未达到约定人数的合同解除】 旅行社招徕旅游者组团旅游，因未达到约定人数不能出团的，组团社可以解除合同。但是，境内旅游应当至少提前 7 日通知旅游者，出境旅游应当至少提前 30 日通知旅游者。

因未达到约定人数不能出团的，组团社经征得旅游者书面同意，可以委托其他旅行社履行合同。组团社对旅游者承担责任，受委托的旅行社对组团社承担责任。旅游者不同意的，可以解除合同。

因未达到约定的成团人数解除合同的，组团社应当向旅游者退还已收取的全部费用。

第六十四条【旅游者转让自身合同权利义务】 旅游行程开始前，旅游者可以将包价旅游合同中自身的权利义务转让给第三人，旅行社没有正当理由的不得拒绝，因此增加的费用由旅游者和第三人承担。

第六十五条【旅游者合同解除及后果】 旅游行程结束前，旅游者解除合同的，组团社应当在扣除必要的费用后，将余款退还旅游者。

第六十六条【旅游者原因导致合同解除】 旅游者有下列情形之一的，旅行社可以解除合同：

（一）患有传染病等疾病，可能危害其他旅游者健康和安全的；

（二）携带危害公共安全的物品且不同意交有关部门处理的；

（三）从事违法或者违反社会公德的活动的；

（四）从事严重影响其他旅游者权益的活动，且不听劝阻、不能制止的；

（五）法律规定的其他情形。

因前款规定情形解除合同的，组团社应当在扣除必要的费用后，将余款退还旅游者；给旅行社造成损失的，旅游者应当依法承担赔偿责任。

第六十七条【不可抗力等情形处理】 因不可抗力或者旅行社、履行辅助人已尽合理注意义务仍不能避免的事件，影响旅游行程的，按照下列情形处理：

（一）合同不能继续履行的，旅行社和旅游者均可以解除合同。合同不能完全履行的，旅行社经向旅游者作出说明，可在合理范围内变更合同；旅游者不同意变更的，可以解除合同。

（二）合同解除的，组团社应当在扣除已向地接社或者履行辅助人支付且不可退还的费用后，将余款退还旅游者；合同变更的，因此增加的费用由旅游者承担，减少的费用退还旅游者。

（三）危及旅游者人身、财产安全的，旅行社应当采取相应的安全措施，因此支出的费用，由旅行社与旅游者分担。

（四）造成旅游者滞留的，旅行社应当采取相应的安置措施。因此增加的食宿费用，由旅游者承担；增加的返程费用，由旅行社与旅游者分担。

第六十八条【合同解除时返程及费用负担】 旅游行程中解除合同的，旅行社应当协助旅游者返回出发地或者旅游者指定的合理地点。由于旅行社或者履行辅助人的原因导致合同解除的，返程费用由旅行社承担。

第六十九条【包价旅游合同履行的规定】 旅行社应当按照包价旅游合同的约定履行义务，不得擅自变更旅游行程安排。

经旅游者同意，旅行社将包价旅游合同中的接待业务委托给其他具有相应资质的地接社履行的，应当与地接社订立书面委托合同，约定双方的权利和义务，向地接社提供与旅游者订立的包价旅游合同的副本，并向地接社支付不低于接待和服务成本的费用。地接社应当按照包价旅游合同和委托合同提供服务。

第七十条【包价旅游合同中旅行社违约责任】 旅行社不履行包价旅游合同义务或者履行合同义务不符合约定的，应当依法承担继续履行、采取补救措施或者赔偿损失等违约责任：造成旅游者人身损害、财产损失的，应当依法承担赔偿责任。旅行社具备履行条件，经旅游者要求仍拒绝履行合同，造成旅游者人身损害、滞留等严重后果的，旅游者还可以要求旅行社支付旅游费用 1 倍以上 3 倍以下的赔偿金。

由于旅游者自身原因导致包价旅游合同不能履行或者不能按照约定履行。或者造成旅游者人身损害、财产损失的，旅行社不承担责任。

在旅游者自行安排活动期间，旅行社未尽到安全提示、救助义务的，应当对旅游者的人身损害、财产损失承担相应责任。

第七十一条【地接社、履行辅助人违约责任】 由于地接社、履行辅助人的原因导致违约的，由组团社承担责任：组团社承担责任后可以向地接社、履行辅助人追偿。

由于地接社、履行辅助人的原因造成旅游者人身损害、财产损失的，旅游者可以要求地接社、履行辅助人承担赔偿责任，也可以要求组团社承担赔偿责任；组团社承担责任后可以向地接社、履行辅助人追偿。但是，由于公共交通经营者的原因造成旅游者人身损害、财产损失的，由公共交通经营者依法承担赔偿责任，旅行社应当协助旅游者向公共交通经营者索赔。

第七十二条【旅游者损害赔偿责任】 旅游者在旅游活动中或者在解决纠纷时，损害旅行社、履行辅助人、旅游从业人员或者其他旅游者的合法权益的，依法承担赔偿责任。

第七十三条【变更旅游行程】 旅行社根据旅游者的具体要求安排旅游行程，与旅游者订立包价旅游合同的，旅游者请求变更旅游行程安排，因此增加的费用由旅游者承担，减少的费用退还旅游者。

第七十四条【旅游代订、设计、咨询合同】 旅行社接受旅游者的委托，为其代订交通、住宿、餐饮、游览、娱乐等旅游服务，收取代办费用的，应当亲自处理委托事务。因旅行社的过错给旅游者造成损失的，旅行社应当承担赔偿责任。

旅行社接受旅游者的委托，为其提供旅游行程设计、旅游信息咨询等服务的，应当保证设计合理、可行，信息及时、准确。

第七十五条【团队旅游住宿】 住宿经营者应当按照旅游服务合同的约定为团队旅游者提供住宿服务。住宿经营者未能按照旅游服务合同提供服务的，应当为旅游者提供不低于原定标准的住宿服务，因此增加的费用由住宿经营者承担；但由于不可抗力、政府因公共利益需要采取措施造成不能提供服务的，住宿经营者应当协助安排旅游者住宿。

第六章 旅游安全

第七十六条【政府旅游安全监管职责】 县级以上人民政府统一负责旅游安全工作。县级以上人民政府有关部门依照法律、法规履行旅游安全监管职责。

第七十七条【安全风险提示制度】 国家建立旅游目的地安全风险提示制度。旅游目的地安全风险提示的级别划分和实施程序，由国务院旅游主管部门会同有关部门制定。

县级以上人民政府及其有关部门应当将旅游安全作为突发事件监测和评估的重要内容。

第七十八条【政府旅游应急管理】 县级以上人民政府应当依法将旅游应急管理纳入政府应急管理体系，制订应急预案，建立旅游突发事件应对机制。

突发事件发生后，当地人民政府及其有关部门和机构应当采取措施开展救援，并协助旅游者返回出发地或者旅游者指定的合理地点。

第七十九条【旅游经营者安全防范和保障义务】 旅游经营者应当严格执行安全生产管理和消防安全管理的法律、法规和国家标准、行业标准，具备相应的安全生产条件，制定旅游者安全保护制度和应急预案。

旅游经营者应当对直接为旅游者提供服务的从业人员开展经常性应急救助技能培训，对其提供的产品和服务进行安全检验、监测和评估，采取必要措施防止危害发生。

旅游经营者组织、接待老年人、未成年人、残疾人等旅游者，应当采取相应的安全保障措施。

第八十条【旅游经营者安全说明与警示义务】 旅游经营者应当就旅游活动中的下列事项，以明示的方式事先向旅游者作出说明或者警示：

（一）正确使用相关设施、设备的方法；

（二）必要的安全防范和应急措施；

（三）未向旅游者开放的经营、服务场所和设施、设备；

（四）不适宜参加相关活动的群体；

（五）可能危及旅游者人身、财产安全的其他情形。

第八十一条【旅游经营者安全救助】 突发事件或者旅游安全事故发生后，旅游经营者应当立即采取必要的救助和处置措施，依法履行报告义务，并对旅游者作出妥善安排。

第八十二条【旅游救助】 旅游者在人身、财产安全遇有危险时，有权请求旅游经营者、当地政府和相关机构进行及时救助。

中国出境旅游者在境外陷于困境时，有权请求我国驻当地机构在其职责范围内给予协助和保护。旅游者接受相关组织或者机构的救助后，应当支付应由个人承担的费用。

第七章 旅游监督管理

第八十三条【监管机制】 县级以上人民政府旅游主管部门和有关部门依照本法和有关法律、法规的规定，在各自职责范围内对旅游市场实施监督管理。

县级以上人民政府应当组织旅游主管部门、有关主管部门和工商行政管理、产品质量监督、交通等执法部门对相关旅游经营行为实施监督检查。

第八十四条【监管职责禁止性行为】 旅游主管部门履行监督管理职责，不得违反法律、行政法规的规定向监督管理对象收取费用。

旅游主管部门及其工作人员不得参与任何形式的旅游经营活动。

第八十五条【监督检查事项】 县级以上人民政府旅游主管部门有权对下列事项实施监督检查：

（一）经营旅行社业务以及从事导游、领队服务是否取得经营、执业许可；

（二）旅行社的经营行为；

（三）导游和领队等旅游从业人员的服务行为；

（四）法律、法规规定的其他事项。

旅游主管部门依照前款规定实施监督检查，可以对涉嫌违法的合同、票据、账簿以及其他资料进行查阅、复制。

第八十六条【监督检查行为规范】 旅游主管部门和有关部门依法实施监督检查，其监督检查人员不得少于2人，并应当出示合法证件。监督检查人员少于2人或者未出示合法证件的，被检查单位和个人有权拒绝。

监督检查人员对在监督检查中知悉的被检查单位的商业秘密和个人信息应当依法保密。

第八十七条【监督检查相对人配合义务】 对依法实施的监督检查，有关单位和个人应当配合，如实说明情况并提供文件、资料，不得拒绝、阻碍和隐瞒。

第八十八条【违法行为处理及移交】 县级以上人民政府旅游主管部门和有关部门，在履行监督检查职责中或者在处理举报、投诉时，发现违反本法规定行为的，应当依法及时作出处理；对不属于本部门职责范围的事项，应当及时书面通知并移交有关部门查处。

第八十九条【违法行为查处】 县级以上地方人民政府建立旅游违法行为查处信息的共享机制，对需要跨部门、跨地区联合查处的违法行为，应当进行督办。

旅游主管部门和有关部门应当按照各自职责，及时向社会公布监督检查的情况。

第九十条【行业组织自律监督】 依法成立的旅游行业组织依照法律、行政法规和章程的规定，制定行业经营规范和服务标准，对其会员的经营行为和服务质量进行自律管理，组织开展职业道德教育和业务培训，提高从业人员素质。

第八章 旅游纠纷处理

第九十一条【旅游投诉受理机构】 县级以上人民政府应当指定或者设立统一的旅游投诉受理机构。受理机构接到投诉，应当及时进行处理或者移交有关部门处理，并告知投诉者。

第九十二条【纠纷解决途径】 旅游者与旅游经营者发生纠纷，可以通过下列途径解决：

（一）双方协商；

（二）向消费者协会、旅游投诉受理机构或者有关调解组织申请调解；

（三）根据与旅游经营者达成的仲裁协议提请仲裁机构仲裁；

（四）向人民法院提起诉讼。

第九十三条【调解】 消费者协会、旅游投诉受理机构和有关调解组织在双方自愿的基础上，依法对旅游者与旅游经营者之间的纠纷进行调解。

第九十四条【推选代表人】 旅游者与旅游经营者发生纠纷，旅游者一方人数众多并有共同请求的，可以推选代表人参加协商、调解、仲裁、诉讼活动。

第九章 法律责任

第九十五条【违反旅行社业务经营许可】 违反本法规定，未经许可经营旅行社业务的。由旅游主管部门或者工商行政管理部门责令改正，没收违法所得，并处1万元以上10万元以下罚款；违法所得10万元以上的，并处违法所得1倍以上5倍以下罚款；对有关责任人员，处2000元以上2万元以下罚款。

旅行社违反本法规定，未经许可经营本法第二十九条第一款第二项、第三项业务，或者出租、出借旅行社业务经营许可证，或者以其他方式非法转让旅行社业务经营许可的，除依照前款规定处罚外，并责令停业整顿；情节严重的，吊销旅行社业务经营许可证；对直接负责的主管人员，处2000元以上2万元以下罚款。

第九十六条【旅行社违反规定安排导游或领队服务的法律责任】 旅行社违反本法规定，有下列行为之一的，由旅游主管部门责令改正，没收违法所得，并处5000元以上5万元以下罚款；情节严重的，责令停业整顿或者吊销旅行社业务经营许可证；对直接负责的主管人员和其他直接责任人员，处2000元以上2万元以下罚款：

（一）未按照规定为出境或者入境团队旅游安排领队或者导游全程陪同的；

（二）安排未取得导游证或者领队证的人员提供导游或者领队服务的；

（三）未向临时聘用的导游支付导游服务费用的；

（四）要求导游垫付或者向导游收取费用的。

第九十七条【旅行社违反规定虚假宣传和误导旅游者、向不合格供应商订购产品和服务、未投保旅行社责任保险的法律责任】 旅行社违反本法规定，有下列行为之一的，由旅游主管部门或者有关部门责令改正，没收违法所得，并处5000元以上5万元以下罚款：违法所得5万元以上的，并处违法所得1倍以上5倍以下罚款；情节严重的，责令停业整顿或者吊销旅行社业务经营许可证；对直接负责的主管人员和其他直接责任人员，处2000元以上2万元以下罚款：

（一）进行虚假宣传，误导旅游者的；

（二）向不合格的供应商订购产品和服务的；

（三）未按照规定投保旅行社责任保险的。

第九十八条【旅行社违反规定"零负团费"经营及其相关经营手段禁止性规定的法律责任】 旅行社违反本法第三十五条规定的，由旅游主管部门责令改正，没收违法所得，责令停业整顿，并处3万元以上30万元以下罚款；违法所得30万元以上的，并处违法所得1倍以上5倍以下罚款；情节严重的，吊销旅行社业务经营许可证；对直接负责的主管人员和其他直接责任人员，没收违法所得，处2000元以上2万元以下罚款，并暂扣或者吊销导游证、领队证。

第九十九条【旅游经营者未履行报告义务】 旅行社未履行本法第五十五条规定的报告义务的，由旅游主管部门处5000元以上5万元以下罚款；情节严重的，责令停业整顿或者吊销旅行社业务经营许可证；对直接负责的主管人员和其他直接责任人员，处2000元以上2万元以下罚款，并暂扣或者吊销导游证、领队证。

第一百条【旅行社及其从业人员违反规定擅自变更旅游行程安排、拒绝履行合同、擅自委托其他旅行社履行包价旅游合同禁止性规定】 旅行社违反本法规定，有下列行为之一的，由旅游主管部门责令改正，处3万元以上30万元以下罚款，并责令停业整顿；造成旅游者滞留等严重后果的，吊销旅行社业务经营许可证；对直接负责的主管人员和其他直接责任人员，处2000元以上2万元以下罚款，并暂扣或者吊销导游证、领队证：

（一）在旅游行程中擅自变更旅游行程安排，严重损害旅游者权益的；

（二）拒绝履行合同的；

（三）未征得旅游者书面同意，委托其他旅行社履行包价旅游合同的。

第一百零一条【旅行社及其从业人员违反规定安排非法旅游项目或者活动禁止性规定法律责任】 旅行社违反本法规定，安排旅游者参观或者参与违反我国法律、法规和社会公德的项目或者活动的，由旅游主管部门责令改正。没收违法所得，责令停业整顿，并处2万元以上20万元以下罚款；情节严重的，吊销旅行社业务经营许可证；对直接负责的主管人员和其他直接责任人员，处2000元以上2万元以下罚款，并暂扣或者吊销导游证、领队证。

第一百零二条【导游、领队法律责任】 违反本法规定，未取得导游证或者领队证从事导游、领队活动的，由旅游主管部门责令改正，没收违法所得，并处1000元以上1万元以下罚款，予以公告。

导游、领队违反本法规定，私自承揽业务的，由旅游主管部门责令改正，没收违法所得，处1000元以上1万元以下罚款，并暂扣或者吊销导游证、领队证。

导游、领队违反本法规定，向旅游者索取小费的，由旅游主管部门责令退还，处

1000元以上1万元以下罚款；情节严重的，并暂扣或者吊销导游证、领队证。

第一百零三条【导游证、领队从业禁止】 违反本法规定被吊销导游证、领队证的导游、领队和受到吊销旅行社业务经营许可证处罚的旅行社的有关管理人员，自处罚之日起未逾三年的，不得重新申请导游证、领队证或者从事旅行社业务。

第一百零四条【给予或者收受贿赂法律责任】 旅游经营者违反本法规定，给予或者收受贿赂的，由工商行政管理部门依照有关法律、法规的规定处罚；情节严重的，并由旅游主管部门吊销旅行社业务经营许可证。

第一百零五条【景区法律责任】 景区不符合本法规定的开放条件而接待旅游者的，由景区主管部门责令停业整顿直至符合开放条件，并处2万元以上20万元以下罚款。

景区在旅游者数量可能达到最大承载量时，未依照本法规定公告或者未向当地人民政府报告，未及时采取疏导、分流等措施，或者超过最大承载量接待旅游者的，由景区主管部门责令改正，情节严重的，责令停业整顿1个月至6个月。

第一百零六条【景区擅自提高门票法律责任】 景区违反本法规定，擅自提高门票或者另行收费项目的价格。或者有其他价格违法行为的，由有关主管部门依照有关法律、法规的规定处罚。

第一百零七条【生产管理和消防安全法律责任】 旅游经营者违反有关安全生产管理和消防安全管理的法律、法规或者国家标准、行业标准的，由有关主管部门依照有关法律、法规的规定处罚。

第一百零八条【信用档案】 对违反本法规定的旅游经营者及其从业人员，旅游主管部门和有关部门应当记入信用档案，向社会公布。

第一百零九条【渎职行为法律责任】 旅游主管部门和有关部门工作人员在履行监督管理职责中，滥用职权、玩忽职守、徇私舞弊，尚不构成犯罪的，依法给予处分。

第一百一十条【犯罪行为的刑事法律责任】 违反本法规定，构成犯罪的，依法追究刑事责任。

第十章　附　则

第一百一十一条【术语定义】 本法下列用语的含义：

（一）旅游经营者，是指旅行社、景区以及为旅游者提供交通、住宿、餐饮、购物、娱乐等服务的经营者。

（二）景区，是指为旅游者提供游览服务、有明确的管理界限的场所或者区域。

（三）包价旅游合同，是指旅行社预先安排行程，提供或者通过履行辅助人提供交通、住宿、餐饮、游览、导游或者领队等两项以上旅游服务。旅游者以总价支付旅游费用的合同。

（四）组团社，是指与旅游者订立包价旅游合同的旅行社。

（五）地接社，是指接受组团社委托，在目的地接待旅游者的旅行社。

（六）履行辅助人，是指与旅行社存在合同关系，协助其履行包价旅游合同义务。实际提供相关服务的法人或者自然人。

第一百一十二条【生效日期】 本法自2013年10月1日起施行。

二、《国家旅游局关于执行〈旅游法〉有关规定的通知》

《国家旅游局关于执行〈旅游法〉有关规定的通知》

旅发〔2013〕280号

各省、自治区、直辖市旅游局（委）：

为正确贯彻实施《旅游法》，现就《旅游法》有关规定的执行事宜通知如下：

一、关于旅游相关法规、规章有关规定的适用

《立法法》第七十九条规定，“法律的效力高于行政法规、地方性法规、规章。”因此，现行旅游法规、规章或者规范性文件等法律规范，与《旅游法》对同一事项规定不一致的，应当适用《旅游法》的规定，各级旅游主管部门应当在权限范围内或者建议有关部门按照《旅游法》的规定作相应调整；现行旅游法规、规章或者规范性文件等法律规范，与《旅游法》对旅游行政处罚的行为、种类和幅度规定不一致的，应当适用《旅游法》的规定。

2013年10月1日前签订的包价旅游合同，其全部或者部分在10月1日之后（含10月1日）履行的，该履行行为应当符合《旅游法》的规定。

二、关于第二十八条旅行社的设立

1.“必要的经营管理人员”是指具有旅行社从业经历或者相关专业经历的经理人员和计调人员；“必要的导游”是指有不低于旅行社在职员工总数20%且不少于3名、与旅行社签订固定期限或者无固定期限劳动合同的持有导游证的导游。

2. 2013年10月1日前已取得旅行社业务经营许可证的旅行社，在2014年10月

1 日前，应当具备《旅游法》规定的相应许可条件。

三、关于第三十一条旅游服务质量保证金的使用

使用旅游服务质量保证金对旅游者权益损害进行赔偿，按《旅行社条例》第十五条、第十六条的规定执行。旅游者人身安全遇有危险时，旅行社无力垫付紧急救助费用的，由旅行社提出申请，经对旅行社作出许可的旅游主管部门同意后，可使用旅游服务质量保证金垫付；旅行社拒不垫付的，由对旅行社作出许可的旅游主管部门决定。

四、关于第三十七条导游证的取得

1. 导游资格考试继续按现行相关法规、规章的规定执行。

2.“与旅行社订立劳动合同的人员”是指订立固定期限或者无固定期限劳动合同的人员。

3. 导游资格考试成绩合格、并未与旅行社订立劳动合同的人员申请导游证，应当依法在相关旅游行业组织注册。“相关旅游行业组织”是指设区的市级以上地方依法成立的导游协会、旅游协会成立的导游分会或者内设的相应工作部门。

五、关于第三十九条领队证的取得

1. 相应的学历，是指大专以上学历；相应的语言能力，是指与出境旅游目的地国家（地区）相对应的语言能力；相应的旅游从业经历，是指 2 年以上旅行社相关岗位从业经历。

2. 2013 年 10 月 1 日前已取得领队证的人员，在 2016 年 10 月 1 日前，应当具备《旅游法》规定的相应条件。

国家旅游局
2013 年 9 月 2 日

三、《国家旅游局关于严格执行〈旅游法〉第三十五条有关规定的通知》

《国家旅游局关于严格执行〈旅游法〉第三十五条有关规定的通知》

旅发〔2013〕362 号

各省、自治区、直辖市旅游局（委）：

《旅游法》实施以来，旅游部门和企业对执行《旅游法》第三十五条有关规定，

不同程度地存在着理解和执行不一致等问题。为了保证《旅游法》的正确、有效实施，坚定不移地取缔“零负团费”等违法经营行为，现就严格执行《旅游法》第三十五条有关规定通知如下：

一、关于指定具体购物场所和安排另行付费旅游项目

旅行社在旅游活动中指定具体购物场所和安排另行付费旅游项目的，应当按照诚实信用、自愿平等、协商一致的原则，与旅游者订立书面合同，且不得以不合理的低价组织旅游活动，不得诱骗旅游者，不得通过指定具体购物场所和安排另行付费旅游项目获取回扣等不正当利益，也不得影响其他不参加相关活动的旅游者的行程安排。

旅游者不同意参加旅行社指定的具体购物场所或者另行付费旅游项目活动的，旅行社及其从业人员不得因此拒绝订立旅游合同，也不得提高旅游团费或者另行收取费用。

二、关于“以不合理的低价组织旅游活动”

旅行社以低于接待和服务费用的价格或者行业公认的合理价格提供旅游服务，且无正当理由和充分证据证明的，应认定为“以不合理的低价组织旅游活动”。

三、关于“诱骗旅游者”

旅行社或者其从业人员通过虚假宣传，隐瞒旅游行程、具体购物场所及商品或者另行付费旅游项目等真实情况的手段，诱使旅游者参加旅游活动或者购买相关产品和服务的，应认定为“诱骗旅游者”。

四、关于“回扣等不正当利益”

旅行社或者其从业人员违反反不正当竞争的有关规定，或者通过诱骗、强迫、变相强迫旅游者消费，收受的旅游经营者以回扣、佣金、人头费或者奖励费等各种名义给予的财物或者其他利益，应认定为“回扣等不正当利益”。

五、关于“影响其他旅游者行程安排”

旅行社安排旅游者在指定具体购物场所或者另行付费旅游项目活动时，没有对其他不参加相关活动的旅游者作出合理的行程安排，导致其合法权益受到损害的，应认定为“影响其他旅游者行程安排”。

请各级旅游主管部门严格按照《旅游法》有关规定和本通知，加大执法力度，保障旅游者合法权益，确保旅游企业公平、有序、合法竞争，规范旅游市场秩序。

国家旅游局

2013 年 12 月 16 日

经典案例 向不文明行为说“不”

大陆居民赴台湾地区个人旅游开放，大陆游客赴台人数屡创新高，2013年3月更是达到25万多人次。大陆居民赴台湾地区旅游促进了两岸文化交流，增进了民众相互了解，但同时也出现了一些不文明的行为：在台东县“水往上流”风景区，几十株皇冠龙舌兰的叶片成了旅游者的留言板，被刻上了“小素到此一游”“青山白云好风光”等字句。虽然园区竖立“不得践踏草坪”“不得攀折花木”等警示牌，但旅游者视而不见，任意闯进铺着草皮的花木区，攀折花木或刻字。在新北市野柳地质公园，不断有大陆旅游者爬上易损坏的蕈（xun）状岩拍照，或者不顾禁令吞云吐雾，乱丢烟蒂。

为倡导文明旅游，加强旅游团队管理，国家旅游局旅游质量监督管理所特向广大旅游者提出如下警示：

第一，旅游者应当成为文明的使者，言语举止代表的不仅仅是个体的形象，而是一个团队，甚至大陆旅游者的整体形象。出门在外，应当规范个人行为，举止文明，言语得体，使文明旅游成为自觉行为。

第二，组团社应当认真开好行前说明会，向旅游者介绍旅游目的地的基本情况、相关规定、风俗习惯、文明旅游的有关要求和注意事项。

第三，领队对旅游者的不文明的言行举止，应予以提醒和劝阻，如遇特殊问题，应及时向组团社报告。旅游者应当尊重、遵守目的地的法律法规和相关规定，服从领队人员的统一管理。

案例详解：“文明旅游、导游先行”。导游是旅游从业人员的主力军，导游在文明旅游中可以发挥更多的作用。《旅游法》第十三条提出：旅游者应当尊重社会公共秩序和社会公德，尊重当地的风俗习惯、文化传统和宗教信仰，爱护旅游资源，保护生态环境，遵守旅游文明行为规范。第四十一条提出：导游和领队应当向旅游者告知和解释旅游文明行为规范，引导旅游者健康、文明旅游，劝阻旅游者违反社会公德的行为。一名合格的导游要有崇高的责任感和使命感，以自身的文明、规范服务，影响和带动旅游者文明素养的提升，要树立责任意识、诚信意识和服务意识，积极弘扬爱岗敬业、乐于奉献、全心全意为旅游者服务的良好风尚，引导和宣传文明出行的知识，尤其是在境外旅游时，要将异域风情、风俗习惯等常识讲解给旅游者，引导旅游者树立文明旅游意识，提升中国旅游者境外旅游形象。旅行社方面要在旅游者出团说明会上强调文明出游，提醒旅游者尊重当地习俗并注意个人文明。

——资料来源：李娌. 导游服务案例详解. 北京：旅游教育出版社，2014.

经典案例 溺水身亡谁之责

吴女士和某旅行社签订出境旅游合同，约定由旅行社负责组团提供出境旅游服务，旅游项目为马尔代夫豪华四晚六日游。合同签订后，吴女士支付了全部旅游费用，并办理了相关手续。抵达马尔代夫后，旅行社安排入住水上屋酒店，没有提供领队导游服务，也没有对在该地浮潜、游泳的注意事项进行警示、说明，意外出现了，吴女士在酒店边上的海滩浮潜游泳时不幸溺水身亡。

吴女士家属认为，该国际旅行社的行为违反了相关法律规定，没有按照合同规定召开行前说明会，也没有针对旅游者在马尔代夫浮潜、游泳的安全避险事项进行告知说明。家属认为，对于受害人的死亡，领队和旅行社应当承担相应的责任，并向法院提出了诉讼。

案例详解：马尔代夫 5 ~ 11 月是多雨期，天气、洋流和海浪变化很大，表面看来平静的海面实则暗流密布，若缺乏安全防范和保障意识，一些水上运动和潜水活动极易引发安全事故。由于度假旅游团的特殊性，多数领队只负责带领旅游者过境、办理海岛度假村入住手续、返程召集过关等事宜，旅游者度假期间几乎采取自由活动的方式。因此，加强和督促旅游者注意人身安全显得尤为重要。

第一，旅游者要增强旅游安全风险意识，参加组团社的行前说明会，出境领队有责任和义务详细了解当地水文状况及各类涉水活动的注意事项，主动认知安全标识，做好防护措施。

第二，旅游者应服从旅游团队领队的统一管理，不得擅自脱团；对可能危及旅游者人身安全的情况，旅行社及其领队应当向旅游者做出真实说明和明确警示。

第三，旅游者在旅游期间，应当注意当地住宿设施、游览区域特别是水上活动场所的安全提示，增强自我保护意识，不能在没有安全保护设施的区域进行水上、水下运动。

第四，旅游者可以主动购买相关保险，提高风险应对、处置能力；如遇紧急情况，应及时报警，必要时向中国驻当地使领馆寻求帮助。

依据《旅游法》第六十二条第二款之规定：旅行社应当向旅游者告知旅游活动中的安全注意事项。本案例中，领队和旅行社在出境游安全方面忽略了工作流程和注意事项的提示。出境领队在行前说明会上和带团过程中，一定要把旅游安全放在首位。

——资料来源：李娌. 导游服务案例详解. 北京：旅游教育出版社，2014.

经典案例　安排自费项目影响正常行程

案情：2013 年 11 月 1 日至 6 日，赵先生参加由青岛某旅行社组织的青岛、威海等地精品六日旅游团。行程首日，在通往景区的旅游车上，导游陈某开始推销自费项目“帆船出海”，迫于无奈有部分旅游团的团员交了 200 元。下午四点导游带领交钱的旅游者参加“帆船出海”，其他旅游者在车上等待，他们回来时天色已晚。导游说：“今天太晚了，万平口广场我们就不参观了，去了也看不到什么。”就这样合同行程中约定的参观万平口广场被取消了。次日早晨，旅游行程刚开始，导游陈某又向旅游者推销自费项目“参观青岛海云庵民俗博物馆”。在导游的一再推销和劝说下，部分团员购买了青岛海云庵民俗博物馆的门票。导游带领部分团员参观博物馆回来时已近下午五点，导游又以天色已晚不适合出海为由把行程中约定的乘船游览取消了。赵先生认为导游带领部分团员参加自费项目占用大家时间，导致部分合同约定项目无法实现，侵害了旅游者的权益，遂向旅游主管部门投诉。

分析：《旅游法》第三十五条第二款规定："旅行社组织、接待旅游者，不得指定具体购物场所。不得安排另行付费旅游项目。但是，双方协商一致或者旅游者要求，且不影响其他旅游者行程安排的除外。"本案例中，导游陈某推销自费项目并安排部分旅游者参加，导致合同约定的部分景点没有参观，影响了其他旅游者的行程安排，所以应该按照《旅游法》第九十八条对旅行社和导游实施行政处罚。

——资料来源：国家旅游局监督管理司编. 旅游投诉举报案例季度通报，2014

经典案例 合同未完全履行，质量大幅缩水

案情：周先生一家参加了上海某旅行社组织的赴英国旅游团，并签订了旅游合同。在机场的行前说明会上，旅行社负责人说本团不派领队，到了英国会有当地的导游负责接待。到达英国后，周先生一行人在机场等候多时也未见有人来接待大家。一行人已疲惫不堪，急需入住酒店休息，于是周先生拨通了国内旅行社负责人的电话，告知无人接机的情形，请求予以帮助。在电话里，周先生征得旅行社负责人同意，旅游团打车前往酒店，费用暂且由旅游者支付，回国后旅行社偿还此费用。全团旅游者打车到酒店办理了入住。第二天早上，旅行社安排的英国地接导游来到酒店后与旅游团会合。地接导游带领旅游团参观游览过程中，周先生发现该导游业务极不熟练，一问三不知。第三天旅游团入住酒店，周先生发现该酒店与合同约定不符。见这个导游如此不靠谱，周先生担心第四天的亮点"自驾车项目"出问题，于是在第四天行程刚开始就跟导游确认"自驾车项目"能否安排，导游保证可以实现，谁知由于沟通有误，租车行并不肯把车租给导游。周先生再次拨通国内旅行社电话，要求完成自驾车项目，并约定好费用由旅游者先承担，回国后旅行社偿还。随后的几天由于导游安排不当，部分景点参观无法实现。回国后，周先生找到签约旅行社，要求偿还其垫付的相关款项，退还没有参观的景点门票费用。双方协商未果，周先生投诉至旅游主管部门。

分析：由于旅行社未安排领队，影响旅游团的游览质量，当发生问题时，只能由旅游者直接与国内旅行社和地接导游协商。《旅游法》第三十六条规定："旅行社组织团队出境旅游或者接待入境旅游，应当按照规定安排领队或者导游全程陪同。"该旅行社未安排领队违反法律规定，应当按照《旅游法》第九十六条受到行政处罚。由于旅行社安排失当，造成部分景点没有时间参观，并且住宿不符合标准，按照《旅游法》第七十条承担继续履行、采取补救措施、赔偿损失等违约责任的规定，旅行社应采取补救措施；鉴于行程已经结束，旅行社应该给予周先生赔偿。对于双方协商后，由周先生垫付的费用，旅行社应该按照约定予以返还。

——资料来源：国家旅游局监督管理司编. 旅游投诉举报案例季度通报，2014

知识链接 国家旅游局公布：旅游者权利与义务

一、旅游者的主要权利

1. 知悉真情权

2. 拒绝强制交易权

3. 合同转让权

4. 合同解除权

5. 损害赔偿请求权

6. 受尊重权

7. 安全保障权

8. 救助请求权

9. 协助返程请求权

10. 投诉举报权

二、旅游者的主要义务

1. 文明旅游义务

2. 不损害他人合法权益的义务

3. 个人健康信息告知义务

4. 安全配合义务

5. 遵守出入境管理义务

——资料来源：http://www.cnta.com/html/2013-9/2013-9-12-10-16-87995.html

第九章 chapter 9
出境旅游经营相关法律法规

第一节 出境旅游经营相关法律法规概述

一、《旅行社条例》概述

2009 年 2 月 20 日经国务院第 47 次常务会议通过的《旅行社条例》公布。条例分总则、旅行社的设立、外商投资旅行社、旅行社经营、监督检查、法律责任、附则共七章六十八条，条例适用于中华人民共和国境内旅行社的设立及经营活动。香港特别行政区、澳门特别行政区和台湾地区投资者在内地投资设立的旅行社，参照适用本条例。条例自 2009 年 5 月 1 日起施行，1996 年 10 月 15 日国务院发布的《旅行社管理条例》同时废止。

自 1996 年 10 月 15 日国务院发布《旅行社管理条例》以来，旅行社行业的经营体制、经营模式、经营行为发生了非常大的变化。特别是由于社会主义市场经济体制的不断完善、国家各项法律制度的不断健全以及国家对依法行政提出了更高要求，《旅行社管理条例》的许多内容已明显不能适应新形势下的要求。特别是近年来，旅行社在经营活动中出现了诸多不正当竞争的行为，侵害旅游者、导游人员合法权益的问题突出，有的问题还相当严重，迫切需要建立、完善相应的对经营行为的要求，为整顿市场秩序、保护旅游者利益提供充分、有力的法律依据。这次修改主要是进一步降低了旅游市场准入门槛，减轻了旅行社的经营负担，同时加大了对旅行社违法经营行为的打击力度，为旅游者创造良好的旅游消费法制环境。《旅行社条例》主要对以下几方面做了修改。

1. 取消了对企业进行业务范围分类，调整旅行社市场准入门槛

一方面，《旅行社条例》维持了《旅行社管理条例》关于设立旅行社最低注册资本的要求，但由于取消了旅行社的类别划分，实际上是降低了经营入境业务旅行社的准入门槛；另一方面，由于取消分类和建立了保证金动态管理制度，对经营入境业务和国内业务的旅行社来说，实质上也是降低或者维持了市场准入门槛。《旅行社条例实施细则》进一步细化规定了旅行社经营范围，扩大了旅行社经营范围。

2. 建立了旅行社质量保证金动态管理制度

一是，规定旅行社既可以在指定银行开设专门的质量保证金账户存入现金，也可以向监管部门提交不低于应交质量保证金数额的银行担保；二是，规定交纳质量保证金后，旅行社连续 3 年没有因为侵害旅游者合法权益受到行政机关罚款以上处罚的，监管部门应当将旅行社的质量保证金减少 50%；三是，规定旅行社在旅游行政管理部门使用质量保证金赔偿旅游者的损失或者依法减少质量保证金后，因侵害旅游者合法权益受到行政机关罚款以上处罚的，应当补足质量保证金。质量保证金动态管理，目的是要发挥其激励作用。诚实守信、依法经营、无不良记录的旅行社可以在达到一定条件后，得到一定比例的返还。这样做还可以减轻企业的经营负担。

3. 规范行为、设定旅行社的经营规则

规范行为、设定旅行社的经营规则，是《旅行社条例》的重中之重。从旅行社的诚信经营规范开始到旅行社招徕、组织、接待等各个作业环节，《旅行社条例》都制定了相应的行为规范，形成系统性制度。其中尤其对挂靠、承包，误导、欺骗、欺诈消费者，低价恶性竞争、零负团费，强迫购物、卖团甩团等扰乱市场秩序的突出问题设置了严厉禁止的条款。

《旅行社条例》出台之前，旅游管理部门为治理整顿旅游市场做了很大努力，也取得了一定的成效，但总体看，问题并未得到彻底有效解决，最主要的原因就是缺乏管理的法律依据。《旅行社条例》的这些规定，为整顿旅游市场秩序提供了有力的法律依据。

4. 加强保护旅游者与旅行社的合法权益

在保障旅游者利益方面，《旅行社条例》围绕着旅游合同的订立与履行，在旅游者享有的知情权、拒绝权、享受合同约定质量服务权等方面，根据旅游服务的特点，作了全面、细致的规定。同时，在保障旅行社利益方面，《旅行社条例》除规定了旅行社享有的专属经营权外，还调整了质量保证金制度，这充分考虑到减轻企业的经营负担，维护企业的合法权益；在企业经营行为上，设定或明确了一些经营者之间权利义务的规范，包括组团社向地接社追偿机制；组团社必须向地接社支付接待费用；旅行社在非常情形下有对旅游行程做出调整的权利等。

5.《旅行社条例》对外商投资旅行社做了新的规定

根据我国加入世界贸易组织的承诺，《旅行社条例》删除了关于外商投资旅行社注册资本最低限额、投资者条件的特殊要求，取消了关于外商投资旅行社不得设立分支机构的限制；并且规定，外国投资者除了可以设立中外合资、中外合作旅行社外，还可以设立外资旅行社。

6. 加大旅行社经营中违法行为的处罚力度

违法必究是社会主义法治的基本原则之一，经营行为违反法律规范就要付出成本代价，否则，规范就成了空话。《旅行社条例》在全面规范旅行社经营行为的同时，对违法行为的处罚力度也加大了。规定了旅游行政管理部门吊销旅行社经营许可证的 10 余种情形。“法律责任”一章基本做到了对违反《旅行社条例》的行为需承担相应被处罚后果的全面覆盖，这极大地增加了违法成本，对合法经营的企业是极大的保护。

当然，随着《旅游法》的出台，《旅行社条例》的有关条款也有待修改。

二、《中国公民出国旅游管理办法》概述

《中国公民出国旅游管理办法》(以下简称《办法》) 于 2001 年 12 月 12 日经国务院第 50 次常务会议通过，2001 年 5 月 27 日经国务院总理朱镕基签署第 354 号国务院令予以公布，自 2002 年 7 月 1 日起正式施行。《办法》共 33 条，不分章节。该《办法》是在国家旅游局和公安部联合发布、1997 年 7 月 1 日开

始施行的《中国公民自费出国旅游管理暂行办法》(以下简称《暂行办法》)的基础上，经过进一步的补充、完善和修改后出台的。修改出台的主要背景是：我国旅游业面临新的发展机遇和市场挑战，出国旅游市场在新的发展阶段面临新的发展形势，需要在管理手段上进行规范和调整，以理顺相互关系、提高国内旅行社企业的竞争能力，达到引导和促进出国旅游健康发展的目的。

该《办法》对旅行社取得经营出国旅游业务的条件、程序和组团社的义务、领队职责、旅游者的权利义务及罚则等方面的内容作了大量扩充，形成了一部比较科学、完善的行政法规。该《办法》修改出台的基本原则包括进一步体现出国旅游适度发展的原则，多管齐下、共同监管的原则，市场主体归位、责权挂钩的原则和尽量保护旅游者权益的原则。《办法》主要包括六个方面的内容。

1. 制定目的

《办法》第一条规定，制定本办法是为了规范旅行社组织中国公民出国旅游活动，保障出国旅游者和出国旅游经营者的合法权益。

2. 出国旅游目的地的审批

《办法》第二条明确，出国旅游目的地国家由国务院旅游行政管理部门会同国务院有关部门提出，报国务院批准后，由国务院旅游行政管理部门公布。任何单位和个人不得组织中国公民到国务院旅游行政管理部门公布的出国旅游目的地以外的国家和地区旅游。临时到非出国旅游目的地国家专项旅游，必须经国务院旅游行政管理部门批准。

3. 经营出国旅游业务的组团义务

组团社的主要责任和义务有：

(1) 如实填写《中国公民出国旅游团队名单表》；

(2) 为出国旅游团队安排专职领队；

(3) 为旅游者办理出国手续；

(4) 提供真实可靠的出国旅游服务信息，不作低于成本的报价；

(5) 与旅游者订立书面合同；

(6) 按合同约定提供服务；

(7) 保障旅游者人身、财产安全。同时还未经国务院旅游行政管理部门批准取得出国旅游业务经营资格的，任何单位和个人不得擅自经营或以商务、考察、培训等方式变相经营出国旅游业务。

4. 领队的职责

《办法》第十条、第十一条及第十六条至第二十条规定，领队的职责和义务主要有：

（1）向旅游者介绍有关注意事项，尊重旅游者人格；

（2）保障旅游者安全，遇到特殊困难和安全问题及时向有关部门报告；

（3）监督境外接待社合法并按照约定安排旅游活动；

（4）不得与经营者串通欺骗、胁迫旅游者消费，不得向境外接待社、导游及其他经营者索要回扣、提成或收受其财物。

5. 出国旅游者的权利和义务

《办法》关于组团社的义务和领队的职责的规定，即是从另一个方面对旅游者的权利的保障。此外，第十二条规定，组团社应当维护旅游者的合法权益。第二十三条赋予旅游者投诉权，规定：旅游者对组团社或者旅游团领队违反本法规定的行为，有权向旅游行政管理部门投诉；第二十四条明确了组团社的赔偿责任，规定：因组团社或者其委托的境外接待社违约，使旅游者合法权益受到损害的，组团社应当依法对旅游者承担赔偿责任。

6. 罚则

《办法》第二十五条至第三十二条针对上述主体违反各自的义务或职责规定了相应的处罚措施。

当然，随着《旅行社条例》、《旅游法》的出台，《办法》中经营出国旅游业务的组团社资质、罚则等有关条款也有待修改。

三、《边境旅游暂行管理办法》概述

1996 年 3 月 8 日国务院国函（[1996] 15 号）批复，同意由国家旅游局、外交部、公安部、海关总署共同发布施行《边境旅游暂行管理办法》（以下简称《办法》）。边境旅游，是指经批准的旅行社组织和接待我国及毗邻国家的公民，集体从指定的边境口岸出入境，在双方政府商定的区域和期限内进行的旅游活动。《办法》的出台，极大地规范了边境旅游市场管理，维护了边境旅游秩序，促进了边境地区的经济发展。该办法共16条，涉及以下主要内容。

1. 管理机关及职责

（1）国家旅游局是边境旅游的主管部门，负责制定边境旅游有关政策和管理办法，对边境旅游进行宏观管理，批准承办边境旅游的旅行社。

（2）边境省、自治区旅游局负责对本行政区内的边境旅游业务的管理、监督、指导和协调，依据有关法规制定边境旅游管理的实施细则，定期向国家旅游局报告开展边境旅游的情况。

（3）边境市、县旅游局在上级旅游主管部门的指导下，负责协调管理本地区的边境旅游活动。

2. 申办边境旅游条件及程序

（1）经营边境旅游业务的旅行社必须具备的条件是同对方国家边境地区旅游部门签订意向性协议。包括双方组织边境旅游的具体形式、向对方旅游团提供的服务项目、活动范围等。

（2）旅行社申请开办边境旅游业务的程序。边境地区开办边境旅游业务，做好可行性研究，拟定的实施方案，由省、自治区旅游局征求外事、公安、海关等有关部门的意见，并报省、自治区人民政府审核后，由省、自治区人民政府转国家旅游局审批。所申办的边境旅游业务，如涉及同我国已开展边境旅游的国家或地区，由国家旅游局商外交部、公安部、海关总署等部门审批；如涉及尚未同我国开展边境旅游的国家或地区，由国家旅游局商外交部、公安部、海关总署后报国务院审批。经批准后，有关地方可对外签订正式协议或合同。

3. 我国公民参加边境旅游的办法

（1）除《中华人民共和国公民出境入境管理法》第八条规定的人员外，我国公民均可以参加边境旅游。

（2）边境省、自治区公民参加本地区的边境旅游，应当向本地区有关承办旅行社申请，旅行社统一向公安机关出入境管理部门申办出境证件。

（3）非边境省、自治区的公民参加边境旅游，应当向其户口所在地授权经营出国旅游业务的一类旅行社申请，按规定向户口所在地公安机关出入境管理部门申办出境证件，并由边境地区有关旅行社统一办理出入境手续和安排境外旅游活动。

此外还对出入境口岸、证件及出入境手续、旅行社经营及管理等方面作了规定。

四、《大陆居民赴台湾地区旅游管理办法》概述

为了不断扩大两岸人员往来，促进两岸经济关系健康稳定发展，给台湾旅游业界带来实实在在的利益，让台湾民众得到实实在在的好处，也为了加强大陆居民赴台旅游管理，保障赴台旅游健康有序地开展，2006年4月16日，国家旅游局、公安部、国务院台湾事务办公室联合发布了《大陆居民赴台湾地区旅游管理办法》(以下简称《办法》)。

《办法》共17条，规定大陆居民赴台湾旅游，由指定的大陆旅行社作为组团社组织，以旅游团形式整团往返。组团社由国家旅游局会同有关部门，从已批准的特许经营出境旅游业务的旅行社范围内指定。台湾地区接待大陆居民赴台旅游的旅行社也就是接待社，须经大陆有关部门会同国家旅游局确认。该办法还规定，大陆居民赴台旅游实行配额管理，配额由国家旅游局会同有关部门确认后，下达给组团社。组团社在开展组织大陆居民赴台旅游业务前，须与接待社签订合同、建立合作关系。组团社须为每个旅游团队选派领队，领队要经过专门的培训、考核，并申领赴台旅游领队证。大陆居民须持有效的《大陆居民往来台湾地区通行证》及旅游签注赴台旅游。该办法的出台主要体现以下意义：首先，表明大陆方面正在为两岸旅游业界和民众实实在在地做事，为台湾经济的发展做出积极努力。同时也满足大陆旅游者多年期盼一睹宝岛台湾旖旎风光的夙愿。其次，表明大陆方面诚心诚意、积极务实的态度，标志着大陆方面在推动大陆居民赴台旅游方面又向前迈出了实质性的一步。再次，规范大陆居民赴台旅游，使之有计划、有步骤、循序渐进地开展，妥善处理赴台旅游中出现的各种情况和问题，使旅游市场更加规范有序地发展。最后，有利于在两岸旅游交往中开展“诚信旅游活动”。通过树立诚信旅游理念、建立诚信旅游

体系，引导企业诚信经营、引导旅游者理性消费，既可以确保向台湾有序输送旅游者，也可以让大陆旅游者得到周到的服务。

2011年6月20日，国家旅游局、公安部和国务院台湾事务办公室决定对《大陆居民赴台湾地区旅游管理办法》进行修改。主要是：修改第二条“大陆居民赴台湾地区旅游，可采取团队旅游或个人旅游两种形式。”增加一条，作为第十五条：“对在台湾地区非法滞留情节严重者，公安机关出入境管理部门自其被遣返回大陆之日起，6个月至3年以内不批准其再次出境，”修改后的《办法》共18条。

五、《出境旅游领队人员管理办法》概述

2002年10月14日《出境旅游领队人员管理办法》经国家旅游局局长办公会议讨论通过，2002年10月28日公布实施。该《办法》为了加强对出境旅游领队人员的管理，规范其从业行为，维护出境旅游者的合法权益，促进出境旅游的健康发展，根据《中国公民出国旅游管理办法》和有关规定而制定，共16条，主要有以下内容。

1. 明确了出境旅游领队人员领队业务概念

第二条规定：出境旅游领队人员（以下简称“领队人员”），是指依照本《办法》规定取得出境旅游领队证（以下简称“领队证”），接受具有出境旅游业务经营权的国际旅行社（以下简称“组团社”）的委派，从事出境旅游领队业务的人员。

领队业务，是指为出境旅游团提供旅途全程陪同和有关服务；作为组团社的代表，协同境外接待旅行社（以下简称“接待社”）完成旅游计划安排；以及协调处理旅游过程中相关事务等活动。

2. 规定了申请领队证人员应当符合的基本条件

（1）有完全民事行为能力的中华人民共和国公民。

（2）热爱祖国，遵纪守法。

（3）可切实负起领队责任的旅行社人员。

（4）掌握旅游目的地国家或地区的有关情况。

3. 领队人员应当履行的职责

（1）遵守《中国公民出国旅游管理办法》中的有关规定，维护旅游者的合法权益。

（2）协同接待社实施旅游行程计划，协助处理旅游行程中的突发事件、纠纷及其他问题。

（3）为旅游者提供旅游行程服务。

（4）自觉维护国家利益和民族尊严，并提醒旅游者抵制任何有损国家利益和民族尊严的言行。

需要说明的是，在《旅游法》中对申请领队证人员条件增加新的内容，罚则等有关条款有待修改。

第二节　相关法规

一、《旅行社条例》

《旅行社条例》（节录）

第一章　总　则

第一条　为了加强对旅行社的管理，保障旅游者和旅行社的合法权益，维护旅游市场秩序，促进旅游业的健康发展，制定本条例。

第二条　本条例适用于中华人民共和国境内旅行社的设立及经营活动。

本条例所称旅行社，是指从事招徕、组织、接待旅游者等活动，为旅游者提供相关旅游服务，开展国内旅游业务、入境旅游业务或者出境旅游业务的企业法人。

第三条　国务院旅游行政主管部门负责全国旅行社的监督管理工作。

县级以上地方人民政府管理旅游工作的部门按照职责负责本行政区域内旅行社的监督管理工作。

县级以上各级人民政府工商、价格、商务、外汇等有关部门，应当按照职责分工，依法对旅行社进行监督管理。

第四条　旅行社在经营活动中应当遵循自愿、平等、公平、诚信的原则，提高服务质量，维护旅游者的合法权益。

第五条 旅行社行业组织应当按照章程为旅行社提供服务，发挥协调和自律作用，引导旅行社合法、公平竞争和诚信经营。

第二章 旅行社的设立

第六条 （略）

第七条 申请设立旅行社，经营国内旅游业务和入境旅游业务的，应当向所在地省、自治区、直辖市旅游行政管理部门或者其委托的设区的市级旅游行政管理部门提出申请，并提交符合本条例第六条规定的相关证明文件。受理申请的旅游行政管理部门应当自受理申请之日起20个工作日内作出许可或者不予许可的决定。予以许可的，向申请人颁发旅行社业务经营许可证，申请人持旅行社业务经营许可证向工商行政管理部门办理设立登记；不予许可的，书面通知申请人并说明理由。

第八条 旅行社取得经营许可满两年，且未因侵害旅游者合法权益受到行政机关罚款以上处罚的，可以申请经营出境旅游业务。

第九条 申请经营出境旅游业务的，应当向国务院旅游行政主管部门或者其委托的省、自治区、直辖市旅游行政管理部门提出申请，受理申请的旅游行政管理部门应当自受理申请之日起20个工作日内作出许可或者不予许可的决定。予以许可的，向申请人换发旅行社业务经营许可证，旅行社应当持换发的旅行社业务经营许可证到工商行政管理部门办理变更登记；不予许可的，书面通知申请人并说明理由。

第十条 旅行社设立分社的，应当持旅行社业务经营许可证副本向分社所在地的工商行政管理部门办理设立登记，并自设立登记之日起3个工作日内向分社所在地的旅游行政管理部门备案。

旅行社分社的设立不受地域限制。分社的经营范围不得超出设立分社的旅行社的经营范围。

第十一条 旅行社设立专门招徕旅游者、提供旅游咨询的服务网点（以下简称旅行社服务网点）应当依法向工商行政管理部门办理设立登记手续，并向所在地的旅游行政管理部门备案。

旅行社服务网点应当接受旅行社的统一管理，不得从事招徕、咨询以外的活动。

第十二条 旅行社变更名称、经营场所、法定代表人等登记事项或者终止经营的，应当到工商行政管理部门办理相应的变更登记或者注销登记，并在登记办理完毕之日起10个工作日内，向原许可的旅游行政管理部门备案，换领或者交回旅行社业务经营许可证。

第十三条 旅行社应当自取得旅行社业务经营许可证之日起3个工作日内，在国务院旅游行政主管部门指定的银行开设专门的质量保证金账户，存入质量保证金，或者向作出许可的旅游行政管理部门提交依法取得的担保额度不低于相应质量保证金数额的银行担保。

经营国内旅游业务和入境旅游业务的旅行社，应当存入质量保证金20万元；经营出境旅游业务的旅行社，应当增存质量保证金120万元。

质量保证金的利息属于旅行社所有。

第十四条 旅行社每设立一个经营国内旅游业务和入境旅游业务的分社，应当向其质量保证金账户增存5万元；每设立一个经营出境旅游业务的分社，应当向其质量保证金账户增存30万元。

第十五条 有下列情形之一的，旅游行政管理部门可以使用旅行社的质量保证金：

（一）旅行社违反旅游合同约定，侵害旅游者合法权益，经旅游行政管理部门查证属实的；

（二）旅行社因解散、破产或者其他原因造成旅游者预交旅游费用损失的。

第十六条 人民法院判决、裁定及其他生效法律文书认定旅行社损害旅游者合法权益，旅行社拒绝或者无力赔偿的，人民法院可以从旅行社的质量保证金账户上划拨赔偿款。

第十七条 旅行社自交纳或者补足质量保证金之日起三年内未因侵害旅游者合法权益受到行政机关罚款以上处罚的，旅游行政管理部门应当将旅行社质量保证金的交存数额降低50%，并向社会公告。旅行社可凭省、自治区、直辖市旅游行政管理部门出具的凭证减少其质量保证金。

第十八条 旅行社在旅游行政管理部门使用质量保证金赔偿旅游者的损失，或者依法减少质量保证金后，因侵害旅游者合法权益受到行政机关罚款以上处罚的，应当在收到旅游行政管理部门补交质量保证金的通知之日起5个工作日内补足质量保证金。

第十九条 旅行社不再从事旅游业务的，凭旅游行政管理部门出具的凭证，向银行取回质量保证金。

第二十条 质量保证金存缴、使用的具体管理办法由国务院旅游行政主管部门和国务院财政部门会同有关部门另行制定。

第三章 外商投资旅行社

第二十一条 外商投资旅行社适用本章规定；本章没有规定的，适用本条例其他有关规定。

前款所称外商投资旅行社，包括中外合资经营旅行社、中外合作经营旅行社和外资旅行社。

第二十二条 设立外商投资旅行社，由投资者向国务院旅游行政主管部门提出申请，并提交符合本条例第六条规定条件的相关证明文件。国务院旅游行政主管部门应当自受理申请之日起30个工作日内审查完毕。同意设立的，出具外商投资旅行社业务许可审定意见书；不同意设立的，书面通知申请人并说明理由。

申请人持外商投资旅行社业务许可审定意见书、章程，合资、合作双方签订的合同向国务院商务主管部门提出设立外商投资企业的申请。国务院商务主管部门应当依照有关法律、法规的规定，作出批准或者不予批准的决定。予以批准的，颁发外商投资企业批准证书，并通知申请人向国务院旅游行政主管部门领取旅行社业务经营许可证，申请人持旅行社业务经营许可证和外商投资企业批准证书向工商行政管理部门办理设立登记；不予批准的，书面通知申请人并说明理由。

第二十三条 外商投资旅行社不得经营中国内地居民出国旅游业务以及赴香港特别行政区、澳门特别行政区和台湾地区旅游的业务，但是国务院决定或者我国签署的自由贸易协定和内地与香港、澳门关于建立更紧密经贸关系的安排另有规定的除外。

第四章 旅行社经营

第二十四条 旅行社向旅游者提供的旅游服务信息必须真实可靠，不得作虚假宣传。

第二十五条 经营出境旅游业务的旅行社不得组织旅游者到国务院旅游行政主管部门公布的中国公民出境旅游目的地之外的国家和地区旅游。

第二十六条 旅行社为旅游者安排或者介绍的旅游活动不得含有违反有关法律、法规规定的内容。

第二十七～第二十八条 （略）

第二十九条 旅行社在与旅游者签订旅游合同时，应当对旅游合同的具体内容作出真实、准确、完整的说明。

旅行社和旅游者签订的旅游合同约定不明确或者对格式条款的理解发生争议的，应当按照通常理解予以解释；对格式条款有两种以上解释的，应当作出有利于旅游者的解释；格式条款和非格式条款不一致的，应当采用非格式条款。

第三十条 旅行社组织中国内地居民出境旅游的，应当为旅游团队安排领队全程陪同。

第三十一条 旅行社为接待旅游者委派的导游人员或者为组织旅游者出境旅游委派的领队人员，应当持有国家规定的导游证、领队证。

第三十二条 （略）

第三十三条 旅行社及其委派的导游人员和领队人员不得有下列行为：

（一）拒绝履行旅游合同约定的义务；

（二）非因不可抗力改变旅游合同安排的行程；

（三）欺骗、胁迫旅游者购物或者参加需要另行付费的游览项目。

第三十四条 旅行社不得要求导游人员和领队人员接待不支付接待和服务费用或者支付的费用低于接待和服务成本的旅游团队，不得要求导游人员和领队人员承担接待旅游团队的相关费用。

第三十五条 旅行社违反旅游合同约定，造成旅游者合法权益受到损害的，应当采取必要的补救措施，并及时报告旅游行政管理部门。

第三十六条 （略）

第三十七条 旅行社将旅游业务委托给其他旅行社的，应当向接受委托的旅行社支付不低于接待和服务成本的费用；接受委托的旅行社不得接待不支付或者不足额支付接待和服务费用的旅游团队。

接受委托的旅行社违约，造成旅游者合法权益受到损害的，作出委托的旅行社应当承担相应的赔偿责任。作出委托的旅行社赔偿后，可以向接受委托的旅行社追偿。

接受委托的旅行社故意或者重大过失造成旅游者合法权益损害的，应当承担连带责任。

第三十八条 旅行社应当投保旅行社责任险。旅行社责任险的具体方案由国务院旅游行政主管部门会同国务院保险监督管理机构另行制定。

第三十九条 旅行社对可能危及旅游者人身、财产安全的事项，应当向旅游者作出真实的说明和明确的警示，并采取防止危害发生的必要措施。

发生危及旅游者人身安全的情形的，旅行社及其委派的导游人员、领队人员应当采取必要的处置措施并及时报告旅游行政管理部门；在境外发生的，还应当及时报告中华人民共和国驻该国使领馆、相关驻外机构、当地警方。

第四十条 旅游者在境外滞留不归的，旅行社委派的领队人员应当及时向旅行社和中华人民共和国驻该国使领馆、相关驻外机构报告。旅行社接到报告后应当及时向旅游行政管理部门和公安机关报告，并协助提供非法滞留者的信息。

旅行社接待入境旅游发生旅游者非法滞留我国境内的，应当及时向旅游行政管理部门、公安机关和外事部门报告，并协助提供非法滞留者的信息。

第五章 监督检查

第四十一条 旅游、工商、价格、商务、外汇等有关部门应当依法加强对旅行社的监督管理，发现违法行为，应当及时予以处理。

第四十二条 旅游、工商、价格等行政管理部门应当及时向社会公告监督检查的情况。公告的内容包括旅行社业务经营许可证的颁发、变更、吊销、注销情况，旅行社的违法经营行为以及旅行社的诚信记录、旅游者投诉信息等。

第四十三条 旅行社损害旅游者合法权益的，旅游者可以向旅游行政管理部门、工商行政管理部门、价格主管部门、商务主管部门或者外汇管理部门投诉，接到投诉的部门应当按照其职责权限及时调查处理，并将调查处理的有关情况告知旅游者。

第四十四条 旅行社及其分社应当接受旅游行政管理部门对其旅游合同、服务质量、旅游安全、财务账簿等情况的监督检查，并按照国家有关规定向旅游行政管理部门报送经营和财务信息等统计资料。

第四十五条 旅游、工商、价格、商务、外汇等有关部门工作人员不得接受旅行社的任何馈赠，不得参加由旅行社支付费用的购物活动或者游览项目，不得通过旅行社为自己、亲友或者其他个人、组织牟取私利。

第六章 法律责任（略）

第七章 附 则

第六十七条 香港特别行政区、澳门特别行政区和台湾地区的投资者在内地投资设立的旅行社，参照适用本条例。

第六十八条 本条例自 2009 年 5 月 1 日起施行。1996 年 10 月 15 日国务院发布的《旅行社管理条例》同时废止。

经典案例　巴黎被抢

领队柳先生带领张女士一行20多人从上海出发，坐了十多个小时飞机，抵达法国戴高乐机场，大约晚上7点半，当大家在机场附近的中餐馆吃完晚餐出门后，被一群黑人抢劫。当时，包括领队柳先生在内的3人随身携带的挎包被拉断。柳先生还被3个黑人按在地上打，眼镜被打飞，鼻梁也被打破了 。

从未见过这种场面的张女士等人吓得飞奔逃命，她回忆道："我跑得飞快，有两名50多岁的旅游者跑不快，她们被两个劫匪抢了包，包里有现金、身份证和银行卡，还有治疗高血压和心脏病的药。在法国，这些药都是处方药，她们只能吃其他团友的药应急。当时的场景真的就跟电影中的抢劫一样，被抢的两名女旅游者事后一直浑身发抖。我们看到劫匪掏完包就赶紧跑了，当时没看清楚他们手里有没有凶器，但是听司机说，这些黑人通常会带刀或枪。"

领队柳先生说：过境后，按规定，他将旅游者的护照收齐放在随身的包内。当大家吃完饭走向停车场时，突然有3名黑人男子冲上来抢领队身上斜挎的包，领队死死抓住包不松手，劫匪将其拖出五六米远后，将包的背带拽断后逃离，包里的钱物和20多本护照全部被抢。

团里的几名男性旅游者见状上来帮忙追赶，当时天已黑，追至附近一条巷子时，看到有一辆白色的汽车接上3名劫匪后驶离现场。领队立即报警，待警方到达后，大巴车开往警局录口供。

案例详解：连续发生的中国旅游者境外被盗被抢事件，需要引起重视。出境旅游者只有对当地治安状况做到心中有数，因地制宜地做好防范和自我保护，才有可能避免卷入不必要的麻烦。针对中国人旅游安全事例，旅游者们应着重注意以下方面：

（1）选择正规的有资质的旅行社。随着近几年境外旅游市场的火爆，以各种名义变相组织出境旅游的非法旅行社不在少数。大家应保持足够的警觉，增强防范和自我保护意识，提高甄别能力，可以登录旅游行政管理部门的官方网站或向旅游行政管理部门查询经办者的旅游业务经营资质。

（2）旅游途中不要独行。在游玩的过程中，应服从旅行社或导游的指挥和安排，遵守活动时间，尽量结伴而行，不要单独贸然行动。尤其是女性旅游者，尽量避免花枝招展，珠光宝气地外出，以免被劫。

（3）看管好自己的贵重物品，谨防被"盯梢"。不要随身携带大量现金，最好使用信用卡或旅行支票，在人多嘈杂的地方和就餐地点要注意保管好贵重物品，如数码相机、笔记本电脑、珠宝饰品、名牌服装等，非日常使用的贵重物品可以在下榻处申请保险箱托管。

（4）相关证件需备份。境外旅游时，如果当地警察要检查你的护照等证件，可请其先出示证件，并记下他的警号、警车号，交罚款时不要直接交给警察，而是凭罚单交到银行等指定地点。将护照、签证、身份证复印备份，并将复印件连同备用相片与证件原件分别存放，随身携带。

根据《旅行社条例》第三十九条规定，旅行社对可能危及旅游者人身、财产安全的事项，应当向旅游者作出真实的说明和明确的警示，并采取防止危害发生的必要措施。发生危及旅游者人身安全的情形的，旅行社及其委派的导游人员、领队人员应当采取必要的处置措施并及时报告旅游行政管理部门；在境外发生的，还应当及时报告中华人民共和国驻该国使领馆、相关驻外机构、当地警方。

依据《旅游法》第八十二条，中国出境旅游者在境外陷于困境时，有权请求我国驻当地机构在其职责范围内给出协助和保护。在获悉此事件发生后，国家旅游局高度关注，已责成我国驻巴黎旅游办事处前往看望慰问被抢旅游者、与驻法使馆密切配合，积极协助做好旅游者的稳定工作和后续行程的安排，并要求法国有关部门尽快展开调查，缉拿犯罪分子，切实采取措施保障赴法中国旅游者的人身财产安全，防止类似事件的发生。

——资料来源：李娌. 导游服务案例详解. 北京：旅游教育出版社，2014.

二、《中国公民出国旅游管理办法》

《中国公民出国旅游管理办法》（节录）

第一条 为了规范旅行社组织中国公民出国旅游活动，保障出国旅游者和出国旅游经营者的合法权益，制定本办法。

第二条 出国旅游的目的地国家，由国务院旅游行政部门会同国务院有关部门提出，报国务院批准后，由国务院旅游行政部门公布。

任何单位和个人不得组织中国公民到国务院旅游行政部门公布的出国旅游的目的地国家以外的国家旅游；组织中国公民到国务院旅游行政部门公布的出国旅游的目的地国家以外的国家进行涉及体育活动、文化活动等临时性专项旅游的，须经国务院旅游行政部门批准。

第三条 （略）

第四条 申请经营出国旅游业务的旅行社，应当向省、自治区、直辖市旅游行政部门提出申请。省、自治区、直辖市旅游行政部门应当自受理申请之日起30个工作日内，依据本办法第三条规定的条件对申请审查完毕，经审查同意的，报国务院旅游行政部门批准；经审查不同意的，应当书面通知申请人并说明理由。

国务院旅游行政部门批准旅行社经营出国旅游业务，应当符合旅游业发展规划及合理布局的要求。

未经国务院旅游行政部门批准取得出国旅游业务经营资格的，任何单位和个人不得擅自经营或者以商务、考察、培训等方式变相经营出国旅游业务。

第五条 国务院旅游行政部门应当将取得出国旅游业务经营资格的旅行社（以下简称组团社）名单予以公布，并通报国务院有关部门。

第六条 国务院旅游行政部门根据上年度全国入境旅游的业绩、出国旅游目的地的增加情况和出国旅游的发展趋势，在每年的2月底以前确定本年度组织出国旅游的人数安排总量，并下达省、自治区、直辖市旅游行政部门。

省、自治区、直辖市旅游行政部门根据本行政区域内各组团社上年度经营入境旅游的业绩、经营能力、服务质量，按照公平、公正、公开的原则，在每年的3月底以前核定各组团社本年度组织出国旅游的人数安排。

国务院旅游行政部门应当对省、自治区、直辖市旅游行政部门核定组团社年度出国旅游人数安排及组团社组织公民出国旅游的情况进行监督。

第七条 国务院旅游行政部门统一印制《中国公民出国旅游团队名单表》（以下简称《名单表》），在下达本年度出国旅游人数安排时编号发放给省、自治区、直辖市旅游行政部门，由省、自治区、直辖市旅游行政部门核发给组团社。

组团社应当按照核定的出国旅游人数安排组织出国旅游团队，填写《名单表》。旅游者及领队首次出境或者再次出境，均应当填写在《名单表》中，经审核后的《名单表》不得增添人员。

第八条 《名单表》一式四联，分为：出境边防检查专用联、入境边防检查专用联、旅游行政部门审验专用联、旅行社自留专用联。

组团社应当按照有关规定，在旅游团队出境、入境时及旅游团队入境后，将《名单表》分别交有关部门查验、留存。

出国旅游兑换外汇，由旅游者个人按照国家有关规定办理。

第九条 旅游者持有有效普通护照的，可以直接到组团社办理出国旅游手续；没有有效普通护照的，应当依照《中华人民共和国公民出境入境管理法》的有关规定办理护照后再办理出国旅游手续。

组团社应当为旅游者办理前往国签证等出境手续。

第十条 组团社应当为旅游团队安排专职领队。

领队应当经省、自治区、直辖市旅游行政部门考核合格，取得领队证。

领队在带团时，应当佩戴领队证，并遵守本办法及国务院旅游行政部门的有关规定。

第十一条 旅游团队应当从国家开放口岸整团出入境。

旅游团队出入境时，应当接受边防检查站对护照、签证、《名单表》的查验。经国务院有关部门批准，旅游团队可以到旅游目的地国家按照该国有关规定办理签证或者免签证。

旅游团队出境前已确定分团入境的，组团社应当事先向出入境边防检查总站或者省级公安边防部门备案。

旅游团队出境后因不可抗力或者其他特殊原因确需分团入境的，领队应当及时通知组团社，组团社应当立即向有关出入境边防检查总站或者省级公安边防部门备案。

第十二条 组团社应当维护旅游者的合法权益。

组团社向旅游者提供的出国旅游服务信息必须真实可靠，不得作虚假宣传，报价不得低于成本。

第十三条 组团社经营出国旅游业务，应当与旅游者订立书面旅游合同。

旅游合同应当包括旅游起止时间、行程路线、价格、食宿、交通以及违约责任等内容。旅游合同由组团社和旅游者各持一份。

第十四条 组团社应当按照旅游合同约定的条件，为旅游者提供服务。

组团社应当保证所提供的服务符合保障旅游者人身、财产安全的要求；对可能危及旅游者人身安全的情况，应当向旅游者作出真实说明和明确警示，并采取有效措施，防止危害的发生。

第十五条 组团社组织旅游者出国旅游，应当选择在目的地国家依法设立并具有良好信誉的旅行社（以下简称境外接待社），并与之订立书面合同后，方可委托其承担接待工作。

第十六条 组团社及其旅游团队领队应当要求境外接待社按照约定的团队活动计划安排旅游活动，并要求其不得组织旅游者参与涉及色情、赌博、毒品内容的活动或者危险性活动，不得擅自改变行程、减少旅游项目，不得强迫或者变相强迫旅游者参加额外付费项目。

境外接待社违反组团社及其旅游团队领队根据前款规定提出的要求时，组团社及其旅游团队领队应当予以制止。

第十七条 旅游团队领队应当向旅游者介绍旅游目的地国家的相关法律、风俗习惯以及其他有关注意事项，并尊重旅游者的人格尊严、宗教信仰、民族风俗和生活习惯。

第十八条 旅游团队领队在带领旅游者旅行、游览过程中，应当就可能危及旅游者人身安全的情况，向旅游者作出真实说明和明确警示，并按照组团社的要求采取有效措施，防止危害的发生。

第十九条 旅游团队在境外遇到特殊困难和安全问题时，领队应当及时向组团社和中国驻所在国家使领馆报告；组团社应当及时向旅游行政部门和公安机关报告。

第二十条 旅游团队领队不得与境外接待社、导游及为旅游者提供商品或者服务的其他经营者串通欺骗、胁迫旅游者消费，不得向境外接待社、导游及其他为旅游者提供商品或者服务的经营者索要回扣、提成或者收受其财物。

第二十一条 旅游者应当遵守旅游目的地国家的法律，尊重当地的风俗习惯，并服从旅游团队领队的统一管理。

第二十二条 严禁旅游者在境外滞留不归。

旅游者在境外滞留不归的，旅游团队领队应当及时向组团社和中国驻所在国家使领馆报告，组团社应当及时向公安机关和旅游行政部门报告。有关部门处理有关事项时，组团社有义务予以协助。

第二十三条 旅游者对组团社或者旅游团队领队违反本办法规定的行为，有权向旅游行政部门投诉。

第二十四条 因组团社或者其委托的境外接待社违约，使旅游者合法权益受到损害的，组团社应当依法对旅游者承担赔偿责任。

第二十五条 组团社有下列情形之一的，旅游行政部门可以暂停其经营出国旅游业务；情节严重的，取消其出国旅游业务经营资格：

（一）入境旅游业绩下降的；

（二）因自身原因，在1年内未能正常开展出国旅游业务的；

（三）因出国旅游服务质量问题被投诉并经查实的；

（四）有逃汇、非法套汇行为的；

（五）以旅游名义弄虚作假，骗取护照、签证等出入境证件或者送他人出境的；

（六）国务院旅游行政部门认定的影响中国公民出国旅游秩序的其他行为。

第二十六～第二十七条 （略）

第二十八条 组团社违反本办法第十二条的规定，向旅游者提供虚假服务信息或者低于成本报价的，由工商行政管理部门依照《中华人民共和国消费者权益保护法》、

《中华人民共和国反不正当竞争法》的有关规定给予处罚。

第二十九～第三十二条 （略）

第三十三条 本办法自2002年7月1日起施行。国务院1997年3月17日批准，国家旅游局、公安部1997年7月1日发布的《中国公民自费出国旅游管理暂行办法》同时废止。

经典案例 风俗禁忌

在东南亚国家中，泰国可以说是最富特色的旅游胜地。景色、文化或风俗均别具一格，而且带有很浓厚的佛教色彩。陈先生是位旅游爱好者，他在某国际旅行社报了名，并参加了新马泰三国七日游。由于该旅行社组团人数不足，在征得陈先生和其他旅游者同意的前提下，将其他两家旅行社的10名旅游者也拼在了同一个旅游团，直到出发前一天，领队是哪一位还不清楚，到飞机场时，领队宋某才出现。

宋某和大家简单认识了一下后，就帮着大家办理登机手续，一路上的行程安排得比较合理，陈先生非常满意。在第5天，旅游团到达了陈先生最向往的美丽城市曼谷。奔流的湄南河，像一条闪光的缎带，系在曼谷市的腰际，把城市分为了两半。地接导游按照接团计划，第一站就带旅游者去了泰国最有名的"护国寺"——玉佛寺参观。当所有的旅游者正准备进寺参观时，陈先生被地接导游挡在了门外，一问才知道，原来在泰国参观寺院时必须要穿着整齐，而陈先生只穿了休闲短裤和露底背心。情急之下，陈先生只能在寺院旁的服装店里花高价买身衣服。在试穿衣服时，店家的小儿子正在摇篮里玩耍，陈先生很本能地用手摸了一下小宝宝的头却激怒了店主。店主将陈先生赶出了商店，并用泰语说了一大串话，陈先生感觉这些话一定是在诅咒自己。一头雾水的陈先生衣服没买成，自然也无法进入寺院参观。

在门口等待的时候，陈先生和司机师傅聊天，想了解一下自己到底犯了泰国人什么样的忌讳，司机师傅用不太流利的汉语告诉陈先生：在泰国人的观念中，头部是全身的灵光之地，不可以随便触及。家长们认为自己家里孩子的头上是有佛光的，如果被别人摸了，佛光也就不见了。只有国王、父母和僧侣才能摸小孩子的头，即使去理发的时候，也要先说声：对不起。听完了司机的解释，陈先生对自己刚才的无知感到非常抱歉。

此时的陈先生还在考虑一件事情，就是要投诉旅行社和领队，为什么不在出国前将这些禁忌提前告知呢？越想越生气的陈先生拿起电话打到了国内。

案例详解：在出境旅游团出发之前，旅行社必须要为旅游团指定专业的领队，并召开行前说明会。领队在说明会上将出行可能出现或异国的一些情况要进行简单的介绍，使大家未雨绸缪，避免因不懂风俗习惯而出现差错。

在本案例中，旅行社由于领队人选迟迟未定，导致没有召开行前说明会。陈先生在国外因不懂习俗而没有进玉佛寺参观，主要原因在于领队行前工作落实不细，领队在新加坡和马来西亚的几天的行程里，完全可以对下一站泰国旅游进行注意事项的提醒，但是，宋某并没有这样做，忽视了非常重要的环节，引起陈先生的不满。

人常说“入乡随俗，入国问禁”，导游作为旅行社的代表，有责任、有义务对旅游地的法规、风俗和禁忌进行讲解，对要点还要反复强调，必要时也可以适当引用典型事例起到警示作用。这不仅关系到责任问题，一旦出了问题，对整个旅游团和整个旅游活动都会产生很大的负面影响。因此、导游服务一定要做到客人前面，使旅游者有方便、适用的感受。

泰国风俗禁忌要知晓。泰国人不喜欢勾肩搭背，不喜欢从背后惊吓别人，女士进入宫殿时不可穿短袖和无袖装，男士必须穿有领子的上装，不得穿拖鞋，男女不得露肩。打招呼要双手合掌，不可用脚指人或物。不可以触摸别人的头，因为在泰国头部是身体最神圣的部位。公共场所男女不可有太过亲密的动作。赌博在泰国是不允许的，哪怕是在酒店里打麻将和玩牌。

——资料来源：李娌. 导游服务案例详解. 北京：旅游教育出版社，2014.

实用图表 《中国公民出国旅游团队名单表》

公民出国旅游团队专用
For Chinese outbound tour group only
LY214981122CN

中国公民出国旅游团队名单表

组团社序号：　团队编号：　年份：
领队姓名：　领队证号：　编号：

序号	姓名		性别	出生日期	出生地	护照号码	发证机关及日期
	中文	汉语拼音					
领队							
1							
2							
3							
4							
5							
6							
7							
8							
9							
10							
11							
12							
13							
14							
15							
16							
17							
18							
19							
20							

年　月　日由　口岸出境
年　月　日由　口岸入境
总人数：　（男　人，女　人，）

授权人签字	旅游行政管理部门	边防检查站	
组团社盖章	审验章	加注(实际出境　人)	出境验讫章

旅游线路：

组团社名称：　联络人员姓名及电话：
接待社名称：　联络人员姓名及电话：

中华人民共和国国家旅游局印制

第一联　边防检查站出境验收

知识链接 浙江省出境游旅行社（截至时间为 2014 年 5 月）

序号 Serial number	旅行社名称 Travel agency name	许可证编号 License number	地址 Address	邮编 Postal code	电话 Telephone	传真 Fax
1	浙江中旅旅业集团有限公司	L-ZJ-CJ00001	杭州市光复路 200 号 7 楼	310006	0571-87080888	0571-87089220
2	浙江省中国旅行社集团有限公司	L-ZJ-CJ00002	杭州光复路 200 号	310006	0571-87080888	0571-87089220
3	浙江省中青国际旅游有限公司	L-ZJ-CJ00003	杭州市黄龙路 5 号黄龙恒励大厦 3 楼	310000	0571-85788333	0571-85788240
4	浙江省中国国际旅行社	L-ZJ-CJ00004	杭州市西湖区石函路 1 号	310007	0571-85059010	0571-85059188
5	浙江中山国际旅行社有限责任公司	L-ZJ-CJ00005	杭州市延安路 139 号涌金广场 6 楼 601 室	310002	0571-87025678	0571-87021166
6	浙江光大国际旅游有限公司	L-ZJ-CJ00006	杭州天目山路 238 号华鸿大厦 A 座四楼 404	310013	0571-56773501	0571-56773355
7	浙江捷登旅游有限公司	L-ZJ-CJ00007	杭州市下城区武林广场 29 号杭州剧院内 2 楼	310006	0571-28058589	0571-28058766
8	浙旅控股股份有限公司	L-ZJ-CJ00008	浙江省杭州市临安河桥镇	310009	0571-87827777	0571-87829708
9	浙江海峡国际旅行社有限公司	L-ZJ-CJ00009	杭州市凤凰城 4 号 1304 室	310000	0571-87065620	0571-87063793
10	浙江新世界国际旅游有限公司	L-ZJ-CJ00010	杭州市凤起路 361 号国都商务大厦四层 A、B 房	310003	0571-87702999	0571-87797171
11	康辉旅游集团浙江国际旅行社有限公司	L-ZJ-CJ00011	杭州市天目山路 238 号	310007	0571-85020106	0571-87203900
12	浙江省职工国际旅行社有限公司	L-ZJ-CJ00012	杭州市江城路 887 号联银大厦 505 室	310009	0571-87177219	0571-56287958
13	浙江建设国际旅行社	L-ZJ-CJ00013	杭州市中河北路 108 号港航大厦 1303B	310014	0571-85453783	0571-85453767
14	浙江省国际合作旅行社有限公司	L-ZJ-CJ00014	杭州市清泰街 509 号富春大厦 4 楼 401，406 室	310009	0571-87830038	0571-87807147

续表

序号 Serial number	旅行社名称 Travel agency name	许可证编号 License number	地址 Address	邮编 Postal code	电话 Telephone	传真 Fax
15	浙江妇女国际旅行社有限公司	L-ZJ-CJ00015	杭州惠民路 75-5-2 号楼 401 室	310002	0571-87836680	0571-87836679
16	浙江东方海外旅游有限公司	L-ZJ-CJ00016	杭州市梅花碑 8 号 6 号楼 4 层	310009	0571-28886301	0571-28886300
17	浙江锦旅国际旅行社有限公司	L-ZJ-CJ00017	杭州市环城北路 141 号（永通信息广场西楼 101）	310004	0571-87131026	0571-85835578
18	浙江天堂国际旅行社有限公司	L-ZJ-CJ00018	浙江省杭州市胭脂新村 1 幢 7 层	310006	0571-85171118	0571-85178102
19	浙江君威国际旅行社有限公司	L-ZJ-CJ00019	杭州市下城区庆春路 118 号嘉德广场 12 楼	310003	0571-28886077	0571-87221919
20	浙江香溢国际旅行社有限公司	L-ZJ-CJ00020	杭州解放路 108 号	310009	0571-87020388	0571-87028247
21	浙江立喜国际旅游有限公司	L-ZJ-CJ00021	杭州潮王路 225 号红石中央大厦 14 层	310005	0571-28826839	0571-28826838
22	浙江胜景国际旅行社有限公司	L-ZJ-CJ00022	杭州市余杭镇上文山村	310000	0571-85090999	0571-85090996
23	浙江风光国际旅行社有限公司	L-ZJ-CJ00023	浙江省慈溪市峙山路 227 号国际大厦六楼	315300	0574-63802668	0574-63809637
24	浙江外海星空国际旅游有限公司	L-ZJ-CJ00024	杭州市南山路 258-1 号三层 302 室	310002	0571-87884577	0571-87884558
25	浙江万通国际旅行社有限公司	L-ZJ-CJ00025	浙江省杭州市余杭区南苑街道南大街 326 号 21 层 2109 室	311100	0571-87297803	0571-87294435
26	浙江慈溪迅达国际旅游服务有限公司	L-ZJ-CJ00026	慈溪市慈甬路 118 号	315300	0574-63019980	0574-63022969
27	浙江金华三清国际旅游有限公司	L-ZJ-CJ00027	浙江省金华市五一路 666 号通园大厦 9 楼	321000	0579-82366600	0579-82366614
28	浙江省义乌市恒风国际旅游有限公司	L-ZJ-CJ00028	义乌市稠州西路 80 号	322000	0579-85234201	0579-85234201

续表

序号 Serial number	旅行社名称 Travel agency name	许可证编号 License number	地址 Address	邮编 Postal code	电话 Telephone	传真 Fax
29	杭州海外旅游有限公司	L-ZJ-CJ00029	杭州市西湖大道 239 号耀江广厦写字楼 3 层	310002	0571-87709770	0571-87709771
30	杭州市中国旅行社有限公司	L-ZJ-CJ00030	杭州市湖墅南路 103 号百大花园 C 区 701、702、703	310005	0571-88383826	0571-88383830
31	杭州国际旅行社有限公司	L-ZJ-CJ00031	杭州市西湖区天目山路 51 号富欣大厦五楼	310012	0571-85802777	0571-85802769
32	杭州天际游国际旅行社有限公司	L-ZJ-CJ00032	杭州市西湖区文二西路 1 号 602 室	310012	0571-87299127	0571-87299128
33	港中旅国际（杭州）旅行社有限公司	L-ZJ-CJ00033	杭州建国北路 658 号 14 楼 A-B 座	310004	0571-28937100	0571-28937099
34	杭州金桥国际旅行社有限公司	L-ZJ-CJ00034	杭州市西湖区天目山路 45 号 409、411、413 室	310007	0571-88076345	0571-88802574
35	杭州蓝海国际旅行社有限公司	L-ZJ-CJ00035	杭州天目山路 7 号东海创意中心（东海宾馆 3 号楼）5 楼 A 座	310007	0571-28027878	0571-28029966
36	杭州远东国际旅行社有限公司	L-ZJ-CJ00036	杭州市拱墅区密渡桥路新世纪大厦 6 楼 E 座	310006	0571-85161610	0571-85881176
37	杭州招商国际旅游公司	L-ZJ-CJ00037	杭州市建国北路 3 号	310003	0571-87232018	0571-87232007
38	杭州走天下国际旅行社有限公司	L-ZJ-CJ00038	杭州市环城北路 82-1 号	310004	0571-85092753	0571-85092753
39	中国国旅（宁波）国际旅行社有限公司	L-ZJ-CJ00039	宁波市鄞州区天童北路 933 号和邦大厦 A 座 109-1 室	315092	0574-56565659	0574-56565657
40	宁波国际旅行社有限公司	L-ZJ-CJ00040	余姚市西石山南路 118 号（德发大厦）	315000	0574-62626077	0574-22659998
41	宁波浙仑海外旅业集团有限公司	L-ZJ-CJ00041	宁波市江东区彩虹南路 16 号 11 楼	315040	0574-87706168	0574-87726561

续表

序号 Serial number	旅行社名称 Travel agency name	许可证编号 License number	地址 Address	邮编 Postal code	电话 Telephone	传真 Fax
42	宁波海外旅游有限公司	L-ZJ-CJ00042	宁波市鄞州区鄞县大道中段1357号203室	315100	0574-88225500	0574-88225509
43	宁波中国国际旅行社有限公司	L-ZJ-CJ00043	宁波市江东区百丈东路787号利时大厦1801室	315000	0574-87193056	0574-87193060
44	宁波中国旅行社集团有限公司	L-ZJ-CJ00044	宁波市鄞州区天童北路939号和邦大厦B座422室	315000	0574-87199322	0574-87329429
45	宁波中国青年旅行社有限公司	L-ZJ-CJ00045	宁波市柳汀街201号	315010	0574-87298179	0574-87320505
46	普陀中国国际旅行社有限公司	L-ZJ-CJ00046	定海区环城东路71号	316000	0580-2036988	0580-2027342
47	温州国旅旅游有限公司	L-ZJ-CJ00047	温州市体育中心体育场1区2楼	325000	0577-88157000	0577-88157008
48	温州海外旅游有限公司	L-ZJ-CJ00048	温州市锦绣路锦城商务楼302、303室	325000	0577-55552222	0577-88256489
49	温州中旅旅游有限责任公司	L-ZJ-CJ00049	温州市环城东路东门大厦一层2-3号	325000	0577-88805505	0577-88805506
50	湖州新国际旅行社有限公司	L-ZJ-CJ00050	湖州市环城东路333号1幢	313000	0572-2024900	0572-2210144
51	嘉兴国际旅行社有限公司	L-ZJ-CJ00051	嘉兴市环城西路，中山桥堍南侧汇丰商务写字楼B201室、B202室、B205室、B206室、B207室	314000	0573-82081326	0573-82081326
52	绍兴海外国际旅行社有限责任公司	L-ZJ-CJ00052	绍兴市环城西路438号9-12号	312000	0575-85120216	0575-85126698
53	绍兴市远洋国际旅游有限公司	L-ZJ-CJ00053	绍兴市区东街326号	312000	0575-85171088	0575-85137660
54	浙江华夏国际旅行社有限公司	L-ZJ-CJ00054	台州市椒江区云西路1号601室	318000	0576-88229581	0576-88229582

续表

序号 Serial number	旅行社名称 Travel agency name	许可证编号 License number	地址 Address	邮编 Postal code	电话 Telephone	传真 Fax
55	浙江商务国际旅行社有限公司	L-ZJ-CJ00055	台州市路桥区西路路桥大道 62 号	318050	0576-88325688	0576-88206993
56	浙江吴越文化国际旅游有限公司	L-ZJ-CJ00056	杭州市定安路 68 号定安名都商务大厦 A 座 612 室	310002	0571-87061722	0571-87037561
57	杭州捷旅国际旅行社有限公司	L-ZJ-CJ00057	杭州百井坊巷 50 号喜得宝宾馆 405 室	310003	0571-85057536	0571-88822928
58	浙江杭州途易旅游集团有限公司	L-ZJ-CJ00058	杭州市下城区嘉联华铭座 303 室		13958117757	0571-85286500
59	浙江美景国际旅行社有限公司	L-ZJ-CJ00059	杭州市新塘路 99 号凤起时代大厦 501	310016	0571-28937700	0571-28937701
60	浙江中旅知行国际旅游有限公司	L-ZJ-CJ00060	杭州市建国北路 603 号	310006	0571-85833908	0571-87089220
61	浙江光大丽阳国际旅行社有限公司	L-ZJ-CJ00061	杭州市拱墅区湖墅南路 186 号 608 室	310002	0571-87836680	0571-87836679
62	温州交运集团国际旅游有限公司	L-ZJ-CJ00062	温州市鹿城区鹿城路 122 号 -124 号	325000	0577-88289226	0577-88289921
63	浙江飞扬国际旅游集团有限公司	L-ZJ-CJ00063	宁波市海曙区大沙泥街 88号富茂大厦裙楼 8-9 楼	315000	0574-27888636	0574-27888636
64	中国国旅（浙江）国际旅行社有限公司	L-ZJ-CJ00064	杭州市金隆花园南区二层商场 3 号	310000	0571-85150848	0571-85178102
65	浙江四海五洲国际旅行社有限公司	L-ZJ-CJ00065	拱墅区莫干山路蓝天商务中心 4 单元 C 号房	310005	0571-88001577	0571-88001567
66	杭州新浪国际旅行社有限公司	L-ZJ-CJ00066	杭州市莫干山路 11 号	310014	0571-28918056	0571-85150755
67	杭州逍遥国际商务旅行社有限公司	L-ZJ-CJ00067	杭州中河北路 83 号茂泰世纪大楼 1510 室	310003	0571-85775228	0571-85775116
68	杭州开元国际旅行社有限公司	L-ZJ-CJ00068	杭州市萧山区市心南路 146 号	311203	0571-82625888	0571-83873236

续表

序号 Serial number	旅行社名称 Travel agency name	许可证编号 License number	地址 Address	邮编 Postal code	电话 Telephone	传真 Fax
69	杭州金秋国际旅行社有限公司	L-ZJ-CJ00069	杭州市下城区中河北路83号810室	310003	0571-85779112	0571-85779113
70	浙江东港国际旅行社有限公司	L-ZJ-CJ00070	北仑新碶凤凰城北区5幢101号	315800	0574-86988111	0574-86850077
71	浙江天天商旅国际旅行社有限公司	L-ZJ-CJ00071	宁波市柳汀街397号	315000	0574-87201090	0574-87146999
72	宁波康泰国际旅游有限公司	L-ZJ-CJ00072	宁波江北环城北路东段647号	315040	0574-87809970	0574-87809993
73	嘉兴市假日国际旅行社有限公司	L-ZJ-CJ00073	嘉兴市建国中路611号港澳商城E幢308室	314000	0573-82052388	0573-82077258
74	嘉兴市加非国际旅行社有限公司	L-ZJ-CJ00074	嘉兴市中环南路富润路口石油大厦6楼	314000	0573-83924366	0573-83913608
75	嘉善西塘国际旅行社有限公司	L-ZJ-CJ00075	浙江省嘉善县西塘镇宏福路158号	314102	0573-84562590	0573-84561290
76	浙江假日国际旅行社有限公司	L-ZJ-CJ00076	浙江省温岭市东门北路229号	317500	0576-86211897	0576-86139906
77	台州市国立国际旅行社有限公司	L-ZJ-CJ00077	浙江省台州市东环大道99号	318000	0576-88855245	0576-88855037
78	台州东亚国际旅行社有限公司	L-ZJ-CJ00078	温岭市太平街道温岭大厦北裙房营业房2#	317500	0576-86221252	0576-86214641
79	浙江运通旅行社有限公司	L-ZJ-CJ00079	江北区扬善路36号玛瑙大厦F座9楼	315020	0574-87652907	0574-87652977
80	杭州美达国际旅行社有限公司	L-ZJ-CJ00080	杭州市中河北路108号港航大厦1701室	310014	0571-88825345	0571-58119625
81	温州和平国际旅游有限公司	L-ZJ-CJ00081	温州市鹿城区人民东路东信大楼一层2-1号	325000	0577-88898708	0577-88806658
82	温州市精诚国际旅行社有限公司	L-ZJ-CJ00082	温州市人民东路华宫大楼9楼	325000	0577-88890708	0577-88893979
83	温州海峡国际旅游有限公司	L-ZJ-CJ00083	温州市小南路95号	325000	0577-89222552	0577-89222772

续表

序号 Serial number	旅行社名称 Travel agency name	许可证编号 License number	地址 Address	邮编 Postal code	电话 Telephone	传真 Fax
84	浙江仙乐国际旅行社有限公司	L-ZJ-CJ00084	温州市马鞍池东路 90 号	325000	0577-89610011	0577-89610722
85	瑞安市中国旅行社	L-ZJ-CJ00085	瑞安市锦湖街道锦湖大厦 101 室	325200	0577-65656050	0577-65658633
86	瑞安市顺达国际旅游服务有限公司	L-ZJ-CJ00086	瑞安市万松西路 59-60 号	325200	0577-65066001	0577-65922311
87	绍兴市中国旅行社有限责任公司	L-ZJ-CJ00087	绍兴市人民中路 367 号	312000	0575-85222282	0575-85221075
88	浙江康泰国际旅行社有限公司	L-ZJ-CJ00088	金华市兰溪街 195 号	321017	0579-82388009	0579-82131333
89	浙江海都国际旅行社有限公司	L-ZJ-CJ00089	舟山市普陀区东港街道中昌街 101 号颐景园 2 幢 402 室	316000	0580-3825001	0580-3825123
90	舟山康辉国际旅行社有限公司	L-ZJ-CJ00090	舟山市普陀区沈家门街道东河路 139 号国亚写字楼 7 楼	316100	0580-6377287	0580-3030838
91	浙江台运国际旅行社有限公司	L-ZJ-CJ00091	临海市柏叶路 123 号西附楼一楼	317000	0576-85136323	0576-85136599
92	浙江光大星辰国际旅行社有限公司	L-ZJ-CJ00092	杭州市天目山路 238 号华鸿大厦 A 座 401 室	310013	0571-5688555	0571-56885533
93	杭州大众国际旅行社有限公司	L-ZJ-CJ00093	杭州市上塘路 208 号朝晖新城 3 幢 1404 室	310014	0571-85336712	0571-85336700
94	东阳市中国旅行社有限公司	L-ZJ-CJ00094	东阳市环城北路 140 号	322100	0579-86898986	0579-86898701
95	慈溪新世纪国际旅行社有限公司	L-ZJ-CJ00095	慈溪市古塘街道孙塘北路锦恒商务大楼	315300	0574-63028780	0574-63026563
96	宁波东航金燕国际旅游有限公司	L-ZJ-CJ00096	宁波市江东区中山东路 796 号东航大厦（2-15）	315040	0574-27968996	0574-87367598
97	衢州新世纪国际旅游有限公司	L-ZJ-CJ00097	衢州市新安路 110 号	324000	0570-8534999	0570-3053876

续表

序号 Serial number	旅行社名称 Travel agency name	许可证编号 License number	地址 Address	邮编 Postal code	电话 Telephone	传真 Fax
98	宁波康辉国际旅行社有限公司	L-ZJ-CJ00098	宁波市江东区百丈东路88-96号4楼4-8室	315040	0574-87849288	0574-87849300
99	余姚市春秋国际旅行社有限公司	L-ZJ-CJ00099	余姚市泗门镇光明南路184号	315470	0574-62637588	0574-62636208
100	杭州汇丰旅行社有限公司	L-ZJ-CJ00100	萧山区城厢街道道源路732号	311201	0571-82669705	0571-82669702
101	浙江金华假日国际旅行社有限公司	L-ZJ-CJ00101	金华市双龙南街557号环球商务大厦C座三楼	321017	0579-82393661	0579-82380228
102	温州市瓯之旅国际旅游有限公司	L-ZJ-CJ00102	温州市瓯海将军桥振瓯路57号（二楼）	325005	0577-88505822	0577-88539019
103	绍兴中国国际旅行社有限公司	L-ZJ-CJ00103	浙江绍兴中兴中路288号现代大厦三楼301室	312000	0575-85129533	0575-85200096
104	杭州假日旅行社有限公司	L-ZJ-CJ00104	杭州余杭区南苑街道南大街326号2101室		0571-86234999	0571-89163611
105	杭州萧山湘湖旅游有限公司	L-ZJ-CJ00105	浙江省杭州市萧山区萧山绿都世贸广场D幢106室		0571-82373298	0571-82379103
106	杭州西湖假期国际旅行社有限公司	L-ZJ-CJ00106	杭州余杭区临平街道龙王塘路117号		0571-89163155	0571-89163155
107	杭州开元国际旅游有限公司	L-ZJ-CJ00107	杭州市萧山区市心南路146号		0571-82881036	0571-82881036
108	温州指南针国际旅游有限公司	L-ZJ-CJ00108	平阳县鳌江镇鳌江21世纪商住广场7幢102-106商铺		0577-63261111	0577-63650778
109	嘉兴市南方旅行社有限责任公司	L-ZJ-CJ00109	嘉兴市中山东路53号			
110	嘉兴行游天下旅行社有限公司	L-ZJ-CJ00110	嘉兴市嘉善县魏塘街道谈公北路222号	314100	0573-84129222	0573-84129221
111	平湖市蓝天旅游有限公司	L-ZJ-CJ00111	平湖市当湖街道如意路364号	314200	0573-85123151	0573-85123153

续表

序号 Serial number	旅行社名称 Travel agency name	许可证编号 License number	地址 Address	邮编 Postal code	电话 Telephone	传真 Fax
112	嘉兴九龙山度假区旅行社有限公司	L-ZJ-CJ00112	平湖市新华南路 66 号	314200	0573-85120707	0573-85115135
113	平湖市青年旅行社有限责任公司	L-ZJ-CJ00113	平湖市当湖街道如意路 70 号	314200	0573-85012208	0573-85021190
114	桐乡市旅游有限责任公司	L-ZJ-CJ00114	桐乡市梧桐街道梧桐大街南 212 号	314500	0573-88101499	0573-88103891
115	浙江金秋国际旅游有限公司	L-ZJ-CJ00115	义乌市戚继光路 31-1 号	322000	0579-85331488	0579-85896161
116	浙江美都旅游有限公司	L-ZJ-CJ00116	湖州市德清县武康镇休闲街 196 号	313200	0572-8816333	0572-8078899
117	绍兴亚都国际旅游有限公司	L-ZJ-CJ00117	绍兴市迪荡新城财智大厦 906 室一1	312000	0575-85203699	0573-85114358
118	浙江桐乡中青旅旅游有限公司	L-ZJ-CJ00118	桐乡市梧桐街道振兴东路新世界商务大厦 15 楼 1506	314500	0573-88183288	0573-88116190
119	绍兴鑫洲国际旅行社有限公司	L-ZJ-CJ00119	绍兴越西路 833 号	312000	0575-88205505	0575-88005868
120	义乌市华夏国际旅游有限公司	L-ZJ-CJ00120	义乌市江滨中路 368 号一楼及六楼	322000	0579-89982533	0579-89982535
121	浙江银桥旅业有限公司	L-ZJ-CJ00121	杭州市庆春东路 87 号	310016	0571-51215152	0571-86942911
122	杭州美之旅国际旅行社有限公司	L-ZJ-CJ00122	杭州市杭海路 238 号森禾商务广场 A 座 601 室	310016	0571-87805505	0571-87827739
123	杭州旅游集散中心有限公司	L-ZJ-CJ00123	杭州市西湖区黄龙路 3 号	310007	0571-87971078	0571-87968856
124	浙江中信国际旅行社有限公司	L-ZJ-CJ00124	浙江杭州钱江新城五星路 198 号瑞晶国际大厦 204	310004	0571-85179399	0571-85178677

三、《边境旅游暂行管理办法》

《边境旅游暂行管理办法》

第一条 为进一步扩大我国旅游业的对外开放，促进边境地区的经济繁荣和社会稳定，增进同毗邻国家人民的交往和友谊，完善边境旅游管理，制定本办法。

第二条 本规定所称边境旅游，是指经批准的旅行社组织和接待我国及毗邻国家的公民，集体从指定的边境口岸出入境，在双方政府商定的区域和期限内进行的旅游活动。

第三条 国家旅游局是边境旅游的主管部门，负责制定边境旅游有关政策和管理办法，对边境旅游进行宏观管理，批准承办边境旅游的旅行社。

第四条 边境省、自治区旅游局负责对本行政区内的边境旅游业务的管理、监督、指导和协调，依据有关法规制定边境旅游管理的实施细则，定期向国家旅游局报告开展边境旅游情况。

第五条 边境市、县旅游局在上级旅游主管部门的指导下，负责协调管理本地区的边境旅游活动。

第六条 申请开办边境旅游业务的必备条件：

（一）经国务院批准对外国人开放的边境市、县；

（二）有国家正式批准对外开放的国家一、二类口岸，口岸联检设施基本齐全；

（三）有旅游行政管理部门批准可接待外国旅游者的旅行社；

（四）具备就近办理参游人员出入境证件的条件；

（五）具备交通条件和接待设施；

（六）同对方国家边境地区旅游部门签订了意向性协议。

第七条 同对方国家边境地区旅游部门签订意向性协议的主要内容：

（一）双方组织边境旅游的具体形式、向对方旅游团提供的服务项目、活动范围以及结算方式；

（二）双方参游人员使用的出入境证件；

（三）双方组团单位负责教育本国参游人员遵守对方国家的法律法规，不携带双方国家禁止进出口的物品出入境；

（四）双方组团单位保障参游人员的合法权益，为参游人员办理人身意外保险；

（五）双方旅游部门维护边境地区的出入境秩序，保证旅游团按期返回本国，承担将对方滞留人员遣送回国的义务。

第八条 申请开办边境旅游业务的程序：

边境地区开办边境旅游业务，必须具备本规定第六条所列条件，做好可行性研究，拟定的实施方案，由省、自治区旅游局征求外事、公安、海关等有关部门的意见，并报省、自治区人民政府审核后，由省、自治区人民政府转国家旅游局审批。

所申办的边境旅游业务，如涉及同我已开展边境旅游的国家或地区，由国家旅游局商外交部、公安部、海关总署等部门审批；如涉及尚未同我开展边境旅游的国家或地区，由国家旅游局商外交部、公安部、海关总署后报国务院审批。经批准后，有关地方可对外签订正式协议或合同。

第九条 我国公民参加边境旅游的办法：

（一）除《中华人民共和国公民出境管理法》第八条规定的人员外，我国公民均可参加边境旅游。

（二）边境省、自治区公民参加本地区的边境旅游，应当向本地区有关承办旅行社申请，旅行社统一向公安机关出入境管理部门申办出境证件。

（三）非边境省、自治区的公民参加边境旅游，应当向其户口所在地授权经营出国旅游业务的一类旅行社申请，按规定向户口所在地公安机关出入境管理部门申办出境证件，并由边境地区有关旅行社统一办理出入境手续和安排境外旅游活动。

第十条 双方参游人员应持用本国有效护照或代替护照的有效国际旅行证件，或两国中央政府协议规定的有效证件。

第十一条 边境旅游的出入境手续：

（一）双方旅游团出入国境的手续按各自国家有关规定办理，签有互免签证协议的，按协议办理；未签有互免签证协议的，须事先办妥对方国家的入境签证。

（二）双方旅游团应集体出入国境，并交验旅游团名单，由边防检查机关规定验证放行。

（三）对双方参游人员携带的进出境行李物品，海关按《中华人民共和国海关对进出境旅客行李物品监管办法》及有关规定办理验放手续。

第十二条 严禁公费参游，不准异地申办出境证件，严禁滞留不归或从事非法移民活动，严禁携带违禁物品出入境。

旅游团成员如在境外滞留，有关承办旅行社须及时报告边防检查站和颁发出境证件的公安机关，并承担有关遣返费用。

第十三条 未经批准，任何单位和个人不得经营边境旅游业务或任意扩大边境旅游范围。对违反本办法开展边境旅游业务的单位或个人，各级旅游行政主管部门应会同有关部门给予罚款、追究有关负责人责任、勒令停业整顿、终止其边境旅游业务等处罚。

对违反国家其他有关法律、法规的，由各有关部门依法予以处理。

第十四条 外国旅游团成员非法进入我内地或非法滞留的，有关承办旅行社须及时报告公安机关，协助公安机关进行处理，并承担有关费用。

外国旅游团成员在华期间有其他违法行为的，有关旅行社须协助有关主管部门进行处理。

第十五条 本办法由国家旅游局负责解释。

第十六条 本办法自发布之日起施行。以往有关边境旅游的规定，凡与本办法不一致的，均以本办法为准。

四、《大陆居民赴台湾地区旅游管理办法》

《大陆居民赴台湾地区旅游管理办法》

（国家旅游局、公安部、国务院台湾事务办公室2006年4月16日第26号令公布 根据2011年6月20日《国家旅游局、公安部、国务院台湾事务办公室关于修改〈大陆居民赴台湾地区旅游管理办法〉的决定》修订）

第一条 为规范大陆居民赴台湾地区旅游，依据《中国公民往来台湾地区管理办法》和《旅行社条例》，特制定本办法。

第二条 大陆居民赴台湾地区旅游（以下简称赴台旅游），可采取团队旅游或个人旅游两种形式。

大陆居民赴台团队旅游须由指定经营大陆居民赴台旅游业务的旅行社（以下简称组团社）组织，以团队形式整团往返。旅游团成员在台湾期间须集体活动。

大陆居民赴台个人旅游可自行前往台湾地区，在台湾期间可自行活动。

第三条 组团社由国家旅游局会同有关部门，从已批准的特许经营出境旅游业务的旅行社范围内指定，由海峡两岸旅游交流协会公布。除被指定的组团社外，任何单位和个人不得经营大陆居民赴台旅游业务。

第四条 台湾地区接待大陆居民赴台旅游的旅行社（以下简称接待社），经大陆有关部门会同国家旅游局确认后，由海峡两岸旅游交流协会公布。

第五条 大陆居民赴台团队旅游实行配额管理。配额由国家旅游局会同有关部门确认后，下达给组团社。

第六条 组团社在开展组织大陆居民赴台旅游业务前，须与接待社签订合同、建立合作关系。

第七条 组团社须为每个团队选派领队。领队经培训、考核合格后，由地方旅游局向国家旅游局申领赴台旅游领队证。组团社须要求接待社派人全程陪同。

第八条 大陆居民赴台旅游期间，不得从事或参与涉及赌博、色情、毒品等内容及有损两岸关系的活动。

组团社不得组织旅游团成员参与前款活动，并应要求接待社不得引导或组织旅游团成员参与前款活动。

第九条 组团社须要求接待社严格按照合同规定的团队日程安排活动；未经双方旅行社及旅游团成员同意，不得变更日程。

第十条 大陆居民赴台旅游应持有效的《大陆居民往来台湾通行证》，并根据其采取的旅游形式，办理团队旅游签注或个人旅游签注。

第十一条 大陆居民赴台旅游应向其户口所在地公安机关出入境管理部门申请办理《大陆居民往来台湾通行证》及相应签注；参加团队旅游的，应事先在组团社登记报名。

第十二条 赴台旅游团须凭《大陆居民赴台湾地区旅游团名单表》，从大陆对外开放口岸整团出入境。

第十三条 旅游团出境前已确定分团入境大陆的，组团社应事先向有关出入境边防检查总站或省级公安边防部门备案。

旅游团成员因紧急情况不能随团入境大陆或不能按期返回大陆的，组团社应及时向有关出入境边防检查总站或省级公安边防部门报告。

第十四条 赴台旅游的大陆居民应按期返回，不得非法滞留。当发生旅游团成员非法滞留时，组团社须及时向公安机关及旅游行政主管部门报告，并协助做好有关滞留者的遣返和审查工作。

第十五条 对在台湾地区非法滞留情节严重者，公安机关出入境管理部门自其被遣返回大陆之日起，6个月至3年以内不批准其再次出境。

第十六条 违反本办法之规定的旅行社，旅游行政主管部门将根据《旅行社条例》予以处罚。对组团单位和参游人员违反国家其他有关法律、法规的，由有关部门依法予以处理。

第十七条 本办法由国家旅游局、公安部、国务院台湾事务办公室负责解释。

第十八条 本办法自发布之日起施行。

五、《出境旅游领队人员管理办法》

《出境旅游领队人员管理办法》（节录）

第一条 为了加强对出境旅游领队人员的管理，规范其从业行为，维护出境旅游者的合法权益，促进出境旅游的健康发展，根据《中国公民出国旅游管理办法》和有关规定，制定本办法。

第二条 本办法所称出境旅游领队人员（以下简称“领队人员”），是指依照本办法规定取得出境旅游领队证（以下简称“领队证”），接受具有出境旅游业务经营权的国际旅行社（以下简称“组团社”）的委派，从事出境旅游领队业务的人员。

本办法所称领队业务，是指为出境旅游团提供旅途全程陪同和有关服务；作为组团社的代表，协同境外接待旅行社（以下简称“接待社”）完成旅游计划安排；以及协调处理旅游过程中相关事务等活动。

第三条 申请领队证的人员，应当符合下列条件：

（一）有完全民事行为能力的中华人民共和国公民；

（二）热爱祖国，遵纪守法；

（三）可切实负起领队责任的旅行社人员；

（四）掌握旅游目的地国家或地区的有关情况。

第四条 组团社要负责做好申请领队证人员的资格审查和业务培训。

业务培训的内容包括：思想道德教育；涉外纪律教育；旅游政策法规；旅游目的地国家的基本情况；领队人员的义务与职责。

对已经领取领队证的人员，组团社要继续加强思想教育和业务培训，建立严格的工作制度和管理制度，并认真贯彻执行。

第五条 领队证由组团社向所在地的省级或经授权的地市级以上旅游行政管理部门申领，并提交下列材料：申请领队证人员登记表；组团社出具的胜任领队工作的证明；申请领队证人员业务培训证明。

旅游行政管理部门应当自收到申请材料之日起15个工作日内，对符合条件的申请领队证人员颁发领队证，并予以登记备案。

旅游行政管理部门要根据组团社的正当业务需求合理发放领队证。

第六条 领队证由国家旅游局统一样式并制作，由组团社所在地的省级或经授权的地市级以上旅游行政管理部门发放。

领队证不得伪造、涂改、出借或转让。

领队证的有效期为3年。凡需要在领队证有效期届满后继续从事领队业务的，应当在届满前半年由组团社向旅游行政管理部门申请登记换发领队证。

领队人员遗失领队证的，应当及时报告旅游行政管理部门，并声明作废，然后申请补发；领队证损坏的，应及时申请换发。

被取消领队人员资格的人员，不得再次申请领队登记。

第七条 领队人员从事领队业务，必须经组团社正式委派。

领队人员从事领队业务时，必须佩戴领队证。

未取得领队证的人员，不得从事出境旅游领队业务。

第八条 领队人员应当履行下列职责：

（一）遵守《中国公民出国旅游管理办法》中的有关规定，维护旅游者的合法权益；

（二）协同接待社实施旅游行程计划，协助处理旅游行程中的突发事件、纠纷及其他问题；

（三）为旅游者提供旅游行程服务；

（四）自觉维护国家利益和民族尊严，并提醒旅游者抵制任何有损国家利益和民族尊严的言行。

第九条 违反本办法第四条，对申请领队证人员不进行资格审查或业务培训，或审查不严，或对领队人员、领队业务疏于管理，造成领队人员或领队业务发生问题的，由旅游行政管理部门视情节轻重，分别给予组团社警告、取消申领领队证资格、取消组团社资格等处罚。

第十～第十三条 （略）

第十四条 旅游行政管理部门工作人员玩忽职守、滥用职权、徇私舞弊，构成犯罪的，依法追究刑事责任；未构成犯罪的，依法给予行政处分。

第十五条 本办法由国家旅游局负责解释。

第十六条 本办法自发布之日起施行。

知识链接 浙江省赴台游组团社名单（截至时间为2014年5月）

序号	旅行社名称	许可证编号	地址	邮编	电话	传真
98	浙江省中国旅行社集团有限公司	L-ZJ-CJ00002	杭州光复路200号	310006	0571-87080888	0571-87089220
99	浙江省中青国际旅游有限公司	L-ZJ-CJ00003	杭州市黄龙路5号黄龙恒励大厦3楼	310000	0571-85788333	0571-85788240
100	浙江中山国际旅行社有限责任公司	L-ZJ-CJ00005	杭州市延安路139号涌金广场6楼601室	310002	0571-87025678	0571-87021166
101	浙江光大国际旅游有限公司	L-ZJ-CJ00006	杭州天目山路238号华鸿大厦A座四楼404	310013	0571-56773501	0571-56773355
102	浙旅控股股份有限公司	L-ZJ-CJ00008	浙江省杭州市临安河桥镇	310009	0571-87827777	0571-87829708
103	浙江海峡国际旅行社有限公司	L-ZJ-CJ00009	杭州市凤凰城4号1304室	310000	0571-87065620	0571-87063793
104	杭州海外旅游有限公司	L-ZJ-CJ00029	杭州市西湖大道239号耀江广厦写字楼3层	310002	0571-87709770	0571-87709771
105	杭州市中国旅行社有限公司	L-ZJ-CJ00030	杭州市湖墅南路103号百大花园C区701、702、703	310005	0571-88383826	0571-88383830
106	宁波浙仑海外旅业集团有限公司	L-ZJ-CJ00041	宁波市江东区彩虹南路16号11楼	315040	0574-87706168	0574-87726561
107	温州国旅旅游有限公司	L-ZJ-CJ00047	温州市体育中心体育场1区2楼	325000	0577-88157000	0577-88157008
108	浙江商务国际旅行社有限公司	L-ZJ-CJ00055	台州市路桥区西路路桥大道62号	318050	0576-88325688	0576-88206993
109	中国国旅（宁波）国际旅行社有限公司	L-ZJ-CJ00039	宁波市鄞州区天童北路933号和邦大厦A座109-1室	315092	0574-56565659	0574-56565657
110	浙江捷登旅游有限公司	L-ZJ-CJ00007	杭州市下城区武林广场29号杭州剧院内2楼	310006	0571-28058589	0571-28058766
111	浙江东港国际旅行社有限公司	L-ZJ-CJ00070	北仑新碶凤凰城北区5幢101号	315800	0574-86988111	0574-86850077
112	浙江飞扬国际旅游集团有限公司	L-ZJ-CJ00063	宁波市海曙区大沙泥街88号富茂大厦裙楼8-9楼	315000	0574-27888636	0574-27888636
113	浙江省中国国际旅行社	L-ZJ-CJ00004	杭州市西湖区石函路1号	310007	0571-85059010	0571-85059188

第十章 *chapter 10*
出入国境管理相关法律法规

第一节 出入国境管理相关法律法规概述

一、《中华人民共和国护照法》概述

经过十多年的酝酿起草并经全国人大常委会两次会议的审议，《中华人民共和国护照法》(以下简称《护照法》) 在 2007 年 4 月 29 日由十届全国人大常委会第二十一次会议表决通过。于 2007 年 1 月 1 日起正式实施。《护照法》共 26 条，对我国护照的种类、签发对象和申请程序以及法律责任等加以规范。

1. 护照分类

依照现行的护照签证条例的规定，我国现行的护照分为3类，即外交护照、公务护照和普通护照。旅游使用普通护照。

2. 如何申领普通护照

《护照法》规定，公民因前往外国定居、探亲、学习、就业、旅行、从事商务活动等非公务原因出国的，由本人向户籍所在地的县级以上地方人民政府公安机关出入境管理机构申请普通护照。

公民申请普通护照，应当提交本人的居民身份证、户口簿、近期免冠照片以及申请事由的相关材料。国家工作人员因私出境申请普通护照的，还应当按照国家有关规定提交相关证明文件。

《护照法》对公安机关出入境管理机构办理护照的期限作出明确规定：应

当自收到申请材料之日起15日内签发普通护照；对不符合规定不予签发的，应当书面说明理由，并告知申请人享有依法申请行政复议或者提起行政诉讼的权利。在偏远地区或者交通不便的地区或者因特殊情况，不能按期签发护照的，经护照签发机关负责人批准，签发时间可以延长至30日。普通护照的有效期为：护照持有人未满16周岁的5年，16周岁以上的10年。

3. 哪些人不能申请护照

《护照法》规定，申请人有下列情形之一的，护照签发机关不予签发护照：不具有中华人民共和国国籍的；无法证明身份的；在申请过程中弄虚作假的；被判处刑罚正在服刑的；人民法院通知有未了结的民事案件不能出境的；属于刑事案件被告人或者犯罪嫌疑人的；国务院有关主管部门认为出境后将对国家安全造成危害或者对国家利益造成重大损失的。申请人有下列情形之一的，护照签发机关自其刑罚执行完毕或者被遣返回国之日起6个月到3年以内不予签发护照：因妨害国（边）境管理受到刑事处罚的；因非法出境、非法居留、非法就业被遣返回国的。

4. 保留旅行证和出入境通行证

现行的护照签证条例规定："颁发护照机关根据需要也可以颁发代替护照的其他证件。"从近年来的实践看，"其他证件"是指现行两种起着临时护照作用的证件：一种是外交部签发的旅行证，另一种是公安部签发的出入境通行证。

考虑到这两种证件已经得到国际认可，在今后一个时期内仍有必要保留，因此，该法规定：短期出国的公民在国外发生护照遗失、被盗或者损毁不能使用等情形，应当向我国驻外使（领）馆或者外交部委托的其他驻外机构申请中华人民共和国旅行证。公民从事边境贸易、边境旅游服务或者参加边境旅游等情形，应当向公安部门委托的县级以上地方人民政府公安机关出入境管理机构申请我国的出入境通行证。

5. 加强对护照签发机关的监督

为了加强对护照签发机关及其工作人员的监督，保障护照申请人的合法权益，规定：签发机关工作人员在办理护照过程中，有应当受理而不予受理，无正当理由不在法定期限内签发；超出国家规定标准收取费用，向申请人索取或者收受贿赂；泄露因制作、签发护照而知悉的公民个人信息、侵害公民权益行为之一的，以及有滥用职权、玩忽职守、徇私舞弊的行为的，依法给予行政处分；构成犯罪的，依法追究刑事责任。

二、《中华人民共和国出境入境管理法》概述

2012年6月30日《中华人民共和国出境入境管理法》(以下简称《出境入境管理法》)由中华人民共和国第十一届全国人民代表大会常务委员会第二十七次会议通过，于2013年7月1日起实施。该法分为8章93条，主要包括：总则、中国公民出境入境、外国人入境出境、外国人停留居留、交通运输工具出境入境边防检查、调查和遣返、法律责任、附则等。

这部历经全国人大常委会三次审议获得通过的法律在立法目的上强调既要维护国家的主权、安全和社会秩序，又要促进对外交往和对外开放。制定出境入境管理法，既要发挥出境入境管理在保障国家安全中的职能作用，又要服务对外开放，为经济社会发展提供支持；既要加强出入境管理，也要防止给正常的对外交往带来不便。该法对当前出入境管理工作的新情况、新问题作了有针对性的规定，在很多制度方面都有了进步和发展。

1. 更加强调对出入境人员权益的保护

《出境入境管理法》将“国家保护中国公民出境入境合法权益”和“在中国境内的外国人的合法权益受法律保护”作为出入境管理工作的基本原则，还将中国公民出入境专用通道等便民利民措施上升为法律规定。

2. 构建了较为科学、完整的出入境管理制度体系

此次制定《出境入境管理法》，整合了多部法律法规的有关内容，由“分散立法”变为“统一立法”，构建了较为科学、完整的出入境管理制度体系，较好地解决了原出入境管理法律法规较为分散、衔接和协调配合不够、部分法律条文冲突以及部分规定与《行政处罚法》、《行政许可法》、《行政强制法》等法律存在矛盾等问题。

3. 对外国人入出境改进服务与加强管理并重

在改进服务方面，《出境入境管理法》首先为实施人才签证制度提供了法

律依据，并扩大了过境免签适用范围。同时，《出境入境管理法》进一步完善了中国“绿卡”制度。在加强管理方面，《出境入境管理法》进一步完善了外国人签证签发制度，规定出具邀请函件的单位或者个人应当承担对邀请真实性负责的义务和法律责任，以规范邀请行为；对口岸签证的签发情形、程序和口岸签证停留期限等作了必要规范；还明确了不予签发签证的情形，为签证机关行使国家主权提供了制度保障。同时，进一步完善了外国人停留居留管理制度。还进一步完善了不准外国人入境出境制度。本法还加大了防范和打击“三非”（非法入境、非法居留和非法就业）外国人的力度。

4. 引入了人体生物识别技术

对于社会各界普遍关注的将人体生物识别技术引入出入境管理的问题，《出境入境管理法》作出了明确回应。根据规定，经国务院批准，公安部、外交部根据出境入境管理的需要，可以对留存出境入境人员的指纹等人体生物识别信息作出规定，确保指纹信息存储、使用安全，对公民个人信息予以保密。

5. 多部门协作，建立统一的管理信息平台

出入境管理工作涉及面广，需要多个部门协作配合。为进一步强化部门协作，《出境入境管理法》第四条第四款规定，公安部、外交部在出境入境事务管理中应当加强沟通配合，并与国务院有关部门密切合作，按照各自职责分工，依法行使职权，承担责任。第五条规定，国家建立统一的出境入境管理信息平台，实现有关管理部门信息共享。为下一步整合信息资源，形成管理合力提供了法律依据。

6. 防范和查处违反出入境管理行为新规定

一方面，构建了较为完整的出入境强制措施体系，包括继续盘问、拘留审查、限制活动范围、传唤、遣送出境等措施。另一方面，进一步完善了相关法律责任的规定。为维护正常出境入境秩序，《出境入境管理法》根据实际工作情况，补充了一些必要的罚则规定，如增加了为外国人出具虚假邀请函件或其他申请材料的罚则，以有效应对新出现的违法行为。根据经济社会发展情况，适当提高了处罚幅度，有的还增设了拘留处罚。根据出入境管理执法的实际情况，进一步完善了当场处罚和当场收缴制度，以提高执法效率。

三、《中华人民共和国出境入境边防检查条例》概述

《中华人民共和国出境入境边防检查条例》(以下简称《条例》)于1995年7月6日经国务院批准，于1995年9月1日开始实施。《条例》的颁布和实施为边防检查机关在新的历史时期更好地维护国家主权、安全和社会秩序提供了可靠的法律武器，对于保障我国对外开放和社会主义现代化建设事业的顺利进行，保障良好的出入境秩序和出入境人员、交通运输工具的合法权益都具有重要意义。因此，深入学习《条例》，正确理解掌握其内容，提高边防检查机关和边防检查人员的执法能力，同时做好《条例》宣传工作，使出入境人员和交通运输工具自觉遵守《条例》，是当前公安边防机关的一项重要任务。《条例》共六章四十七条，对立法宗旨、边防检查工作的主管机关、边防检查机关的设立及其职责、出入境人员和交通运输工具的基本权利和义务、对边防检查人员从事公务活动的基本要求等方面内容作了规定。

1. 维护国家主权、安全和社会秩序，保障出入境人员、交通运输工具的合法权益

国家实行改革开放政策，以经济建设为中心。处理好维护国家主权、安全和社会秩序与扩大对外交往，方便人员、交通运输工具出入境的关系，是一个十分重要的问题。维护国家主权、安全和社会秩序与便利通行不是对立的，但是在具体执行中往往会产生一些矛盾。如何处理好“把关”与“服务”的关系是边防检查站经常遇到的问题。为了便于边防检查站履行职责，《条例》对边防检查工作中可能遇到的问题均作了相应的规定。

2.《条例》既规定了边防检查站的任务，也明确了边防检查站的职责，使边防检查站责权统一，为边防检查站完成任务提供了法律保障

3. 明确规定了出入境人员和交通运输工具的权利与义务

《条例》总结了我国改革开放以来边防检查工作的经验，并参照了一些国际上的通行做法，对出入境人员、交通运输工具不仅规定了其义务，而且对其应享有的权利作了明确规定。为了切实保障出入境人员、交通运输工具应享有的权利，《条例》从两个方面作出了规定，一方面对边防检查站履行职责的程

序、处罚手段、处罚幅度和处罚程序作了明确的规定；另一方面赋予了当事人申请行政复议、行政诉讼的权利。在复议的程序上也从方便当事人出发，规定了可以向边防检查站所在地公安机关申请行政复议。

4. 妥善地处理了与有关法律、法规衔接

由于《外国人入境出境管理法》、《中国公民出境入境管理法》及其实施细则和其他一些法律、法规对出入境边防检查工作的某些方面已作出了一些规定，《条例》在处理与法律、法规关系方面采取的原则是避免重复，注意衔接。在一些条款中使用了有专门规定的按专门规定办；没有专门规定的，适用本条例的办法处理。

5. 突出了边防检查工作的公安特性和行政机关的特点

《条例》总则明确规定出境入境边防检查工作由公安部主管，《条例》通篇体现了公安机关的执法特点。边防检查站虽实行现役制，但它是公安机关的组成部分，实施行政管理权。

四、《中华人民共和国国境卫生检疫法》概述

1986年12月2日第六届全国人民代表大会常务委员会第十八次会议通过《中华人民共和国国境卫生检疫法》(以下简称《国境卫生检疫法》)，根据2007年12月29日第十届全国人民代表大会常务委员会第三十一次会议《关于修改〈中华人民共和国国境卫生检疫法〉的决定》修正施行。本法六章二十八条，即总则、检疫、传染病监测、卫生监督、法律责任和附则。

《国境卫生检疫法》及其实施条例颁布后，使我国的卫生检疫法规进一步得到完善，促进卫生检疫事业的迅速发展和提高。就其内容、措施和要求来看，充分体现了我国“预防为主”的卫生工作方针，进一步加强国境口岸入、出境交通工具和人群的疾病监测和卫生监督工作，从而更有效地防止正在国外流行而在我国已经消灭或者已得到控制的、严重危害人类健康的传染病由国外传入，保护我国人民健康，更好地为物质文明和精神文明建设，为对外贸易和国际友好交往服务。

第一章，为制定本法的目的、检疫机关、检疫对象、主要工作内容和疫情

通报。明确了检疫传染病是指鼠疫、霍乱、黄热病以及国务院指定的其他传染病。规定了监测传染病的病种由卫生部确定和公布，以及在国内外发生传染病时应采取的紧急措施和处理的程序。

第二章，是入、出境人员和船舶、飞机、车辆、物品检疫查验的一般规定，同时对临时检疫也作了相应的要求，并规定了卫生处理原则。强调了应当根据医学检查结果，确定对染疫人和染疫嫌疑人的隔离、留验的期限，提出了对尸体、骸骨和其他可能作为传染病传播来源的污染物品采取卫生学管理措施的要求。

第三章，国际间传染病监测是卫生检疫三项工作任务的主要内容之一，除检疫查验之外，大量的工作是依靠传染病监测去完成的。因此，将传染病监测单独列为一章，规定了监测手段。

第四章，卫生监督是一项新的规定。近年来，国际上很重视对国境口岸和交通工具方面进行病媒昆虫、啮齿动物的控制与防除工作，特别是《国际卫生条例》的附件《船舶卫生指南》和《航空卫生指南》中提出了卫生监督的重要性。我国多年的实践证明，加强卫生监督，对防止国际间传染病传播是非常重要的。

第五章，法律责任。本章主要分为两部分，第一部分是指行政处罚，由国境卫生检疫机关对违法者给予行政处罚；第二部分是指刑事责任，对违法者的行为触及刑法的，由人民法院依法追究其刑事责任。

第六章，附则。规定了制定本实施细则的依据和生效日期。

五、《出入境人员携带物检疫管理办法》概述

2012年6月27日《出入境人员携带物检疫管理办法》(以下简称《办法》)由国家质量监督检验检疫总局局务会议审议通过并公布，自2012年11月1日起施行。该办法共计六章四十七条，包括总则、检疫审批、申报与现场检疫、检疫处理、法律责任、附则等内容。较2003年公布的《出入境人员携带物检疫管理办法》，新《办法》用语更加准确和严谨，体现了检验检疫法规的时代变化，增强了现实适用性，为检验检疫旅检现场执法提供了更为坚实的法律保障。

1. 扩大旅客携带物的范围

《办法》首次将农业转基因生物、濒危野生动植物及其产品、国家重点保护野生动植物及其产品、分离运输的物品和入境中转人员携带物纳入了旅客携带物的检疫范围。从法律依据、申报、现场检疫、检疫处理等各方面对旅客携带农业转基因生物、濒危野生动植物及其产品出入境以及携带国家重点保护野生动植物及其产品作出了具体规定，并将分离运输的物品列入了携带物的定义中。另外，新《办法》还在第二十五条中明确规定了检验检疫机构对入境中转人员携带物的检疫管理办法，填补了旧办法的检疫盲点，扩大了出入境人员携带物检疫监管的覆盖面。

2. 出入境人员携带物现场检查手段法定化

《办法》第十三条规定："检验检疫机构可以在交通工具、人员出入境通道、行李提取或者托运处等现场，对出入境人员携带物进行现场检查，现场检查可以使用X光机、检疫犬以及其他方式进行。"这从立法上明确了检验检疫机构对旅客携带物查验的手段，为旅检现场X光机和检疫犬的应用提供了坚实的法律依据。

3. 修改完善不适用条款

随着国家相关检验检疫政策的调整，新《办法》对旧办法中一些已不适用的条款进行了相应的修改。例如，将携带尸体、骸骨出入境办理卫生检疫许可证和旅客携带需申报的物品入境填写入境检疫申明卡的规定删除，将旧办法中禁止携带进境物中的"血液制品"删掉，将放射性物质列入禁止携带进境物范围。

4. 细化携带入境活动物的规定

《办法》在第十七条、第二十八条、第二十九条中分别对携带入境活动物的种类、数额、条件、隔离检疫时限、检疫处理方法作出了较为详细的规定，与旧办法中的规定相比，内容更加充实，要求更加明确，处理方式更加人性化。

5. 责任明确打击力度增大

《办法》将"拒绝接受检疫、拒不接受卫生处理的"、"承运人对运载的入境中转人员携带物未单独打板或者分舱运载的"列入罚则，尤其针对擅自开拆、损毁动植物检疫封识或者标志，买卖动植物检疫单证、印章、标志、封识，买卖、使用伪造、变造的动植物检疫单证、印章、标志、封识，盗窃动植物检疫单证、印章、标志、封识等行为作出了明确的处罚规定，扩大了行政处罚范围，加大了对制假贩假的打击。

第二节　相关法律法规

一、《中华人民共和国护照法》

《中华人民共和国护照法》

第一条　为了规范中华人民共和国护照的申请、签发和管理，保障中华人民共和国公民出入中华人民共和国国境的权益，促进对外交往，制定本法。

第二条　中华人民共和国护照是中华人民共和国公民出入国境和在国外证明国籍和身份的证件。

任何组织或者个人不得伪造、变造、转让、故意损毁或者非法扣押护照。

第三条　护照分为普通护照、外交护照和公务护照。

护照由外交部通过外交途径向外国政府推介。

第四条　普通护照由公安部出入境管理机构或者公安部委托的县级以上地方人民政府公安机关出入境管理机构以及中华人民共和国驻外使馆、领馆和外交部委托的其他驻外机构签发。

外交护照由外交部签发。

公务护照由外交部、中华人民共和国驻外使馆、领馆或者外交部委托的其他驻外机构以及外交部委托的省、自治区、直辖市和设区的市人民政府外事部门签发。

第五条　公民因前往外国定居、探亲、学习、就业、旅行、从事商务活动等非公务原因出国的，由本人向户籍所在地的县级以上地方人民政府公安机关出入境管理机构申请普通护照。

第六条　公民申请普通护照，应当提交本人的居民身份证、户口簿、近期免冠照片以及申请事由的相关材料。国家工作人员因本法第五条规定的原因出境申请普通护照的，还应当按照国家有关规定提交相关证明文件。

公安机关出入境管理机构应当自收到申请材料之日起15日内签发普通护照；对不符合规定不予签发的，应当书面说明理由，并告知申请人享有依法申请行政复议或者提起行政诉讼的权利。

在偏远地区或者交通不便的地区或者因特殊情况，不能按期签发护照的，经护照签发机关负责人批准，签发时间可以延长至30日。

公民因合理紧急事由请求加急办理的，公安机关出入境管理机构应当及时办理。

第七条 普通护照的登记项目包括：护照持有人的姓名、性别、出生日期、出生地，护照的签发日期、有效期、签发地点和签发机关。

普通护照的有效期为：护照持有人未满16周岁的5年，16周岁以上的10年。

普通护照的具体签发办法，由公安部规定。

第八条 外交官员、领事官员及其随行配偶、未成年子女和外交信使持用外交护照。

在中华人民共和国驻外使馆、领馆或者联合国、联合国专门机构以及其他政府间国际组织中工作的中国政府派出的职员及其随行配偶、未成年子女持用公务护照。

前两款规定之外的公民出国执行公务的，由其工作单位依照本法第四条第二款、第三款的规定向外交部门提出申请，由外交部门根据需要签发外交护照或者公务护照。

第九条 外交护照、公务护照的登记项目包括：护照持有人的姓名、性别、出生日期、出生地，护照的签发日期、有效期和签发机关。

外交护照、公务护照的签发范围、签发办法、有效期以及公务护照的具体类别，由外交部规定。

第十条 护照持有人所持护照的登记事项发生变更时，应当持相关证明材料，向护照签发机关申请护照变更加注。

第十一条 有下列情形之一的，护照持有人可以按照规定申请换发或者补发护照：

（一）护照有效期即将届满的；

（二）护照签证页即将使用完毕的；

（三）护照损毁不能使用的；

（四）护照遗失或者被盗的；

（五）有正当理由需要换发或者补发护照的其他情形。

护照持有人申请换发或者补发普通护照，在国内，由本人向户籍所在地的县级以上地方人民政府公安机关出入境管理机构提出；在国外，由本人向中华人民共和国驻外使馆、领馆或者外交部委托的其他驻外机构提出。定居国外的中国公民回国后申请换发或者补发普通护照的，由本人向暂住地的县级以上地方人民政府公安机关出入境管理机构提出。

外交护照、公务护照的换发或者补发，按照外交部的有关规定办理。

第十二条 护照具备视读与机读两种功能。

护照的防伪性能参照国际技术标准制定。

护照签发机关及其工作人员对因制作、签发护照而知悉的公民个人信息，应当予以保密。

第十三条 申请人有下列情形之一的，护照签发机关不予签发护照：

（一）不具有中华人民共和国国籍的；

（二）无法证明身份的；

（三）在申请过程中弄虚作假的；

（四）被判处刑罚正在服刑的；

（五）人民法院通知有未了结的民事案件不能出境的；

（六）属于刑事案件被告人或者犯罪嫌疑人的；

（七）国务院有关主管部门认为出境后将对国家安全造成危害或者对国家利益造成重大损失的。

第十四条 申请人有下列情形之一的，护照签发机关自其刑罚执行完毕或者被遣返回国之日起6个月至3年以内不予签发护照：

（一）因妨害国（边）境管理受到刑事处罚的；

（二）因非法出境、非法居留、非法就业被遣返回国的。

第十五条 人民法院、人民检察院、公安机关、国家安全机关、行政监察机关因办理案件需要，可以依法扣押案件当事人的护照。

案件当事人拒不交出护照的，前款规定的国家机关可以提请护照签发机关宣布案件当事人的护照作废。

第十六条 护照持有人丧失中华人民共和国国籍，或者护照遗失、被盗等情形，由护照签发机关宣布该护照作废。

伪造、变造、骗取或者被签发机关宣布作废的护照无效。

第十七条 弄虚作假骗取护照的，由护照签发机关收缴护照或者宣布护照作废；

由公安机关处2000元以上5000元以下罚款；构成犯罪的，依法追究刑事责任。

第十八条 为他人提供伪造、变造的护照，或者出售护照的，依法追究刑事责任；尚不够刑事处罚的，由公安机关没收违法所得，处10日以上15日以下拘留，并处2000元以上5000元以下罚款；非法护照及其印制设备由公安机关收缴。

第十九条 持用伪造或者变造的护照或者冒用他人护照出入国（边）境的，由公安机关依照出境入境管理的法律规定予以处罚；非法护照由公安机关收缴。

第二十条 护照签发机关工作人员在办理护照过程中有下列行为之一的，依法给予行政处分；构成犯罪的，依法追究刑事责任：

（一）应当受理而不予受理的；

（二）无正当理由不在法定期限内签发的；

（三）超出国家规定标准收取费用的；

（四）向申请人索取或者收受贿赂的；

（五）泄露因制作、签发护照而知悉的公民个人信息，侵害公民合法权益的；

（六）滥用职权、玩忽职守、徇私舞弊的其他行为。

第二十一条 普通护照由公安部规定式样并监制；外交护照、公务护照由外交部规定式样并监制。

第二十二条 护照签发机关可以收取护照的工本费、加注费。收取的工本费和加注费上缴国库。

护照工本费和加注费的标准由国务院价格行政部门会同国务院财政部门规定、公布。

第二十三条 短期出国的公民在国外发生护照遗失、被盗或者损毁不能使用等情形，应当向中华人民共和国驻外使馆、领馆或者外交部委托的其他驻外机构申请中华人民共和国旅行证。

第二十四条 公民从事边境贸易、边境旅游服务或者参加边境旅游等情形，可以向公安部委托的县级以上地方人民政府公安机关出入境管理机构申请中华人民共和国出入境通行证。

第二十五条 公民以海员身份出入国境和在国外船舶上从事工作的，应当向交通部委托的海事管理机构申请中华人民共和国海员证。

第二十六条 本法自2007年1月1日起施行。本法施行前签发的护照在有效期内继续有效。

实用图表 《中国公民出入境证件申请表》

护照条码	港澳证件条码	赴台证件条码

中国公民出入境证件申请表

（请用黑色签字笔或钢笔书写，并在相应选项内打“√”）

姓名		拼音姓		拼音名		
身份证号码						正面免冠半身彩色照片 大小：40X30mm
性别		民族		出生日期		
出生地		户口所在地				
本人联系电话(手机)		紧急情况联系人及电话				

□普通护照	□首次申领　□补、换发　□失效重新申领　□加注
	加注内容 □曾用名加注　（曾用名：　　　　　　　　） □姓名加注　（姓　名：　　　　　　　　） □曾持照加注　（曾持护照号码：　　　　　　　　）

□往来港澳通行证和签注	□通行证和签注　□仅申请通行证　□仅申请签注					
	□团队旅游	□个人旅游	□商务	□探亲	□其他	□逗留
往来香港签注	□3个月一次 □3个月二次 □1年一次 □1年二次	□3个月一次 □3个月二次 □1年一次 □1年二次	□3个月一次 □3个月多次 □1年多次	□3个月一次 □3个月多次 □1年多次	□3个月一次 □3个月二次 □1年一次 □1年二次	多次有效
往来澳门签注	□3个月一次 □1年一次	□3个月一次 □1年一次	□3个月一次	□3个月一次 □3个月多次 □1年多次	□3个月一次 □3个月二次 □1年一次 □1年二次	多次有效
仅探亲类签注填写	港澳亲属姓名________，性别____，港澳身份证号码________，与申请人关系________。					

□往来台湾通行证和签注	□通行证和签注　□仅申请通行证　□仅申请签注　□加注
	申请事由 □团队旅游（□3个月一次）　□探亲（□6个月一次 □多次有效） □经贸交流（□6个月一次 □多次有效）　□应邀（□6个月一次 □多次有效） □个人旅游 □定居 □居留 □就学 □乘务 □其他
取证方式	□前往公安机关出入境管理部门领取　□邮寄送达

邮寄地址		邮编	收件人	联系电话

<table>
<tr><td>监护人意见或委托他人办证</td><td colspan="3">本人系申请人的________，□同意申请人办理出入境证件/□受申请人的委托代为办理出入境证件。

□监护人 / □被委托人　签名：　　　年　月　日</td></tr>
<tr><td>申请人声明</td><td colspan="3">本人谨此声明：
此申请表所填内容真实正确无误，所提交的申请材料真实有效，如存在虚假情形，本人愿意承担法律责任。

申请人签名：

年　月　日</td></tr>
<tr><td>电子往来港澳通行证持证人免登记使用港澳地区自助查验通道声明</td><td colspan="3">本人谨此声明：
持证人希望免登记使用港澳地区自助查验通道，同意香港入境事务处、澳门治安警察局在口岸查验工作中读取持证人电子往来港澳通行证中的指纹模板信息。

□持证人 / □监护人　签名：　　　年　月　日</td></tr>
<tr><td colspan="4">◆◆◆◆◆◆ 以下栏目由公安机关出入境管理部门填写 ◆◆◆◆◆◆</td></tr>
<tr><td rowspan="3">指纹采集情况</td><td>采集指位</td><td colspan="2">右手：□拇指　□食指　□中指　□环指　□小指
左手：□拇指　□食指　□中指　□环指　□小指</td></tr>
<tr><td colspan="2">采集人签名：　　　年　月　日</td><td>复核人签名：　　　年　月　日</td></tr>
<tr><td colspan="3">无法正常采集指纹的原因：□无法采集拇指指纹　□指纹缺失、损坏　□其他</td></tr>
<tr><td>受理意见</td><td colspan="2">受理人签名：

年　月　日</td><td>普通护照：　□同意　□不同意
往来港澳通行证和签注：　□同意　□不同意
往来台湾通行证和签注：　□同意　□不同意

审核人签名或签章：

年　月　日</td></tr>
<tr><td>审批签发意见</td><td colspan="3">普通护照：　□同意　□不同意
往来港澳通行证和签注：　□同意　□不同意
往来台湾通行证和签注：　□同意　□不同意

审批人签名或签章：

年　月　日</td></tr>
</table>

公安部出入境管理局监制（监督电话 010-66266400）

二、《中华人民共和国普通护照和出入境通行证签发管理办法》

《中华人民共和国普通护照和出入境通行证签发管理办法》

第一条 为了规范中华人民共和国普通护照和出入境通行证的申请、审批签发和管理，保障中华人民共和国公民申请普通护照和出入境通行证的权利，根据《中华人民共和国护照法》（以下简称护照法）的规定，制定本办法。

第二条 本办法适用于公民向公安机关出入境管理机构申请普通护照和出入境通行证。

第三条 公民申请普通护照，应当由本人向其户籍所在地县级以上地方人民政府公安机关出入境管理机构提出，并提交下列真实有效的材料：

（一）近期免冠照片1张以及填写完整的《中国公民因私出国（境）申请表》（以下简称申请表）；

（二）居民身份证和户口簿及复印件；在居民身份证领取、换领、补领期间，可以提交临时居民身份证和户口簿及复印件；

（三）未满16周岁的公民，应当由其监护人陪同，并提交其监护人出具的同意出境的意见、监护人的居民身份证或者户口簿、护照及复印件；

（四）国家工作人员应当按照有关规定，提交本人所属工作单位或者上级主管单位按照人事管理权限审批后出具的同意出境的证明；

（五）省级地方人民政府公安机关出入境管理机构报经公安部出入境管理机构批准，要求提交的其他材料。

现役军人申请普通护照，按照管理权限履行报批手续后，由本人向所属部队驻地县级以上地方人民政府公安机关出入境管理机构提出。

第四条 有下列情形之一的，公民可以向其户籍所在地县级以上地方人民政府公安机关出入境管理机构申请加急办理普通护照，并提交相应材料：

（一）出国奔丧、探望危重病人的；

（二）出国留学的开学日期临近的；

（三）前往国入境许可或者签证有效期即将届满的；

（四）省级地方人民政府公安机关出入境管理机构认可的其他紧急事由。

第五条 公安机关出入境管理机构收到申请材料后，应当询问申请人。对申请材料齐全且符合法定形式的，应当当场受理；对申请材料不齐全或者不符合法定形式的，应当一次告知申请人需要补正的全部内容。

第六条 公安机关出入境管理机构受理普通护照的申请后，应当将申请材料报送具有审批签发权的公安机关出入境管理机构进行审批。对符合签发规定的，以公安部出入境管理机构的名义签发普通护照；对不符合规定不予签发的，应当向申请人书面说明理由，并告知申请人享有依法申请行政复议或者提起行政诉讼的权利。

第七条 普通护照持有人具有下列情形之一的，可以向其户籍所在地县级以上地方人民政府公安机关出入境管理机构申请变更加注，并提交普通护照及复印件以及需要作变更加注事项的证明材料：

（一）有曾用名、繁体汉字姓名、外文姓名或者非标准汉语拼音姓名的；

（二）相貌发生较大变化，需要作近期照片加注的；

（三）公安部出入境管理机构认可的其他情形。

第八条 具有下列情形之一的，普通护照持有人可以向其户籍所在地县级以上地方人民政府公安机关出入境管理机构申请换发普通护照：

（一）签证页即将使用完毕的；

（二）有效期不足6个月的，或者有效期在6个月以上但有材料证明该有效期不符合前往国要求的；

（三）公安部出入境管理机构认可的其他情形。

第九条 公民申请换发普通护照，除提交本办法第三条规定的材料外，应当提交原普通护照及复印件。

定居国外的公民短期回国申请换发普通护照的，应当向其暂住地县级以上地方人民政府公安机关出入境管理机构提出，并提交原普通护照、定居国外的证明以及暂住地公安机关出具的暂住证明及复印件。

第十条 普通护照损毁、遗失、被盗的，公民可以向其户籍所在地县级以上地方人民政府公安机关出入境管理机构申请补发。申请时，除提交本办法第三条规定的材料外，应当提交相关材料：

（一）因证件损毁申请补发的，提交损毁的证件及损毁原因说明；

（二）因证件遗失或者被盗申请补发的，提交报失证明和遗失或者被盗情况说明。

定居国外的公民短期回国申请补发普通护照，应当向其暂住地县级以上地方人民政府公安机关出入境管理机构提出，除应当按照前款提交相应材料外，应当提交定居国外的证明以及暂住地公安机关出具的暂住证明及复印件。

第十一条 公安机关出入境管理机构为公民换发、补发普通护照时，应当宣布原普通护照作废。换发普通护照时，应当将公民原普通护照右上角裁去；原普通护照上有前往国有效入境许可的，可将封底、封面右上角裁去，退还本人。

第十二条 公民申请普通护照或者申请普通护照变更加注、换发、补发的，公安机关出入境管理机构应当自收到申请材料之日起15日内签发。有本办法第四条规定情形的，公安机关出入境管理机构应当自收到申请材料之日起5个工作日内签发。

在偏远地区或者交通不便地区或者因特殊情况，不能按期签发普通护照的，经省级地方人民政府公安机关出入境管理机构负责人批准，签发时间可以延长至30日。偏远地区或者交通不便地区的范围由省级地方人民政府公安机关出入境管理机构确定，报公安部出入境管理机构备案后对外公布。

第十三条 申请人具有下列情形之一的，公安机关出入境管理机构不予签发普通护照：

（一）不具有中华人民共和国国籍的；

（二）无法证明身份的；

（三）在申请过程中弄虚作假的；

（四）被判处刑罚正在服刑的；

（五）人民法院通知有未了结的民事案件不能出境的；

（六）属于刑事案件被告人或者犯罪嫌疑人的；

（七）国务院有关主管部门认为出境后将对国家安全造成危害或者对国家利益造成重大损失的。

公民因妨害国（边）境管理受到刑事处罚或者因非法出境、非法居留、非法就业被遣返回国的，公安机关出入境管理机构自其刑罚执行完毕或者被遣返回国之日起6个月至3年以内不予签发普通护照。

第十四条 公安机关出入境管理机构签发普通护照后，发现持照人具有本办法第十三条规定情形的，可以宣布其所持普通护照作废。

第十五条 宣布公安机关出入境管理机构签发的普通护照作废，由普通护照的审批签发机关或者上级公安机关出入境管理机构作出。

第十六条 公民从事边境贸易、边境旅游服务或者参加经国务院或者国务院主管部门批准的边境旅游线路边境旅游的，可以由本人向边境地区县级以上地方人民政府公安机关出入境管理机构申请出入境通行证，并从公安部规定的口岸出入境。

公民从事边境贸易、边境旅游服务的，可为其签发一年多次出入境有效或者3个月一次出入境有效的出入境通行证；公民参加经国务院或者国务院主管部门批准的边境旅游线路边境旅游的，可为其签发 3 个月一次出入境有效的出入境通行证。

第十七条 边境地区公民申请出入境通行证，应当提交本办法第三条规定的材料。非边境地区公民申请出入境通行证，应当提交本办法第三条第一款第（一）、（三）、（四）、（五）项规定的材料，居民身份证或者户口簿及复印件，以及下列与申请事由相关的证明材料：

（一）从事边境贸易的，提交在边境地区工商行政管理部门登记注册的经营者出具的有关证明材料；

（二）从事边境旅游服务的，提交所在的经国家旅游局批准的边境旅游组团社出具的证明材料和本人导游证；

（三）参加边境旅游的，提交经国家旅游局批准的边境旅游组团社出具的相关材料。

第十八条 边境地区公安机关出入境管理机构应当对公民提交的出入境通行证申请材料进行审核。对非边境地区公民提交的申请材料有疑问的，应当向其户籍所在地公安机关出入境管理机构或者其所属工作单位核实。

第十九条 出入境通行证不予变更加注或者换发。除一年多次出入境有效的出入境通行证外，出入境通行证不予补发。

第二十条 对公民具有本办法第十三条规定情形之一的，公安机关出入境管理机构不予签发出入境通行证。

第二十一条 公民领取普通护照、出入境通行证后，应当在持证人签名栏签署本人姓名。

第二十二条 公民退出中国国籍的，应当将所持普通护照、出入境通行证交还公安机关出入境管理机构或者中华人民共和国驻外使馆、领馆或者外交部委托的其他驻外机构。公民持《前往港澳通行证》赴港澳地区定居的，应当将所持普通护照交还公安机关出入境管理机构。

第二十三条 公民在申请、换发、补发普通护照以及申请变更加注时，提交虚假或者通过非法途径获取的材料的，或者冒用他人身份证件骗取普通护照的，依照护照法第十七条的规定处理。

第二十四条 公安机关出入境管理机构应当将申请普通护照、出入境通行证的依据、条件、程序、时限、收费标准以及需要提交的全部材料的目录和申请表示范文本等在接待场所公布。

第二十五条 出入境通行证的受理和审批签发程序、签发时限、宣布作废、收缴、式样制定和监制，以及对相关违法行为的处罚等参照普通护照的有关规定执行。

第二十六条 受理、审批签发普通护照、出入境通行证的公安机关出入境管理机构应当经公安部确定，并向社会公布。对具有下列情形之一的公安机关出入境管理机构，公安部可以暂停或者终止其普通护照、出入境通行证受理、审批签发权，并确定代为行使受理、审批签发权的公安机关出入境管理机构：

（一）因情况变化不再具备受理、审批签发普通护照、出入境通行证条件的；

（二）违法违规受理、审批签发普通护照、出入境通行证的；

（三）公安部规定的其他应当暂停或者终止受理、审批签发权的情形。

第二十七条 当毗邻国家的边境地区发生恐怖活动、瘟疫或者重大自然灾害以及出现公安部规定的其他情形的，公安部可以暂停或者终止边境地区公安机关出入境管理机构为非边境地区公民签发出入境通行证。

第二十八条 公安机关出入境管理机构应当严格按照国务院价格行政部门会同国务院财政部门规定的标准，收取普通护照、出入境通行证的办证费用。

第二十九条 本办法自2007年12月15日起施行。本办法施行前公安部制定的有关规定与本办法不一致的，以本办法为准。

经典案例 擅自改动签注日期，受罚

2005年7月，S女士听说香港正在举办一年一度的“购物节”，便约了好友一同前往，并在某地的机票代理点预订了7月27日飞往香港的机票。但就在临行前，她发现自己的“往来港澳通行证”因为多次签注，已于7月21日到期了。但机票已订且不能改签，公司内的事务也已安排妥当，去公安局办理新的签注又来不及了，怎么办？情急之下，S女士竟想出了一条“锦囊妙计”：她找来一支黑墨水钢笔，把过期的香港签注“2005年7月21日前进入有效”中的“21”添上一笔，改成“27”。这样一来，进入香港的有效日期看上去就变成了“7月27日”了。

7月27日，S女士拿着经其涂改的“往来港澳通行证”，想乘出境人多时蒙混过关，但是最终还是被边防站的警官以“涉嫌偷渡香港”为由，阻止其出境。

评析：首先，S女士更改签注的行为违法。不论签证还是签注，均为旅游目的地国家或地区给予入境旅游者的政府许可，只有旅游者事前申请并取得签证或者签注，旅游者才可以前往该旅游目的地旅游，或者从事其他事务。因此，旅游者必须在签证或者签注期限内，通过合法的渠道前往旅游目的地。S女士明知签注已经过期，自作聪明，一意孤行，违反了目的地地区的法律规定。自然应受到该地区法律的制裁。其次，旅游者个人必须妥

善管理证件。目前，有少数服务投诉就是因为旅游者没有妥善保管证件引起的，如旅游者提供的护照已经过期，或者有效期在半年内，小则延误出国旅游期限，使旅游者和组团旅行社遭受经济损失；大则引起法律纠纷，旅游者和组团旅行社受到行政乃至刑事处罚，给双方造成不良的后果和影响。最后，旅行社应对旅游者证件进行核对。根据出境游组团旅行社操作规程，旅行社服务人员接收旅游者的相关资料和证件后，必须进行仔细的核对和审查，确保接收的所有资料准确无误，减少服务纠纷的发生。

——资料来源：仉向明、黄恢月．出境旅游领队工作案例解析．北京：旅游教育出版社，2012.

经典案例 旅行社过错，造成旅游者延期出游

方女士一家三口参加北京某旅行社组织的“澳大利亚凯恩斯9日精华游”。方女士的丈夫是长期在莫斯科工作的我国外交人员，按照有关规定，方女士一家三口可以在莫斯科向澳大利亚驻俄使馆递交签证申请并获得电子签证。由于是首次出国旅游，为确保万无一失，方女士在获得电子签证第二天便发电子邮件给旅行社工作人员，以确认其电子签证是否满足出团条件。旅行社工作人员明确答复，方女士一家三人获得的电子签证满足出团条件。在获得旅行社肯定答复后，方女士与旅行社签订了赴澳旅游合同。按照行程安排，旅游团由上海出境。旅游团的其他团员顺利办理了出境手续，而方女士一家被边检人员拦下，被告知签证不符合规定，随旅游团必须更换贴纸型签证。方女士一家无法登上当晚23:35的飞机，只能在上海夜宿一晚。次日一大早，方女士一家赶赴澳大利亚驻上海总领馆更换了签证。一切妥当后，方女士一家三人乘坐由旅行社为其改签的航班飞往澳大利亚。由于晚出境一天，旅游团已经按行程参观游览了重要景点蓝山国家公园。在随后的行程中，旅游团领队不断向方女士催要机票改签费用，而方女士认为是由于旅行社的原因才造成延时出发改签机票的情况，有关费用理应由旅行社支付。双方协商未果，方女士投诉到旅游主管部门，请求旅行社赔偿在上海办理签证中产生的食宿费用，承担机票改签费用，并退还没有参观项目的有关费用。

评析：经营出境旅游业务的旅行社的工作人员，应该掌握出境旅游业务的各个环节、各项规定，并向旅游者作出必要、准确的提示。本案中，方女士在签订旅游合同前，专门就电子签证事项向旅行社业务人员咨询，旅行社业务人员明确答复电子签证满足出境旅游要求。方女士已经跟旅行社确认过其办理的电子签证满足出境条件，事实上却因电子签证不符合有关规定致使方女士一家延期出行，旅行社过错明显。所以因更换签证产生的在上海的食宿费用及机票改签费用应该由旅行社承担，并且旅行社应根据合同约定退还方女士一家没有游览项目的有关费用。

——资料来源：国家旅游局监督管理司编．旅游投诉举报案例季度通报．2014

三、《中华人民共和国出境入境管理法》

《中华人民共和国出境入境管理法》

第一章 总 则

第一条 为了规范出境入境管理，维护中华人民共和国的主权、安全和社会秩序，促进对外交往和对外开放，制定本法。

第二条 中国公民出境入境、外国人入境出境、外国人在中国境内停留居留的管理，以及交通运输工具出境入境的边防检查，适用本法。

第三条 国家保护中国公民出境入境合法权益。

在中国境内的外国人的合法权益受法律保护。在中国境内的外国人应当遵守中国法律，不得危害中国国家安全、损害社会公共利益、破坏社会公共秩序。

第四条 公安部、外交部按照各自职责负责有关出境入境事务的管理。

中华人民共和国驻外使馆、领馆或者外交部委托的其他驻外机构（以下称驻外签证机关）负责在境外签发外国人入境签证。出入境边防检查机关负责实施出境入境边防检查。县级以上地方人民政府公安机关及其出入境管理机构负责外国人停留居留管理。

公安部、外交部可以在各自职责范围内委托县级以上地方人民政府公安机关出入境管理机构、县级以上地方人民政府外事部门受理外国人入境、停留居留申请。

公安部、外交部在出境入境事务管理中，应当加强沟通配合，并与国务院有关部门密切合作，按照各自职责分工，依法行使职权，承担责任。

第五条 国家建立统一的出境入境管理信息平台，实现有关管理部门信息共享。

第六条 国家在对外开放的口岸设立出入境边防检查机关。

中国公民、外国人以及交通运输工具应当从对外开放的口岸出境入境，特殊情况下，可以从国务院或者国务院授权的部门批准的地点出境入境。出境入境人员和交通运输工具应当接受出境入境边防检查。

出入境边防检查机关负责对口岸限定区域实施管理。根据维护国家安全和出境入境管理秩序的需要，出入境边防检查机关可以对出境入境人员携带的物品实施边防检查。必要时，出入境边防检查机关可以对出境入境交通运输工具载运的货物实施边防检查，但是应当通知海关。

第七条 经国务院批准，公安部、外交部根据出境入境管理的需要，可以对留存出境入境人员的指纹等人体生物识别信息作出规定。

外国政府对中国公民签发签证、出境入境管理有特别规定的，中国政府可以根据情况采取相应的对等措施。

第八条 履行出境入境管理职责的部门和机构应当切实采取措施，不断提升服务和管理水平，公正执法，便民高效，维护安全、便捷的出境入境秩序。

第二章 中国公民出境入境

第九条 中国公民出境入境，应当依法申请办理护照或者其他旅行证件。

中国公民前往其他国家或者地区，还需要取得前往国签证或者其他入境许可证明。但是，中国政府与其他国家政府签订互免签证协议或者公安部、外交部另有规定的除外。

中国公民以海员身份出境入境和在国外船舶上从事工作的，应当依法申请办理海员证。

第十条 中国公民往来内地与香港特别行政区、澳门特别行政区，中国公民往来大陆与台湾地区，应当依法申请办理通行证件，并遵守本法有关规定。具体管理办法由国务院规定。

第十一条 中国公民出境入境，应当向出入境边防检查机关交验本人的护照或者其他旅行证件等出境入境证件，履行规定的手续，经查验准许，方可出境入境。

具备条件的口岸，出入境边防检查机关应当为中国公民出境入境提供专用通道等便利措施。

第十二条 中国公民有下列情形之一的，不准出境：

（一）未持有效出境入境证件或者拒绝、逃避接受边防检查的；

（二）被判处刑罚尚未执行完毕或者属于刑事案件被告人、犯罪嫌疑人的；

（三）有未了结的民事案件，人民法院决定不准出境的；

（四）因妨害国（边）境管理受到刑事处罚或者因非法出境、非法居留、非法就业被其他国家或者地区遣返，未满不准出境规定年限的；

（五）可能危害国家安全和利益，国务院有关主管部门决定不准出境的；

（六）法律、行政法规规定不准出境的其他情形。

第十三条 定居国外的中国公民要求回国定居的，应当在入境前向中华人民共和国驻外使馆、领馆或者外交部委托的其他驻外机构提出申请，也可以由本人或者经由国内亲属向拟定居地的县级以上地方人民政府侨务部门提出申请。

第十四条 定居国外的中国公民在中国境内办理金融、教育、医疗、交通、电信、社会保险、财产登记等事务需要提供身份证明的，可以凭本人的护照证明其身份。

第三章 外国人入境出境

第一节 签 证

第十五条 外国人入境，应当向驻外签证机关申请办理签证，但是本法另有规定的除外。

第十六条 签证分为外交签证、礼遇签证、公务签证、普通签证。

对因外交、公务事由入境的外国人，签发外交、公务签证；对因身份特殊需要给予礼遇的外国人，签发礼遇签证。外交签证、礼遇签证、公务签证的签发范围和签发办法由外交部规定。

对因工作、学习、探亲、旅游、商务活动、人才引进等非外交、公务事由入境的外国人，签发相应类别的普通签证。普通签证的类别和签发办法由国务院规定。

第十七条 签证的登记项目包括：签证种类，持有人姓名、性别、出生日期、入境次数、入境有效期、停留期限，签发日期、地点，护照或者其他国际旅行证件号码等。

第十八条 外国人申请办理签证，应当向驻外签证机关提交本人的护照或者其他国际旅行证件，以及申请事由的相关材料，按照驻外签证机关的要求办理相关手续、接受面谈。

第十九条 外国人申请办理签证需要提供中国境内的单位或者个人出具的邀请函件的，申请人应当按照驻外签证机关的要求提供。出具邀请函件的单位或者个人应当对邀请内容的真实性负责。

第二十条 出于人道原因需要紧急入境，应邀入境从事紧急商务、工程抢修或者具有其他紧急入境需要并持有有关主管部门同意在口岸申办签证的证明材料的外国人，可以在国务院批准办理口岸签证业务的口岸，向公安部委托的口岸签证机关（以下简称口岸签证机关）申请办理口岸签证。

旅行社按照国家有关规定组织入境旅游的，可以向口岸签证机关申请办理团体旅游签证。

外国人向口岸签证机关申请办理签证，应当提交本人的护照或者其他国际旅行证件，以及申请事由的相关材料，按照口岸签证机关的要求办理相关手续，并从申请签证的口岸入境。

口岸签证机关签发的签证一次入境有效，签证注明的停留期限不得超过 30 日。

第二十一条 外国人有下列情形之一的，不予签发签证：

（一）被处驱逐出境或者被决定遣送出境，未满不准入境规定年限的；

（二）患有严重精神障碍、传染性肺结核病或者有可能对公共卫生造成重大危害的其他传染病的；

（三）可能危害中国国家安全和利益、破坏社会公共秩序或者从事其他违法犯罪活动的；

（四）在申请签证过程中弄虚作假或者不能保障在中国境内期间所需费用的；

（五）不能提交签证机关要求提交的相关材料的；

（六）签证机关认为不宜签发签证的其他情形。

对不予签发签证的，签证机关可以不说明理由。

第二十二条 外国人有下列情形之一的，可以免办签证：

（一）根据中国政府与其他国家政府签订的互免签证协议，属于免办签证人员的；

（二）持有效的外国人居留证件的；

（三）持联程客票搭乘国际航行的航空器、船舶、列车从中国过境前往第三国或者地区，在中国境内停留不超过 24 小时且不离开口岸，或者在国务院批准的特定区域内停留不超过规定时限的；

（四）国务院规定的可以免办签证的其他情形。

第二十三条 有下列情形之一的外国人需要临时入境的，应当向出入境边防检查机关申请办理临时入境手续：

（一）外国船员及其随行家属登陆港口所在城市的；

（二）本法第二十二条第三项规定的人员需要离开口岸的；

（三）因不可抗力或者其他紧急原因需要临时入境的。

临时入境的期限不得超过 15 日。

对申请办理临时入境手续的外国人，出入境边防检查机关可以要求外国人本人、载运其入境的交通运输工具的负责人或者交通运输工具出境入境业务代理单位提供必要的保证措施。

第二节 入境出境

第二十四条 外国人入境，应当向出入境边防检查机关交验本人的护照或者其他国际旅行证件、签证或者其他入境许可证明，履行规定的手续，经查验准许，方可入境。

第二十五条 外国人有下列情形之一的，不准入境：

（一）未持有效出境入境证件或者拒绝、逃避接受边防检查的；

（二）具有本法第二十一条第一款第一项至第四项规定情形的；

（三）入境后可能从事与签证种类不符的活动的；

（四）法律、行政法规规定不准入境的其他情形。

对不准入境的，出入境边防检查机关可以不说明理由。

第二十六条 对未被准许入境的外国人，出入境边防检查机关应当责令其返回；对拒不返回的，强制其返回。外国人等待返回期间，不得离开限定的区域。

第二十七条 外国人出境，应当向出入境边防检查机关交验本人的护照或者其他国际旅行证件等出境入境证件，履行规定的手续，经查验准许，方可出境。

第二十八条 外国人有下列情形之一的，不准出境：

（一）被判处刑罚尚未执行完毕或者属于刑事案件被告人、犯罪嫌疑人的，但是按照中国与外国签订的有关协议，移管被判刑人的除外；

（二）有未了结的民事案件，人民法院决定不准出境的；

（三）拖欠劳动者的劳动报酬，经国务院有关部门或者省、自治区、直辖市人民政府决定不准出境的；

（四）法律、行政法规规定不准出境的其他情形。

第四章 外国人停留居留

第一节 停留居留

第二十九条 外国人所持签证注明的停留期限不超过 180 日的，持证人凭签证并按照签证注明的停留期限在中国境内停留。

需要延长签证停留期限的，应当在签证注明的停留期限届满 7 日前向停留地县级以上地方人民政府公安机关出入境管理机构申请，按照要求提交申请事由的相关材料。经审查，延期理由合理、充分的，准予延长停留期限；不予延长停留期限的，应当按期离境。

延长签证停留期限，累计不得超过签证原注明的停留期限。

第三十条 外国人所持签证注明入境后需要办理居留证件的，应当自入境之日起 30 日内，向拟居留地县级以上地方人民政府公安机关出入境管理机构申请办理外国人居留证件。

申请办理外国人居留证件，应当提交本人的护照或者其他国际旅行证件，以及申请事由的相关材料，并留存指纹等人体生物识别信息。公安机关出入境管理机构应当自收到申请材料之日起15日内进行审查并作出审查决定，根据居留事由签发相应类别和期限的外国人居留证件。

外国人工作类居留证件的有效期最短为90日，最长为5年；非工作类居留证件的有效期最短为180日，最长为5年。

第三十一条 外国人有下列情形之一的，不予签发外国人居留证件：

（一）所持签证类别属于不应办理外国人居留证件的；

（二）在申请过程中弄虚作假的；

（三）不能按照规定提供相关证明材料的；

（四）违反中国有关法律、行政法规，不适合在中国境内居留的；

（五）签发机关认为不宜签发外国人居留证件的其他情形。

符合国家规定的专门人才、投资者或者出于人道等原因确需由停留变更为居留的外国人，经设区的市级以上地方人民政府公安机关出入境管理机构批准可以办理外国人居留证件。

第三十二条 在中国境内居留的外国人申请延长居留期限的，应当在居留证件有效期限届满30日前向居留地县级以上地方人民政府公安机关出入境管理机构提出申请，按照要求提交申请事由的相关材料。经审查，延期理由合理、充分的，准予延长居留期限；不予延长居留期限的，应当按期离境。

第三十三条 外国人居留证件的登记项目包括：持有人姓名、性别、出生日期、居留事由、居留期限，签发日期、地点，护照或者其他国际旅行证件号码等。

外国人居留证件登记事项发生变更的，持证件人应当自登记事项发生变更之日起10日内向居留地县级以上地方人民政府公安机关出入境管理机构申请办理变更。

第三十四条 免办签证入境的外国人需要超过免签期限在中国境内停留的，外国船员及其随行家属在中国境内停留需要离开港口所在城市，或者具有需要办理外国人停留证件其他情形的，应当按照规定办理外国人停留证件。

外国人停留证件的有效期最长为180日。

第三十五条 外国人入境后，所持的普通签证、停留居留证件损毁、遗失、被盗抢或者有符合国家规定的事由需要换发、补发的，应当按照规定向停留居留地县级以上地方人民政府公安机关出入境管理机构提出申请。

第三十六条 公安机关出入境管理机构作出的不予办理普通签证延期、换发、补发，不予办理外国人停留居留证件、不予延长居留期限的决定为最终决定。

第三十七条 外国人在中国境内停留居留，不得从事与停留居留事由不相符的活动，并应当在规定的停留居留期限届满前离境。

第三十八条 年满16周岁的外国人在中国境内停留居留，应当随身携带本人的护照或者其他国际旅行证件，或者外国人停留居留证件，接受公安机关的查验。

在中国境内居留的外国人，应当在规定的时间内到居留地县级以上地方人民政府公安机关交验外国人居留证件。

第三十九条 外国人在中国境内旅馆住宿的，旅馆应当按照旅馆业治安管理的有关规定为其办理住宿登记，并向所在地公安机关报送外国人住宿登记信息。

外国人在旅馆以外的其他住所居住或者住宿的，应当在入住后24小时内由本人或者留宿人，向居住地的公安机关办理登记。

第四十条 在中国境内出生的外国婴儿，其父母或者代理人应当在婴儿出生60日内，持该婴儿的出生证明到父母停留居留地县级以上地方人民政府公安机关出入境管理机构为其办理停留或者居留登记。

外国人在中国境内死亡的，其家属、监护人或者代理人，应当按照规定，持该外国人的死亡证明向县级以上地方人民政府公安机关出入境管理机构申报，注销外国人停留居留证件。

第四十一条 外国人在中国境内工作，应当按照规定取得工作许可和工作类居留证件。任何单位和个人不得聘用未取得工作许可和工作类居留证件的外国人。

外国人在中国境内工作管理办法由国务院规定。

第四十二条 国务院人力资源社会保障主管部门、外国专家主管部门会同国务院有关部门根据经济社会发展需要和人力资源供求状况制定并定期调整外国人在中国境内工作指导目录。

国务院教育主管部门会同国务院有关部门建立外国留学生勤工助学管理制度，对外国留学生勤工助学的岗位范围和时限作出规定。

第四十三条 外国人有下列行为之一的，属于非法就业：

（一）未按照规定取得工作许可和工作类居留证件在中国境内工作的；

（二）超出工作许可限定范围在中国境内工作的；

（三）外国留学生违反勤工助学管理规定，超出规定的岗位范围或者时限在中国境内工作的。

第四十四条 根据维护国家安全、公共安全的需要，公安机关、国家安全机关可以限制外国人、外国机构在某些地区设立居住或者办公场所；对已经设立的，可以限期迁离。

未经批准，外国人不得进入限制外国人进入的区域。

第四十五条 聘用外国人工作或者招收外国留学生的单位，应当按照规定向所在地公安机关报告有关信息。

公民、法人或者其他组织发现外国人有非法入境、非法居留、非法就业情形的，应当及时向所在地公安机关报告。

第四十六条 申请难民地位的外国人，在难民地位甄别期间，可以凭公安机关签发的临时身份证明在中国境内停留；被认定为难民的外国人，可以凭公安机关签发的难民身份证件在中国境内停留居留。

第二节 永久居留

第四十七条 对中国经济社会发展作出突出贡献或者符合其他在中国境内永久居留条件的外国人，经本人申请和公安部批准，取得永久居留资格。

外国人在中国境内永久居留的审批管理办法由公安部、外交部会同国务院有关部门规定。

第四十八条 取得永久居留资格的外国人，凭永久居留证件在中国境内居留和工作，凭本人的护照和永久居留证件出境入境。

第四十九条 外国人有下列情形之一的，由公安部决定取消其在中国境内永久居留资格：

（一）对中国国家安全和利益造成危害的；

（二）被处驱逐出境的；

（三）弄虚作假骗取在中国境内永久居留资格的；

（四）在中国境内居留未达到规定时限的；

（五）不适宜在中国境内永久居留的其他情形。

第五章 交通运输工具出境入境边防检查

第五十条 出境入境交通运输工具离开、抵达口岸时，应当接受边防检查。对交通运输工具的入境边防检查，在其最先抵达的口岸进行；对交通运输工具的出境边防检查，在其最后离开的口岸进行。特殊情况下，可以在有关主管机关指定的地点进行。

出境的交通运输工具自出境检查后至出境前，入境的交通运输工具自入境后至入境检查前，未经出入境边防检查机关按照规定程序许可，不得上下人员、装卸货物或者物品。

第五十一条　交通运输工具负责人或者交通运输工具出境入境业务代理单位应当按照规定提前向出入境边防检查机关报告入境、出境的交通运输工具抵达、离开口岸的时间和停留地点，如实申报员工、旅客、货物或者物品等信息。

第五十二条　交通运输工具负责人、交通运输工具出境入境业务代理单位应当配合出境入境边防检查，发现违反本法规定行为的，应当立即报告并协助调查处理。

入境交通运输工具载运不准入境人员的，交通运输工具负责人应当负责载离。

第五十三条　出入境边防检查机关按照规定对处于下列情形之一的出境入境交通运输工具进行监护：

（一）出境的交通运输工具在出境边防检查开始后至出境前、入境的交通运输工具在入境后至入境边防检查完成前；

（二）外国船舶在中国内河航行期间；

（三）有必要进行监护的其他情形。

第五十四条　因装卸物品、维修作业、参观访问等事由需要上下外国船舶的人员，应当向出入境边防检查机关申请办理登轮证件。

中国船舶与外国船舶或者外国船舶之间需要搭靠作业的，应当由船长或者交通运输工具出境入境业务代理单位向出入境边防检查机关申请办理船舶搭靠手续。

第五十五条　外国船舶、航空器在中国境内应当按照规定的路线、航线行驶。

出境入境的船舶、航空器不得驶入对外开放口岸以外地区。因不可预见的紧急情况或者不可抗力驶入的，应当立即向就近的出入境边防检查机关或者当地公安机关报告，并接受监护和管理。

第五十六条　交通运输工具有下列情形之一的，不准出境入境；已经驶离口岸的，可以责令返回：

（一）离开、抵达口岸时，未经查验准许擅自出境入境的；

（二）未经批准擅自改变出境入境口岸的；

（三）涉嫌载有不准出境入境人员，需要查验核实的；

（四）涉嫌载有危害国家安全、利益和社会公共秩序的物品，需要查验核实的；

（五）拒绝接受出入境边防检查机关管理的其他情形。

前款所列情形消失后，出入境边防检查机关对有关交通运输工具应当立即放行。

第五十七条　从事交通运输工具出境入境业务代理的单位，应当向出入境边防检查机关备案。从事业务代理的人员，由所在单位向出入境边防检查机关办理备案手续。

第六章 调查和遣返

第五十八条 本章规定的当场盘问、继续盘问、拘留审查、限制活动范围、遣送出境措施，由县级以上地方人民政府公安机关或者出入境边防检查机关实施。

第五十九条 对涉嫌违反出境入境管理的人员，可以当场盘问；经当场盘问，有下列情形之一的，可以依法继续盘问：

（一）有非法出境入境嫌疑的；

（二）有协助他人非法出境入境嫌疑的；

（三）外国人有非法居留、非法就业嫌疑的；

（四）有危害国家安全和利益，破坏社会公共秩序或者从事其他违法犯罪活动嫌疑的。

当场盘问和继续盘问应当依据《中华人民共和国人民警察法》规定的程序进行。

县级以上地方人民政府公安机关或者出入境边防检查机关需要传唤涉嫌违反出境入境管理的人员的，依照《中华人民共和国治安管理处罚法》的有关规定执行。

第六十条 外国人有本法第五十九条第一款规定情形之一的，经当场盘问或者继续盘问后仍不能排除嫌疑，需要作进一步调查的，可以拘留审查。

实施拘留审查，应当出示拘留审查决定书，并在24小时内进行询问。发现不应当拘留审查的，应当立即解除拘留审查。

拘留审查的期限不得超过30日；案情复杂的，经上一级地方人民政府公安机关或者出入境边防检查机关批准可以延长至60日。对国籍、身份不明的外国人，拘留审查期限自查清其国籍、身份之日起计算。

第六十一条 外国人有下列情形之一的，不适用拘留审查，可以限制其活动范围：

（一）患有严重疾病的；

（二）怀孕或者哺乳自己不满1周岁婴儿的；

（三）未满16周岁或者已满70周岁的；

（四）不宜适用拘留审查的其他情形。

被限制活动范围的外国人，应当按照要求接受审查，未经公安机关批准，不得离开限定的区域。限制活动范围的期限不得超过60日。对国籍、身份不明的外国人，限制活动范围期限自查清其国籍、身份之日起计算。

第六十二条 外国人有下列情形之一的，可以遣送出境：

（一）被处限期出境，未在规定期限内离境的；

（二）有不准入境情形的；

（三）非法居留、非法就业的；

（四）违反本法或者其他法律、行政法规需要遣送出境的。

其他境外人员有前款所列情形之一的，可以依法遣送出境。

被遣送出境的人员，自被遣送出境之日起1至5年内不准入境。

第六十三条 被拘留审查或者被决定遣送出境但不能立即执行的人员，应当羁押在拘留所或者遣返场所。

第六十四条 外国人对依照本法规定对其实施的继续盘问、拘留审查、限制活动范围、遣送出境措施不服的，可以依法申请行政复议，该行政复议决定为最终决定。

其他境外人员对依照本法规定对其实施的遣送出境措施不服，申请行政复议的，适用前款规定。

第六十五条 对依法决定不准出境或者不准入境的人员，决定机关应当按照规定及时通知出入境边防检查机关；不准出境、入境情形消失的，决定机关应当及时撤销不准出境、入境决定，并通知出入境边防检查机关。

第六十六条 根据维护国家安全和出境入境管理秩序的需要，必要时，出入境边防检查机关可以对出境入境的人员进行人身检查。人身检查应当由两名与受检查人同性别的边防检查人员进行。

第六十七条 签证、外国人停留居留证件等出境入境证件发生损毁、遗失、被盗抢或者签发后发现持证人不符合签发条件等情形的，由签发机关宣布该出境入境证件作废。

伪造、变造、骗取或者被证件签发机关宣布作废的出境入境证件无效。

公安机关可以对前款规定的或被他人冒用的出境入境证件予以注销或者收缴。

第六十八条 对用于组织、运送、协助他人非法出境入境的交通运输工具，以及需要作为办案证据的物品，公安机关可以扣押。

对查获的违禁物品，涉及国家秘密的文件、资料以及用于实施违反出境入境管理活动的工具等，公安机关应当予以扣押，并依照相关法律、行政法规规定处理。

第六十九条 出境入境证件的真伪由签发机关、出入境边防检查机关或者公安机关出入境管理机构认定。

第七章　法律责任

第七十条 本章规定的行政处罚，除本章另有规定外，由县级以上地方人民政府公安机关或者出入境边防检查机关决定；其中警告或者5000元以下罚款，可以由县级以上地方人民政府公安机关出入境管理机构决定。

第七十一条 有下列行为之一的，处1000元以上5000元以下罚款；情节严重的，处5日以上10日以下拘留，可以并处2000元以上1万元以下罚款：

（一）持用伪造、变造、骗取的出境入境证件出境入境的；

（二）冒用他人出境入境证件出境入境的；

（三）逃避出境入境边防检查的；

（四）以其他方式非法出境入境的。

第七十二条 协助他人非法出境入境的，处2000元以上1万元以下罚款；情节严重的，处10日以上15日以下拘留，并处5000元以上2万元以下罚款，有违法所得的，没收违法所得。

单位有前款行为的，处1万元以上5万元以下罚款，有违法所得的，没收违法所得，并对其直接负责的主管人员和其他直接责任人员依照前款规定予以处罚。

第七十三条 弄虚作假骗取签证、停留居留证件等出境入境证件的，处2000元以上5000元以下罚款；情节严重的，处10日以上15日以下拘留，并处5000元以上2万元以下罚款。

单位有前款行为的，处1万元以上5万元以下罚款，并对其直接负责的主管人员和其他直接责任人员依照前款规定予以处罚。

第七十四条 违反本法规定，为外国人出具邀请函件或者其他申请材料的，处5000元以上1万元以下罚款，有违法所得的，没收违法所得，并责令其承担所邀请外国人的出境费用。

单位有前款行为的，处1万元以上5万元以下罚款，有违法所得的，没收违法所得，并责令其承担所邀请外国人的出境费用，对其直接负责的主管人员和其他直接责任人员依照前款规定予以处罚。

第七十五条 中国公民出境后非法前往其他国家或者地区被遣返的，出入境边防检查机关应当收缴其出境入境证件，出境入境证件签发机关自其被遣返之日起6个月至3年以内不予签发出境入境证件。

第七十六条 有下列情形之一的，给予警告，可以并处2000元以下罚款：

（一）外国人拒不接受公安机关查验其出境入境证件的；

（二）外国人拒不交验居留证件的；

（三）未按照规定办理外国人出生登记、死亡申报的；

（四）外国人居留证件登记事项发生变更，未按照规定办理变更的；

（五）在中国境内的外国人冒用他人出境入境证件的；

（六）未按照本法第三十九条第二款规定办理登记的。

旅馆未按照规定办理外国人住宿登记的，依照《中华人民共和国治安管理处罚法》的有关规定予以处罚；未按照规定向公安机关报送外国人住宿登记信息的，给予警告；情节严重的，处1000元以上5000元以下罚款。

第七十七条　外国人未经批准，擅自进入限制外国人进入的区域，责令立即离开；情节严重的，处5日以上10日以下拘留。对外国人非法获取的文字记录、音像资料、电子数据和其他物品，予以收缴或者销毁，所用工具予以收缴。

外国人、外国机构违反本法规定，拒不执行公安机关、国家安全机关限期迁离决定的，给予警告并强制迁离；情节严重的，对有关责任人员处5日以上15日以下拘留。

第七十八条　外国人非法居留的，给予警告；情节严重的，处每非法居留一日500元，总额不超过1万元的罚款或者5日以上15日以下拘留。

因监护人或者其他负有监护责任的人未尽到监护义务，致使未满16周岁的外国人非法居留的，对监护人或者其他负有监护责任的人给予警告，可以并处1000元以下罚款。

第七十九条　容留、藏匿非法入境、非法居留的外国人，协助非法入境、非法居留的外国人逃避检查，或者为非法居留的外国人违法提供出境入境证件的，处2000元以上1万元以下罚款；情节严重的，处5日以上15日以下拘留，并处5000元以上2万元以下罚款，有违法所得的，没收违法所得。

单位有前款行为的，处1万元以上5万元以下罚款，有违法所得的，没收违法所得，并对其直接负责的主管人员和其他直接责任人员依照前款规定予以处罚。

第八十条　外国人非法就业的，处5000元以上2万元以下罚款；情节严重的，处5日以上15日以下拘留，并处5000元以上2万元以下罚款。

介绍外国人非法就业的，对个人处每非法介绍1人5000元，总额不超过5万元的罚款；对单位处每非法介绍1人5000元，总额不超过10万元的罚款；有违法所得的，没收违法所得。

非法聘用外国人的，处每非法聘用1人1万元，总额不超过10万元的罚款；有违法所得的，没收违法所得。

第八十一条　外国人从事与停留居留事由不相符的活动，或者有其他违反中国法律、法规规定，不适宜在中国境内继续停留居留情形的，可以处限期出境。

外国人违反本法规定，情节严重，尚不构成犯罪的，公安部可以处驱逐出境。公安部的处罚决定为最终决定。

被驱逐出境的外国人，自被驱逐出境之日起 10 年内不准入境。

第八十二条 有下列情形之一的，给予警告，可以并处 2000 元以下罚款：

（一）扰乱口岸限定区域管理秩序的；

（二）外国船员及其随行家属未办理临时入境手续登陆的；

（三）未办理登轮证件上下外国船舶的。

违反前款第一项规定，情节严重的，可以并处 5 日以上 10 日以下拘留。

第八十三条 交通运输工具有下列情形之一的，对其负责人处 5000 元以上 5 万元以下罚款：

（一）未经查验准许擅自出境入境或者未经批准擅自改变出境入境口岸的；

（二）未按照规定如实申报员工、旅客、货物或者物品等信息，或者拒绝协助出境入境边防检查的；

（三）违反出境入境边防检查规定上下人员、装卸货物或者物品的。

出境入境交通运输工具载运不准出境入境人员出境入境的，处每载运 1 人 5000 元以上 1 万元以下罚款。交通运输工具负责人证明其已经采取合理预防措施的，可以减轻或者免予处罚。

第八十四条 交通运输工具有下列情形之一的，对其负责人处 2000 元以上 2 万元以下罚款：

（一）中国或者外国船舶未经批准擅自搭靠外国船舶的；

（二）外国船舶、航空器在中国境内未按照规定的路线、航线行驶的；

（三）出境入境的船舶、航空器违反规定驶入对外开放口岸以外地区的。

第八十五条 履行出境入境管理职责的工作人员，有下列行为之一的，依法给予处分：

（一）违反法律、行政法规，为不符合规定条件的外国人签发签证、外国人停留居留证件等出境入境证件的；

（二）违反法律、行政法规，审核验放不符合规定条件的人员或者交通运输工具出境入境的；

（三）泄露在出境入境管理工作中知悉的个人信息，侵害当事人合法权益的；

（四）不按照规定将依法收取的费用、收缴的罚款及没收的违法所得、非法财物上缴国库的；

（五）私分、侵占、挪用罚没、扣押的款物或者收取的费用的；

（六）滥用职权、玩忽职守、徇私舞弊，不依法履行法定职责的其他行为。

第八十六条 对违反出境入境管理行为处500元以下罚款的，出入境边防检查机关可以当场作出处罚决定。

第八十七条 对违反出境入境管理行为处罚款的，被处罚人应当自收到处罚决定书之日起15日内，到指定的银行缴纳罚款。被处罚人在所在地没有固定住所，不当场收缴罚款事后难以执行或者在口岸向指定银行缴纳罚款确有困难的，可以当场收缴。

第八十八条 违反本法规定，构成犯罪的，依法追究刑事责任。

第八章 附 则

第八十九条 本法下列用语的含义：

出境，是指由中国内地前往其他国家或者地区，由中国内地前往香港特别行政区、澳门特别行政区，由中国大陆前往台湾地区。

入境，是指由其他国家或者地区进入中国内地，由香港特别行政区、澳门特别行政区进入中国内地，由台湾地区进入中国大陆。

外国人，是指不具有中国国籍的人。

第九十条 经国务院批准，同毗邻国家接壤的省、自治区可以根据中国与有关国家签订的边界管理协定制定地方性法规、地方政府规章，对两国边境接壤地区的居民往来作出规定。

第九十一条 外国驻中国的外交代表机构、领事机构成员以及享有特权和豁免的其他外国人，其入境出境及停留居留管理，其他法律另有规定的，依照其规定。

第九十二条 外国人申请办理签证、外国人停留居留证件等出境入境证件或者申请办理证件延期、变更的，应当按照规定缴纳签证费、证件费。

第九十三条 本法自2013年7月1日起施行。《中华人民共和国外国人入境出境管理法》和《中华人民共和国公民出境入境管理法》同时废止。

四、《中华人民共和国出入境边防检查条例》

《中华人民共和国出入境边防检查条例》

第一章 总 则

第一条 为维护中华人民共和国的主权、安全和社会秩序，便利出境、入境的人员和交通运输工具的通行，制定本条例。

第二条 出境、入境边防检查工作由公安部主管。

第三条 中华人民共和国在对外开放的港口、航空港、车站和边境通道等口岸设立出境入境边防检查站（以下简称边防检查站）。

第四条 边防检查站为维护国家主权、安全和社会秩序，履行下列职责：

（一）对出境、入境的人员及其行李物品、交通运输工具及其载运的货物实施边防检查；

（二）按照国家有关规定对出境、入境的交通运输工具进行监护；

（三）对口岸的限定区域进行警戒，维护出境、入境秩序；

（四）执行主管机关赋予的和其他法律、行政法规规定的任务。

第五条 出境、入境的人员和交通运输工具，必须经对外开放的口岸或者主管机关特许的地点通行，接受边防检查、监护和管理。

出境、入境的人员，必须遵守中华人民共和国的法律、行政法规。

第六条 边防检查人员必须依法执行公务。

任何组织和个人不得妨碍边防检查人员依法执行公务。

第二章 人员的检查和管理

第七条 出境、入境的人员必须按照规定填写出境、入境登记卡，向边防检查站交验本人的有效护照或者其他出境、入境证件（以下简称出境、入境证件），经查验核准后，方可出境、入境。

第八条 出境、入境的人员有下列情形之一的，边防检查站有权阻止其出境、入境：

（一）未持出境、入境证件的；

（二）持有无效出境、入境证件的；

（三）持用他人出境、入境证件的；

（四）持用伪造或者涂改的出境、入境证件的；

（五）拒绝接受边防检查的；

（六）未在限定口岸通行的；

（七）国务院公安部门、国家安全部门通知不准出境、入境的；

（八）法律、行政法规规定不准出境、入境的。

出境、入境的人员有前款第（三）项、第（四）项或者中国公民有前款第（七）项、第（八）项所列情形之一的，边防检查站可以扣留或者收缴其出境、入境证件。

第九条 对交通运输工具的随行服务员工出境、入境的边防检查、管理，适用本条例的规定。但是，中华人民共和国与有关国家或者地区订有协议的，按照协议办理。

第十条 抵达中华人民共和国口岸的船舶的外国籍船员及其随行家属和香港、澳门、台湾船员及其随行家属，要求在港口城市登陆、住宿的，应当由船长或者其代理人向边防检查站申请办理登陆、住宿手续。

经批准登陆、住宿的船员及其随行家属，必须按照规定的时间返回船舶。登陆后有违法行为，尚未构成犯罪的，责令立即返回船舶，并不得再次登陆。

从事国际航行船舶上的中国船员，凭本人的出境、入境证件登陆、住宿。

第十一条 申请登陆的人员有本条例第八条所列情形之一的，边防检查站有权拒绝其登陆。

第十二条 上下外国船舶的人员，必须向边防检查人员交验出境、入境证件或者其他规定的证件，经许可后，方可上船、下船。口岸检查、检验单位的人员需要登船执行公务的，应当着制服并出示证件。

第十三条 中华人民共和国与毗邻国家（地区）接壤地区的双方公务人员、边境居民临时出境、入境的边防检查，双方订有协议的，按照协议执行；没有协议的，适用本条例的规定。

毗邻国家的边境居民按照协议临时入境的，限于在协议规定范围内活动；需要到协议规定范围以外活动的，应当事先办理入境手续。

第十四条 边防检查站认为必要时，可以对出境、入境的人员进行人身检查。人身检查应当由两名与受检查人同性别的边防检查人员进行。

第十五条 出境、入境的人员有下列情形之一的，边防检查站有权限制其活动范围，进行调查或者移送有关机关处理：

（一）有持用他人出境、入境证件嫌疑的；

（二）有持用伪造或者涂改的出境、入境证件嫌疑的；

（三）国务院公安部门、国家安全部门和省、自治区、直辖市公安机关、国家安全机关通知有犯罪嫌疑的；

（四）有危害国家安全、利益和社会秩序嫌疑的。

第三章 交通运输工具的检查和监护

第十六条 出境、入境的交通运输工具离、抵口岸时，必须接受边防检查。对交通运输工具的入境检查，在最先抵达的口岸进行；出境检查，在最后离开的口岸进行。在特殊情况下，经主管机关批准，对交通运输工具的入境、出境检查，也可以在特许的地点进行。

第十七条 交通运输工具的负责人或者有关交通运输部门，应当事先将出境、入境的船舶、航空器、火车离、抵口岸的时间、停留地点和载运人员、货物情况，向有关的边防检查站报告。

交通运输工具抵达口岸时，船长、机长或者其代理人必须向边防检查站申报员工和旅客的名单；列车长及其他交通运输工具的负责人必须申报员工和旅客的人数。

第十八条 对交通运输工具实施边防检查时，其负责人或者代理人应当到场协助边防检查人员进行检查。

第十九条 出境、入境的交通运输工具在中国境内必须按照规定的路线、航线行驶。外国船舶未经许可不得在非对外开放的港口停靠。

出境的交通运输工具自出境检查后到出境前，入境的交通运输工具自入境后到入境检查前，未经边防检查站许可，不得上下人员、装卸物品。

第二十条 中国船舶需要搭靠外国船舶的，应当由船长或者其代理人向边防检查站申请办理搭靠手续；未办理手续的，不得擅自搭靠。

第二十一条 边防检查站对处于下列情形之一的出境、入境交通运输工具，有权进行监护：

（一）离、抵口岸的火车、外国船舶和中国客船在出境检查后到出境前、入境后到入境检查前和检查期间；

（二）火车及其他机动车辆在国（边）界线距边防检查站较远的区域内行驶期间；

（三）外国船舶在中国内河航行期间；

（四）边防检查站认为有必要进行监护的其他情形。

第二十二条 对随交通运输工具执行监护职务的边防检查人员，交通运输工具的负责人应当提供必要的办公、生活条件。

被监护的交通运输工具和上下该交通运输工具的人员应当服从监护人员的检查。

第二十三条 未实行监护措施的交通运输工具，其负责人应当自行管理，保证该交通运输工具和员工遵守本条例的规定。

第二十四条 发现出境、入境的交通运输工具载运不准出境、入境人员，偷越国（边）境人员及未持有效出境、入境证件的人员的，交通运输工具负责人应当负责将其遣返，并承担由此发生的一切费用。

第二十五条 出境、入境的交通运输工具有下列情形之一的，边防检查站有权推迟或者阻止其出境、入境：

（一）离、抵口岸时，未经边防检查站同意，擅自出境、入境的；

（二）拒绝接受边防检查、监护的；

（三）被认为载有危害国家安全、利益和社会秩序的人员或者物品的；

（四）被认为载有非法出境、入境人员的；

（五）拒不执行边防检查站依法作出的处罚或者处理决定的；

（六）未经批准擅自改变出境、入境口岸的。

边防检查站在前款所列情形消失后，对有关交通运输工具应当立即放行。

第二十六条 出境、入境的船舶、航空器，由于不可预见的紧急情况或者不可抗拒的原因，驶入对外开放口岸以外地区的，必须立即向附近的边防检查站或者当地公安机关报告并接受检查和监护；在驶入原因消失后，必须立即按照通知的时间和路线离去。

第四章 行李物品、货物的检查

第二十七条 边防检查站根据维护国家安全和社会秩序的需要，可以对出境、入境人员携带的行李物品和交通运输工具载运的货物进行重点检查。

第二十八条 出境、入境的人员和交通运输工具不得携带、载运法律、行政法规规定的危害国家安全和社会秩序的违禁物品；携带、载运违禁物品的，边防检查站应当扣留违禁物品，对携带人、载运违禁物品的交通运输工具负责人依照有关法律、行政法规的规定处理。

第二十九条 任何人不得非法携带属于国家秘密的文件、资料和其他物品出境；非法携带属于国家秘密的文件、资料和其他物品的，边防检查站应当予以收缴，对携带人依照有关法律、行政法规规定处理。

第三十条 出境、入境的人员携带或者托运枪支、弹药，必须遵守有关法律、行政法规的规定，向边防检查站办理携带或者托运手续；未经许可，不得携带、托运枪支、弹药出境、入境。

第五章 处 罚

第三十一条 对违反本条例规定的处罚，由边防检查站执行。

第三十二条 出境、入境的人员有下列情形之一的，处以500元以上2000元以下的罚款或者依照有关法律、行政法规的规定处以拘留：

（一）未持出境、入境证件的；

（二）持用无效出境、入境证件的；

（三）持用他人出境、入境证件的；

（四）持用伪造或者涂改的出境、入境证件的。

第三十三条 协助他人非法出境、入境，情节轻微尚不构成犯罪的，处以2000元以上1万元以下的罚款；有非法所得的，没收非法所得。

第三十四条 未经批准携带或者托运枪支、弹药出境、入境的，没收其枪支、弹药，并处以1000元以上5000元以下的罚款。

第三十五条 有下列情形之一的，处以警告或者500元以下罚款：

（一）未经批准进入口岸的限定区域或者进入后不服从管理，扰乱口岸管理秩序的；

（二）侮辱边防检查人员的；

（三）未经批准或者未按照规定登陆、住宿的。

第三十六条 出境、入境的交通运输工具载运不准出境、入境人员，偷越国（边）境人员及未持有效出境、入境证件的人员出境、入境的，对其负责人按每载运一人处以5000元以上1万元以下的罚款。

第三十七条 交通运输工具有下列情形之一的，对其负责人处以1万元以上3万元以下的罚款：

（一）离、抵口岸时，未经边防检查站同意，擅自出境、入境的；

（二）未按照规定向边防检查站申报员工、旅客和货物情况的，或者拒绝协助检查的；

（三）交通运输工具在入境后到入境检查前、出境检查后到出境前，未经边防检查站许可，上下人员、装卸物品的。

第三十八条 交通运输工具有下列情形之一的，对其负责人给予警告并处500元以上5000元以下的罚款：

（一）出境、入境的交通运输工具在中国境内不按照规定的路线行驶的；

（二）外国船舶未经许可停靠在非对外开放港口的；

（三）中国船舶未经批准擅自搭靠外国籍船舶的。

第三十九条 出境、入境的船舶、航空器，由于不可预见的紧急情况或者不可抗拒的原因，驶入对外开放口岸对外地区，没有正当理由不向附近边防检查站或者当地公安机关报告的；或者在驶入原因消失后，没有按照通知的时间和路线离去的，对其负责人处以 1 万元以下的罚款。

第四十条 边防检查站执行罚没款处罚，应当向被处罚人出具收据。罚没款应当按照规定上缴国库。

第四十一条 出境、入境的人员违反本条例的规定，构成犯罪的，依法追究刑事责任。

第四十二条 被处罚人对边防检查站作出的处罚决定不服的，可以自接到处罚决定书之日起 15 日内，向边防检查站所在地的县级公安机关申请复议；有关县级公安机关应当自接到复议申请书之日起 15 日内作出复议决定；被处罚人对复议决定不服的，可以自接到复议决定书之日起 15 日内，向人民法院提起诉讼。

第六章 附 则

第四十三条 对享有外交特权与豁免权的外国人入境、出境的边防检查，法律有特殊规定的，从其规定。

第四十四条 外国对中华人民共和国公民和交通运输工具入境、过境、出境的检查和管理有特别规定的，边防检查站可以根据主管机关的决定采取相应的措施。

第四十五条 对往返香港、澳门、台湾的中华人民共和国公民和交通运输工具的边防检查，适用本条例的规定；法律、行政法规有专门规定的，从其规定。

第四十六条 本条例下列用语的含义：

“出境、入境的人员”，是指一切离开、进入或者通过中华人民共和国国（边）境的中国籍、外国籍和无国籍人。

“出境、入境的交通运输工具”，是指一切离开、进入或者通过中华人民共和国国（边）境的船舶、航空器、火车和机动车辆、非机动车辆以及驮畜。

“员工”，是指出境、入境的船舶、航空器、火车和机动车辆的负责人、驾驶员、服务员和其他工作人员。

第四十七条 本条例自 1995 年 9 月 1 日起施行。1952 年 7 月 29 日中央人民政府政务院批准实施的《出入国境治安检查暂行条例》和 1965 年 4 月 30 日国务院发布的《边防检查条例》同时废止。

五、《中华人民共和国国境卫生检疫法》

《中华人民共和国国境卫生检疫法》

第一章 总 则

第一条 为了防止传染病由国外传入或者由国内传出，实施国境卫生检疫，保护人体健康，制定本法。

第二条 在中华人民共和国国际通航的港口、机场以及陆地边境和国界江河的口岸（以下简称国境口岸），设立国境卫生检疫机关，依照本法规定实施传染病检疫、监测和卫生监督。

国务院卫生行政部门主管全国国境卫生检疫工作。

第三条 本法规定的传染病是指检疫传染病和监测传染病。

第四条 入境、出境的人员、交通工具、运输设备以及可能传播检疫传染病的行李、货物、邮包等物品，都应当接受检疫，经国境卫生检疫机关许可，方准入境或者出境。具体办法由本法实施细则规定。

第五条 国境卫生检疫机关发现检疫传染病或者疑似检疫传染病时，除采取必要措施外，必须立即通知当地卫生行政部门，同时用最快方法报告国务院卫生行政部门，最迟不得超过 24 小时。邮电部门对疫情报告应当优先传送。

中华人民共和国与外国之间的传染病疫情通报，由国务院卫生行政部门会同有关部门办理。

第六条 在国外或者国内有检疫传染病大流行的时候，国务院可以下令封锁有关的国境或者采取其他紧急措施。

第二章 检 疫

第七条 入境的交通工具和人员，必须在最先到达的国境口岸的指定地点接受检疫。除引航员外，未经国境卫生检疫机关许可，任何人不准下交通工具，不准装卸行李、货物、邮包等物品。具体办法由本法实施细则规定。

第八条 出境的交通工具和人员，必须在最后离开的国境口岸接受检疫。

第九条 来自国外的船舶、航空器因故停泊、降落在中国境内非口岸地点的时候，船舶、航空器的负责人应当立即向就近的国境卫生检疫机关或者当地卫生行政部门报告。除急救情况外，未经国境卫生检疫机关或者当地卫生行政部门许可，任何人不准上下船舶、航空器，不准装卸行李、货物、邮包等物品。

第十条 在国境口岸发现检疫传染病，疑似检疫传染病，或者有人非因意外伤害而死亡并死因不明的，国境口岸有关单位和交通工具的负责人，应当立即向国境卫生检疫机关报告，并申请临时检疫。

第十一条 国境卫生检疫机关依据检疫医师提供的检疫结果，对未染有检疫传染病或者已实施卫生处理的交通工具，签发入境检疫证出境检疫证。

第十二条 国境卫生检疫机关对检疫传染病染疫人必须立即将其隔离，隔离期限根据医学检查结果确定；对检疫传染病染疫嫌疑人应当将其留验，留验期限根据该传染病的潜伏期确定。

因患检疫传染病而死亡的尸体，必须就近火化。

第十三条 接受入境检疫的交通工具有下列情形之一的，应当实施消毒、除鼠、除虫或者其他卫生处理：

（一）来自检疫传染病疫区的；

（二）被检疫传染病污染的；

（三）发现有与人类健康有关的啮齿动物或者病媒昆虫的。

如果外国交通工具的负责人拒绝接受卫生处理，除有特殊情况外，准许该交通工具在国境卫生检疫机关的监督下，立即离开中华人民共和国国境。

第十四条 国境卫生检疫机关对来自疫区的、被检疫传染病污染的或者可能成为检疫传染病传播媒介的行李、货物、邮包等物品，应当进行卫生检查，实施消毒、除鼠、除虫或者其他卫生处理。

入境、出境的尸体。骸骨的托运人或者代理人，必须向国境卫生检疫机关申报，经卫生检查合格后发给入境、出境许可证，方准运进或者运出。

第三章 传染病监测

第十五条 国境卫生检疫机关对入境、出境的人员实施传染病监测，并且采取必要的预防、控制措施。

第十六条 国境卫生检疫机关有权要求入境、出境的人员填写健康申明卡，出示某种传染病的预防接种证书，健康证明或者其他有关证件。

第十七条 对患有监测传染病的人、来自国外监测传染病流行区的人或者与监测传染病人密切接触的人。国境卫生检疫机关应当区别情况，发给就诊方便卡，实施留验或者采取其他预防、控制措施，并及时通知当地卫生行政部门，各地医疗单位对持有就诊方便卡的人员，应当优先诊治。

第四章　卫生监督

第十八条　国境卫生检疫机关根据国家规定的卫生标准，对国境口岸的卫生状况和停留在国境口岸的入境、出境的交通工具的卫生状况实施卫生监督：

（一）监督和指导有关人员对啮齿动物、病媒昆虫的防除；

（二）检查和检验食品、饮用水及其储存、供应、运输设施；

（三）监督从事食品、饮用水供应的从业人员的健康状况，检查其健康证明书；

（四）监督和监查垃圾、废物、污水、粪便、压舱水的处理。

第十九条　国境卫生检疫机关设立国境口岸卫生监督员，执行国境卫生检疫机关交给的任务。

国境口岸卫生监督员在执行任务时，有权对国境口岸和入境、出境的交通工具进行卫生监督和技术指导，对卫生状况不良和可能引起传染病传播的因素提出改进意见，协同有关部门采取必要的措施，进行卫生处理。

第五章　法律责任

第二十条　对违反本法规定，有下列行为之一的单位或者个人，国境卫生检疫机关可以根据情节轻重，给予警告或者罚款：

（一）逃避检疫，向国境卫生检疫机关隐瞒真实情况的；

（二）入境的人员未经国境卫生检疫机关许可，擅自上下交通工具，或者装卸行李、货物、邮包等物品，不听劝阻的。

罚款全部上缴国库。

第二十一条　当事人对国境卫生检疫机关给予的罚款决定不服的，可以在接到通知之日起 15 日内，向当地人民法院起诉。逾期不起诉又不履行的，国境卫生检疫机关可以申请人民法院强制执行。

第二十二条　违反本法规定，引起检疫传染病传播或者有引起检疫传染病传播严重危险的，依照《中华人民共和国刑法》第一百七十八条的规定追究刑事责任。

第二十三条　国境卫生检疫机关工作人员，应当秉公执法，忠于职守，对入境、出境的交通工具和人及时进行检疫；违法失职的，给予行政处分，情节严重构成犯罪的，依法追究刑事责任。

第六章　附　则

第二十四条　中华人民共和国缔结或者参加的有关卫生检疫的国际条约同本法有不同规定的，适用该国际条约的规定，但是，中华人民共和国声明保留的条款除外。

第二十五条　中华人民共和国边防机关与邻国边防机关之间在边境地区的往来，居住在两国边境接壤地区的居民在边境指定地区的临时往来，双方的交通工具和人员的入境、出境检疫，依照双方协议办理，没有协议的，依照中国政府的有关规定办理。

第二十六条　国境卫生检疫机关实施卫生检疫，按照国家规定收取费用。

第二十七条　国务院卫生行政部门根据本法制定实施细则，报国务院批准后执行。

第二十八条　本法自 1987 年 5 月 1 日起施行。1957 年 12 月 23 日公布的《中华人民共和国国境卫生检疫条例》同时废止。

六、《中华人民共和国国境卫生检疫法实施细则》

《中华人民共和国国境卫生检疫法实施细则》（节录）

第一章　一般规定

第一条　根据《中华人民共和国国境卫生检疫法》（以下称《国境卫生检疫法》）的规定，制定本细则。

第二条　《国境卫生检疫法》和本细则所称：

“查验”指国境卫生检疫机关（以下称卫生检疫机关）实施的医学检查和卫生检查。

“染疫人”指正在患检疫传染病的人，或者经卫生检疫机关初步诊断，认为已经感染检疫传染病或者已经处于检疫传染病潜伏期的人。

“染疫嫌疑人”指接触过检疫传染病的感染环境，并且可能传播检疫传染病的人。

“隔离”指将染疫人收留在指定的处所，限制其活动并进行治疗，直到消除传染病传播的危险。

“留验”指将染疫嫌疑人收留在指定的处所进行诊察和检验。

“就地诊验”指一个人在卫生检疫机关指定的期间，到就近的卫生检疫机关或者其他医疗卫生单位去接受诊察和检验；或者卫生检疫机关、其他医疗卫生单位到该人员的居留地，对其进行诊察和检验。

“运输设备”指货物集装箱。

“卫生处理”指隔离、留验和就地诊验等医学措施，以及消毒、除鼠、除虫等卫生措施。

“传染病监测”指对特定环境、人群进行流行病学、血清学、病原学、临床症状以及其他有关影响因素的调查研究，预测有关传染病的发生、发展和流行。

“卫生监督”指执行卫生法规和卫生标准所进行的卫生检查、卫生鉴定、卫生评价和采样检验。

“交通工具”指船舶、航空器、列车和其他车辆。

“国境口岸”指国际通航的港口、机场、车站、陆地边境和国界江河的关口。

第三条 卫生检疫机关在国境口岸工作的范围，是指为国境口岸服务的涉外宾馆、饭店、俱乐部，为入境、出境交通工具提供饮食、服务的单位和对入境、出境人员、交通工具、集装箱和货物实施检疫、监测、卫生监督的场所。

第四条 入境、出境的人员、交通工具和集装箱，以及可能传播检疫传染病的行李、货物、邮包等，均应当按照本细则的规定接受检疫，经卫生检疫机关许可，方准入境或者出境。

第五条 卫生检疫机关发现染疫人时，应当立即将其隔离，防止任何人遭受感染，并按照本细则第八章的规定处理。

卫生检疫机关发现染疫嫌疑人时，应当按照本细则第八章的规定处理。但对第八章规定以外的其他病种染疫嫌疑人，可以从该人员离开感染环境的时候算起，实施不超过该传染病最长潜伏期的就地诊验或者留验以及其他的卫生处理。

第六条 卫生检疫机关应当阻止染疫人、染疫嫌疑人出境，但是对来自国外并且在到达时受就地诊验的人，本人要求出境的，可以准许出境；如果乘交通工具出境，检疫医师应当将这种情况在出境检疫证上签注，同时通知交通工具负责人采取必要的预防措施。

第七条 在国境口岸以及停留在该场所的入境、出境交通工具上，所有非因意外伤害而死亡并死因不明的尸体，必须经卫生检疫机关查验，并签发尸体移运许可证后，方准移运。

第八条 来自国内疫区的交通工具，或者在国内航行中发现检疫传染病、疑似检疫传染病，或者有人非因意外伤害而死亡并死因不明的，交通工具负责人应当向到达的国境口岸卫生检疫机关报告，接受临时检疫。

第九条 在国内或者国外检疫传染病大流行的时候，国务院卫生行政部门应当立即报请国务院决定采取下列检疫措施的一部或者全部：

（一）下令封锁陆地边境、国界江河的有关区域；

（二）指定某些物品必须经过消毒、除虫，方准由国外运进或者由国内运出；

（三）禁止某些物品由国外运进或者由国内运出；

（四）指定第一入境港口、降落机场。对来自国外疫区的船舶、航空器，除因遇险或者其他特殊原因外，没有经第一入境港口、机场检疫的，不准进入其他港口和机场。

第十条 入境、出境的集装箱、货物、废旧物等物品在到达口岸的时候，承运人、代理人或者货主，必须向卫生检疫机关申报并接受卫生检疫。对来自疫区的、被传染病污染的以及可能传播检疫传染病或者发现与人类健康有关的啮齿动物和病媒昆虫的集装箱、货物、废旧物等物品，应当实施消毒、除鼠、除虫或者其他必要的卫生处理。

集装箱、货物、废旧物等物品的货主要求在其他地方实施卫生检疫、卫生处理的，卫生检疫机关可以给予方便，并按规定办理。

海关凭卫生检疫机关签发的卫生处理证明放行。

第十一条 入境、出境的微生物、人体组织、生物制品、血液及其制品等特殊物品的携带人、托运人或者邮递人，必须向卫生检疫机关申报并接受卫生检疫，未经卫生检疫机关许可，不准入境、出境。

海关凭卫生检疫机关签发的特殊物品审批单放行。

第十二条 入境、出境的旅客、员工个人携带或者托运可能传播传染病的行李和物品，应当接受卫生检查。卫生检疫机关对来自疫区或者被传染病污染的各种食品、饮料、水产品等应当实施卫生处理或者销毁，并签发卫生处理证明。

海关凭卫生检疫机关签发的卫生处理证明放行。

第十三条 卫生检疫机关对应当实施卫生检疫的邮包进行卫生检查和必要的卫生处理时，邮政部门应予配合。未经卫生检疫机关许可，邮政部门不得运递。

第十四条 卫生检疫单、证的种类、式样和签发办法，由国务院卫生行政部门规定。

第二章 疫情通报

第十五条 在国境口岸以及停留在国境口岸的交通工具上，发现检疫传染病、疑似检疫传染病，或者有人非因意外伤害而死亡并死因不明时，国境口岸有关单位以及交通工具的负责人，应当立即向卫生检疫机关报告。

第十六条 卫生检疫机关发现检疫传染病、监测传染病、疑似检疫传染病时，应当向当地卫生行政部门和卫生防疫机构通报；发现检疫传染病时，还应当用最快的办法向国务院卫生行政部门报告。

当地卫生防疫机构发现检疫传染病、监测传染病时，应当向卫生检疫机关通报。

第十七条 在国内或者国外某一地区发生检疫传染病流行时，国务院卫生行政部门可以宣布该地区为疫区。

第三～第六章 （略）

第七章 卫生处理

第五十三条 卫生检疫机关的工作人员在实施卫生处理时，必须注意下列事项：

（一）防止对任何人的健康造成危害；

（二）防止对交通工具的结构和设备造成损害；

（三）防止发生火灾；

（四）防止对行李、货物造成损害。

第五十四条 入境、出境的集装箱、行李、货物、邮包等物品需要卫生处理的，由卫生检疫机关实施。

入境、出境的交通工具有下列情形之一的，应当由卫生检疫机关实施消毒、除鼠、除虫或者其他卫生处理：

（一）来自检疫传染病疫区的；

（二）被检疫传染病污染的；

（三）发现有与人类健康有关的啮齿动物或者病媒昆虫，超过国家卫生标准的。

第五十五条 由国外起运经过中华人民共和国境内的货物，如果不在境内换装，除发生在流行病学上有重要意义的事件，需要实施卫生处理外，在一般情况下不实施卫生处理。

第五十六条 卫生检疫机关对入境、出境的废旧物品和曾行驶于境外港口的废旧交通工具，根据污染程度，分别实施消毒、除鼠、除虫，对污染严重的实施销毁。

第五十七条 入境、出境的尸体、骸骨托运人或者代理人应当申请卫生检疫，并出示死亡证明或者其他有关证件，对不符合卫生要求的，必须接受卫生检疫机关实施的卫生处理。经卫生检疫机关签发尸体、骸骨入境、出境许可证后，方准运进或者运出。

对因患检疫传染病而死亡的病人尸体，必须就近火化，不准移运。

第五十八条 卫生检疫机关对已在到达本口岸前的其他口岸实施卫生处理的交通工具不再重复实施卫生处理。但有下列情形之一的，仍需实施卫生处理：

（一）在原实施卫生处理的口岸或者该交通工具上，发生流行病学上有重要意义的事件，需要进一步实施卫生处理的；

（二）在到达本口岸前的其他口岸实施的卫生处理没有实际效果的。

第五十九条 在国境口岸或者交通工具上发现啮齿动物有反常死亡或者死因不明的，国境口岸有关单位或者交通工具的负责人，必须立即向卫生检疫机关报告，迅速查明原因，实施卫生处理。

第六十条 国际航行船舶的船长，必须每隔6个月向卫生检疫机关申请一次鼠患检查，卫生检疫机关根据检查结果实施除鼠或者免予除鼠，并且分别发给除鼠证书或者免予除鼠证书。该证书自签发之日起6个月内有效。

第六十一条 卫生检疫机关只有在下列之一情况下，经检查确认船舶无鼠害的，方可签发免予除鼠证书：

（一）空舱；

（二）舱内虽然装有压舱物品或者其他物品，但是这些物品不引诱鼠类，放置情况又不妨碍实施鼠患检查。

对油轮在实舱时进行检查，可以签发免予除鼠证书。

第六十二条 对船舶的鼠患检查或者除鼠，应当尽量在船舶空舱的时候进行。如果船舶因故不宜按期进行鼠患检查或者蒸熏除鼠，并且该船又开往便于实施鼠患检查或者蒸熏除鼠的港口，可以准许该船原有的除鼠证书或者免予除鼠证书的有效期延长1个月，并签发延长证明。

第六十三条 对国际航行的船舶，按照国家规定的标准，应当用蒸熏的方法除鼠时，如果该船的除鼠证书或者免予除鼠证书尚未失效，除该船染有鼠疫或者鼠疫嫌疑外，卫生检疫机关应当将除鼠理由通知船长。船长应当按照要求执行。

第六十四条 船舶在港口停靠期间，船长应当负责采取下列的措施：

（一）缆绳上必须使用有效的防鼠板，或者其他防鼠装置；

（二）夜间放置扶梯、桥板时，应当用强光照射；

（三）在船上发现死鼠或者捕获到鼠类时，应当向卫生检疫机关报告。

第六十五条 在国境口岸停留的国内航行的船舶如果存在鼠患，船方应当进行除鼠。根据船方申请，也可由卫生检疫机关实施除鼠。

第六十六条 国务院卫生行政部门认为必要时，可以要求来自国外或者国外某些地区的人员在入境时，向卫生检疫机关出示有效的某种预防接种证书或者健康证明。

第六十七条 预防接种的有效期如下：

（一）黄热病疫苗自接种后第10日起，10年内有效。如果前次接种不满10年又经复种，自复种的当日起，10年内有效；

（二）其他预防接种的有效期，按照有关规定执行。

第八章 检疫传染病管理

第一节 鼠疫

第六十八条 鼠疫的潜伏期为6日。

第六十九条 船舶、航空器在到达时，有下列情形之一的，为染有鼠疫：

（一）船舶、航空器上有鼠疫病例的；

（二）船舶、航空器上发现有感染鼠疫的啮齿动物的；

（三）船舶上曾经有人在上船6日以后患鼠疫的。

第七十条 船舶在到达时，有下列情形之一的，为染有鼠疫嫌疑：

（一）船舶上没有鼠疫病例，但曾经有人在上船后6日以内患鼠疫的；

（二）船上啮齿动物有反常死亡，并且死因不明的。

第七十一条 对染有鼠疫的船舶、航空器应当实施下列卫生处理：

（一）对染疫人实施隔离；

（二）对染疫嫌疑人实施除虫，并且从到达时算起，实施不超过6日的就地诊验或者留验。在此期间，船上的船员除因工作需要并且经卫生检疫机关许可外，不准上岸；

（三）对染疫人、染疫嫌疑人的行李、使用过的其他物品和卫生检疫机关认为有污染嫌疑的物品，实施除虫，必要时实施消毒；

（四）对染疫人占用过的部位和卫生检疫机关认为有污染嫌疑的部位，实施除虫，必要时实施消毒；

（五）船舶、航空器上有感染鼠疫的啮齿动物，卫生检疫机关必须实施除鼠。如果船舶上发现只有未感染鼠疫的啮齿动物，卫生检疫机关也可以实施除鼠。实施除鼠可以在隔离的情况下进行。对船舶的除鼠应当在卸货以前进行；

（六）卸货应当在卫生检疫机关的监督下进行，并且防止卸货的工作人员遭受感染，必要时，对卸货的工作人员从卸货完毕时算起，实施不超过6日的就地诊验或者留验。

第七十二条 对染有鼠疫嫌疑的船舶，应当实施本细则第七十一条第（二）至第（六）项规定的卫生处理。

第七十三条 对没有染疫的船舶、航空器，如果来自鼠疫疫区，卫生检疫机关认为必要时，可以实施下列卫生处理：

（一）对离船、离航空器的染疫嫌疑人，从船舶、航空器离开疫区的时候算起，实施不超过 6 日的就地诊验或者留验；

（二）在特殊情况下，对船舶、航空器实施除鼠。

第七十四条 对到达的时候载有鼠疫病例的列车和其他车辆，应当实施下列卫生处理：

（一）本细则第七十一条第（一）、第（三）、第（四）、第（六）项规定的卫生处理；

（二）对染疫嫌疑人实施除虫，并且从到达时算起，实施不超过 6 日的就地诊验或者留验；

（三）必要时，对列车和其他车辆实施除鼠。

第二节 霍乱

第七十五条 霍乱潜伏期为 5 日。

第七十六条 船舶在到达的时候载有霍乱病例，或者在到达前 5 日以内，船上曾经有霍乱病例发生，为染有霍乱。

船舶在航行中曾经有霍乱病例发生，但是在到达前 5 日以内，没有发生新病例，为染有霍乱嫌疑。

第七十七条 航空器在到达的时候载有霍乱病例，为染有霍乱。

航空器在航行中曾经有霍乱病例发生，但在到达以前该病员已经离去，为染有霍乱嫌疑。

第七十八条 对染有霍乱的船舶、航空器，应当实施下列卫生处理：

（一）对染疫人实施隔离；

（二）对离船、离航空器的员工、旅客，从卫生处理完毕时算起，实施不超过 5 日的就地诊验或者留验；从船舶到达时算起 5 日内，船上的船员除因工作需要，并且经卫生检疫机关许可外，不准上岸；

（三）对染疫人、染疫嫌疑人的行李，使用过的其他物品和有污染嫌疑的物品、食品实施消毒；

（四）对染疫人占用的部位，污染嫌疑部位，实施消毒；

（五）对污染或者有污染嫌疑的饮用水，应当实施消毒后排放，并在储水容器消毒后再换清洁饮用水；

（六）人的排泄物、垃圾、废水、废物和装自霍乱疫区的压舱水，未经消毒，不准排放和移下；

（七）卸货必须在卫生检疫机关监督下进行，并且防止工作人员遭受感染，必要时，对卸货工作人员从卸货完毕时算起，实施不超过 5 日的就地诊验或者留验。

第七十九条 对染有霍乱嫌疑的船舶、航空器应当实施下列卫生处理：

（一）本细则第七十八条第（二）至第（七）项规定的卫生处理；

（二）对离船、离航空器的员工、旅客从到达时算起，实施不超过 5 日的就地诊验或者留验。在此期间，船上的船员除因工作需要，并经卫生检疫机关许可外，不准离开口岸区域；或者对离船、离航空器的员工、旅客，从离开疫区时算起，实施不超过 5 日的就地诊验或者留验。

第八十条 对没有染疫的船舶、航空器，如果来自霍乱疫区，卫生检疫机关认为必要时，可以实施下列卫生处理：

（一）本细则第七十八条第（五）、第（六）项规定的卫生处理；

（二）对离船、离航空器的员工、旅客，从离开疫区时算起，实施不超过 5 日的就地诊验或者留验。

第八十一条 对到达时载有霍乱病例的列车和其他车辆应当实施下列卫生处理：

（一）按本细则第七十八条第（一）、第（三）、第（四）、第（五）、第（七）项规定的卫生处理；

（二）对染疫嫌疑人从到达时算起，实施不超过 5 日的就地诊验或者留验。

第八十二条 对来自霍乱疫区的或者染有霍乱嫌疑的交通工具，卫生检疫机关认为必要时，可以实施除虫、消毒；如果交通工具载有水产品、水果、蔬菜、饮料及其他食品，除装在密封容器内没有被污染外，未经卫生检疫机关许可，不准卸下，必要时可以实施卫生处理。

第八十三条 对来自霍乱疫区的水产品、水果、蔬菜、饮料以及装有这些制品的邮包，卫生检疫机关在查验时，为了判明是否被污染，可以抽样检验，必要时可以实施卫生处理。

第三节 黄热病

第八十四条 黄热病的潜伏期为 6 日。

第八十五条 来自黄热病疫区的人员，在入境时，必须向卫生检疫机关出示有效的黄热病预防接种证书。

对无有效的黄热病预防接种证书的人员，卫生检疫机关可以从该人员离开感染环境的时候算起，实施6日的留验，或者实施预防接种并留验到黄热病预防接种证书生效时为止。

第八十六条 航空器到达时载有黄热病病例，为染有黄热病。

第八十七条 来自黄热病疫区的航空器，应当出示在疫区起飞前的灭蚊证书；如果在到达时不出示灭蚊证书，或者卫生检疫机关认为出示的灭蚊证书不符合要求，并且在航空器上发现活蚊，为染有黄热病嫌疑。

第八十八条 船舶在到达时载有黄热病病例，或者在航行中曾经有黄热病病例发生，为染有黄热病。

船舶在到达时，如果离开黄热病疫区没有满6日，或者没有满30日并且在船上发现埃及伊蚊或者其他黄热病媒介，为染有黄热病嫌疑。

第八十九条 对染有黄热病的船舶、航空器，应当实施下列卫生处理：

（一）对染疫人实施隔离；

（二）对离船、离航空器又无有效的黄热病预防接种证书的员工、旅客，实施本细则第八十五条规定的卫生处理；

（三）彻底杀灭船舶、航空器上的埃及伊蚊及其虫卵、幼虫和其他黄热病媒介，并且在没有完成灭蚊以前限制该船与陆地和其他船舶的距离不少于400米；

（四）卸货应当在灭蚊以后进行，如果在灭蚊以前卸货，应当在卫生检疫机关监督下进行，并且采取预防措施，使卸货的工作人员免受感染，必要时，对卸货的工作人员，从卸货完毕时算起，实施6日的就地诊验或者留验。

第九十条 对染有黄热病嫌疑的船舶、航空器，应当实施本细则第八十九条第（二）至第（四）项规定的卫生处理。

第九十一条 对没有染疫的船舶、航空器，如果来自黄热病疫区，卫生检疫机关认为必要时，可以实施本细则第八十九条第（三）项规定的卫生处理。

第九十二条 对到达的时候载有黄热病病例的列车和其他车辆，或者来自黄热病疫区的列车和其他车辆，应当实施本细则第八十九条第（一）、第（四）项规定的卫生处理；对列车、车辆彻底杀灭成蚊及其虫卵、幼虫；对无有效黄热病预防接种证书的员工、旅客，应当实施本细则第八十五条规定的卫生处理。

第四节 就地诊验、留验和隔离

第九十三条 卫生检疫机关对受就地诊验的人员，应当发给就地诊验记录簿，必要的时候，可以在该人员出具履行就地诊验的保证书以后，再发给其就地诊验记录簿。

受就地诊验的人员应当携带就地诊验记录簿，按照卫生检疫机关指定的期间、地点，接受医学检查；如果就地诊验的结果没有染疫，就地诊验期满的时候，受就地诊验的人员应当将就地诊验记录簿退还卫生检疫机关。

第九十四条 卫生检疫机关应当将受就地诊验人员的情况，用最快的方法通知受就地诊验人员的旅行停留地的卫生检疫机关或者其他医疗卫生单位。

卫生检疫机关、医疗卫生单位遇有受就地诊验的人员请求医学检查时，应当视同急诊给予医学检查，并将检查结果在就地诊验记录簿上签注；如果发现其患检疫传染病或者监测传染病、疑似检疫传染病或者疑似监测传染病时，应当立即采取必要的卫生措施，将其就地诊验记录簿收回存查，并且报告当地卫生防疫机构和签发就地诊验记录簿的卫生检疫机关。

第九十五条 受留验的人员必须在卫生检疫机关指定的场所接受留验；但是有下列情形之一的，经卫生检疫机关同意，可以在船上留验：

（一）船长请求船员在船上留验的；

（二）旅客请求在船上留验，经船长同意，并且船上有船医和医疗、消毒设备的。

第九十六条 受留验的人员在留验期间如果出现检疫传染病的症状，卫生检疫机关应当立即对该人员实施隔离，对与其接触的其他受留验的人员，应当实施必要的卫生处理，并且从卫生处理完毕时算起，重新计算留验时间。

第九章 传染病监测

第九十七条 入境、出境的交通工具、人员、食品、饮用水和其他物品以及病媒昆虫、动物，均为传染病监测的对象。

第九十八条 传染病监测内容是：

（一）首发病例的个案调查；

（二）暴发流行的流行病学调查；

（三）传染源调查；

（四）国境口岸内监测传染病的回顾性调查；

（五）病原体的分离、鉴定，人群、有关动物血清学调查以及流行病学调查；

（六）有关动物、病媒昆虫、食品、饮用水和环境因素的调查；

（七）消毒、除鼠、除虫的效果观察与评价；

（八）国境口岸以及国内外监测传染病疫情的收集、整理、分析和传递；

（九）对监测对象开展健康检查和对监测传染病病人、疑似病人、密切接触人员的管理。

第九十九条 卫生检疫机关应当阻止患有严重精神病、传染性肺结核病或者有可能对公共卫生造成重大危害的其他传染病的外国人入境。

第一百条 受入境、出境检疫的人员，必须根据检疫医师的要求，如实填报健康申明卡，出示某种有效的传染病预防接种证书、健康证明或者其他有关证件。

第一百零一条 卫生检疫机关对国境口岸的涉外宾馆、饭店内居住的入境、出境人员及工作人员实施传染病监测，并区别情况采取必要的预防、控制措施。

对来自检疫传染病和监测传染病疫区的人员，检疫医师可以根据流行病学和医学检查结果，发给就诊方便卡。

卫生检疫机关、医疗卫生单位遇到持有就诊方便卡的人员请求医学检查时，应当视同急诊给予医学检查；如果发现其患检疫传染病或者监测传染病，疑似检疫传染病或者疑似监测传染病，应当立即实施必要的卫生措施，并且将情况报告当地卫生防疫机构和签发就诊方便卡的卫生检疫机关。

第一百零二条 凡申请出境居住 1 年以上的中国籍人员，必须持有卫生检疫机关签发的健康证明。中国公民出境、入境管理机关凭卫生检疫机关签发的健康证明办理出境手续。

凡在境外居住 1 年以上的中国籍人员，入境时必须向卫生检疫机关申报健康情况，并在入境后 1 个月内到就近的卫生检疫机关或者县级以上的医院进行健康检查。公安机关凭健康证明办理有关手续。健康证明的副本应当寄送到原入境口岸的卫生检疫机关备案。

国际通行交通工具上的中国籍员工，应当持有卫生检疫机关或者县级以上医院出具的健康证明。健康证明的项目、格式由国务院卫生行政部门统一规定，有效期为 12 个月。

第一百零三条 卫生检疫机关在国境口岸内设立传染病监测点时，有关单位应当给予协助并提供方便。

第十～第十二章 （略）

七、《出入境人员携带物检疫管理办法》

《出入境人员携带物检疫管理办法》

第一章 总 则

第一条 为了防止人类传染病及其医学媒介生物、动物传染病、寄生虫病和植物危险性病、虫、杂草以及其他有害生物经国境传入、传出，保护人体健康和农、林、牧、渔业以及环境安全，依据《中华人民共和国进出境动植物检疫法》及其实施条例、《中华人民共和国国境卫生检疫法》及其实施细则、《农业转基因生物安全管理条例》、《中华人民共和国濒危野生动植物进出口管理条例》等法律法规的规定，制定本办法。

第二条 本办法所称出入境人员，是指出入境的旅客（包括享有外交、领事特权与豁免权的外交代表）和交通工具的员工以及其他人员。

本办法所称携带物，是指出入境人员随身携带以及随所搭乘的车、船、飞机等交通工具托运的物品和分离运输的物品。

第三条 国家质量监督检验检疫总局（以下简称“国家质检总局”）主管全国出入境人员携带物检疫和监督管理工作。

国家质检总局设在各地的出入境检验检疫机构（以下简称“检验检疫机构”）负责所辖地区出入境人员携带物检疫和监督管理工作。

第四条 出入境人员携带下列物品，应当申报并接受检验检疫机构检疫：

（一）入境动植物、动植物产品和其他检疫物；

（二）出入境生物物种资源、濒危野生动植物及其产品；

（三）出境的国家重点保护的野生动植物及其产品；

（四）出入境的微生物、人体组织、生物制品、血液及血液制品等特殊物品（以下简称“特殊物品”）；

（五）出入境的尸体、骸骨等；

（六）来自疫区、被传染病污染或者可能传播传染病的出入境的行李和物品；

（七）国家质检总局规定的其他应当向检验检疫机构申报并接受检疫的携带物。

第五条 出入境人员禁止携带下列物品进境：

（一）动植物病原体（包括菌种、毒种等）、害虫及其他有害生物；

（二）动植物疫情流行的国家或者地区的有关动植物、动植物产品和其他检疫物；

（三）动物尸体；

（四）土壤；

（五）《中华人民共和国禁止携带、邮寄进境的动植物及其产品名录》所列各物；

（六）国家规定禁止进境的废旧物品、放射性物质以及其他禁止进境物。

第六条 经检验检疫机构检疫，发现携带物存在重大检疫风险的，检验检疫机构应当启动风险预警及快速反应机制。

第二章 检疫审批

第七条 携带动植物、动植物产品入境需要办理检疫审批手续的，应当事先向国家质检总局申请办理动植物检疫审批手续。

第八条 携带植物种子、种苗及其他繁殖材料入境，因特殊情况无法事先办理检疫审批的，应当按照有关规定申请补办。

第九条 因科学研究等特殊需要，携带本办法第五条第一项至第四项规定的物品入境的，应当事先向国家质检总局申请办理动植物检疫特许审批手续。

第十条 《中华人民共和国禁止携带、邮寄进境的动植物及其产品名录》所列各物，经国家有关行政主管部门审批许可，并具有输出国家或者地区官方机构出具的检疫证书的，可以携带入境。

第十一条 携带特殊物品出入境，应当事先向直属检验检疫局办理卫生检疫审批手续。

第三章 申报与现场检疫

第十二条 携带本办法第四条所列各物入境的，入境人员应当按照有关规定申报，接受检验检疫机构检疫。

第十三条 检验检疫机构可以在交通工具、人员出入境通道、行李提取或者托运处等现场，对出入境人员携带物进行现场检查，现场检查可以使用X光机、检疫犬以及其他方式进行。

对出入境人员可能携带本办法规定应当申报的携带物而未申报的，检验检疫机构可以进行查询并抽检其物品，必要时可以开箱（包）检查。

第十四条 出入境人员应当接受检查，并配合检验检疫人员工作。

享有外交、领事特权与豁免权的外国机构和人员公用或者自用的动植物、动植物产品和其他检疫物入境，应当接受检验检疫机构检疫；检验检疫机构查验，须有外交代表或者其授权人员在场。

第十五条 对申报以及现场检查发现的本办法第四条所列各物，检验检疫机构应当进行现场检疫。

第十六条 携带植物种子、种苗及其他繁殖材料入境的，携带人应当向检验检疫机构提供《引进种子、苗木检疫审批单》或者《引进林木种子、苗木和其他繁殖材料检疫审批单》。

携带除本条第一款之外的其他应当办理检疫审批的动植物、动植物产品和其他检疫物以及应当办理动植物检疫特许审批的禁止进境物入境的，携带人应当向检验检疫机构提供国家质检总局签发的《中华人民共和国进境动植物检疫许可证》（以下简称“检疫许可证”）和其他相关单证。

检验检疫机构按照《引进种子、苗木检疫审批单》、《引进林木种子、苗木和其他繁殖材料检疫审批单》、检疫许可证和其他相关单证的要求以及有关规定对本条第一、二款规定的动植物和动植物产品及其他检疫物实施现场检疫。

第十七条 携带入境的活动物仅限犬或者猫（以下称“宠物”），并且每人每次限带1只。

携带宠物入境的，携带人应当向检验检疫机构提供输出国家或者地区官方动物检疫机构出具的有效检疫证书和疫苗接种证书。宠物应当具有芯片或者其他有效身份证明。

第十八条 携带农业转基因生物入境的，携带人应当向检验检疫机构提供《农业转基因生物安全证书》和输出国家或者地区官方机构出具的检疫证书。列入农业转基因生物标识目录的进境转基因生物，应当按照规定进行标识，携带人还应当提供国务院农业行政主管部门出具的农业转基因生物标识审查认可批准文件。

第十九条 携带特殊物品出入境的，携带人应当向检验检疫机构提供《入/出境特殊物品审批单》并接受卫生检疫。

携带供移植用器官、骨髓干细胞出入境，因特殊原因未办理卫生检疫审批手续的，出境、入境时检验检疫机构可以先予放行，货主或者其代理人应当在放行后10个工作日内申请补办卫生检疫审批手续。携带自用且仅限于预防或者治疗疾病用的血液制品或者生物制品出入境的，不需办理卫生检疫审批手续，但需出示医院的有关证明；允许携带量以处方或者说明书确定的一个疗程为限。

第二十条 携带尸体、骸骨等出入境的，携带人应当按照有关规定向检验检疫机构提供死者的死亡证明以及其他相关单证。

检验检疫机构依法对出入境尸体、骸骨等实施卫生检疫。

第二十一条 携带濒危野生动植物及其产品进出境或者携带国家重点保护的野生动植物及其产品出境的，应当在《中华人民共和国濒危野生动植物进出口管理条例》规定的指定口岸进出境，携带人应当向检验检疫机构提供进出口证明书。

第二十二条 检验检疫机构对携带人提供的检疫许可证以及其他相关单证进行核查，核查合格的，应当在现场实施检疫。现场检疫合格且无须作进一步实验室检疫、隔离检疫或者其他检疫处理的，可以当场放行。

携带物与提交的检疫许可证或者其他相关单证不符的，作限期退回或者销毁处理。

第二十三条 携带物有下列情形之一的，检验检疫机构依法予以截留：

（一）需要做实验室检疫、隔离检疫的；

（二）需要作检疫处理的；

（三）需要作限期退回或者销毁处理的；

（四）应当提供检疫许可证以及其他相关单证，不能提供的；

（五）需要移交其他相关部门的。

检验检疫机构应当对依法截留的携带物出具截留凭证，截留期限不超过7天。

第二十四条 携带动植物、动植物产品和其他检疫物出境，依法需要申报的，携带人应当按照规定申报并提供有关证明。

输入国家或者地区、携带人对出境动植物、动植物产品和其他检疫物有检疫要求的，由携带人提出申请，检验检疫机构依法实施检疫并出具有关单证。

第二十五条 检验检疫机构对入境中转人员携带物实行检疫监督管理。

航空公司对运载的入境中转人员携带物应当单独打板或者分舱运载，并在入境中转人员携带物外包装上加施明显标志。检验检疫机构必要时可以在国内段实施随航监督。

第四章 检疫处理

第二十六条 截留的携带物应当在检验检疫机构指定的场所封存或者隔离。

第二十七条 携带物需要做实验室检疫、隔离检疫的，经检验检疫机构截留检疫合格的，携带人应当持截留凭证在规定期限内领取，逾期不领取的，作自动放弃处理；截留检疫不合格又无有效处理方法的，作限期退回或者销毁处理。

逾期不领取或者出入境人员书面声明自动放弃的携带物，由检验检疫机构按照有关规定处理。

第二十八条 入境宠物应当隔离检疫30天（截留期限计入在内）。

来自狂犬病发生国家或者地区的宠物，应当在检验检疫机构指定的隔离场隔离检疫30天。

来自非狂犬病发生国家或者地区的宠物，应当在检验检疫机构指定隔离场隔离7天，其余23天在检验检疫机构指定的其他场所隔离。

携带宠物属于工作犬，如导盲犬、搜救犬等，携带人提供相应专业训练证明的，可以免予隔离检疫。

检验检疫机构对隔离检疫的宠物实行监督检查。

第二十九条 携带宠物入境，携带人不能向检验检疫机构提供输出国家或者地区官方动物检疫机构出具的检疫证书和疫苗接种证书或者超过限额的，由检验检疫机构作限期退回或者销毁处理。

对仅不能提供疫苗接种证书的工作犬，经携带人申请，检验检疫机构可以对工作犬接种狂犬病疫苗。

作限期退回处理的，携带人应当在规定的期限内持检验检疫机构签发的截留凭证，领取并携带宠物出境；逾期不领取的，作自动放弃处理。

第三十条 因不能提供检疫许可证以及其他相关单证被截留的携带物，携带人应当在截留期限内补交单证，检验检疫机构对单证核查合格，无须作进一步实验室检疫、隔离检疫或者其他检疫处理的，予以放行；未能补交有效单证的，作限期退回或者销毁处理。

携带农业转基因生物入境，不能提供农业转基因生物安全证书和相关批准文件的，或者携带物与证书、批准文件不符的，作限期退回或者销毁处理。进口农业转基因生物未按照规定标识的，重新标识后方可入境。

第三十一条 携带物有下列情况之一的，按照有关规定实施除害处理或者卫生处理：

（一）入境动植物、动植物产品和其他检疫物发现有规定病虫害的；

（二）出入境的尸体、骸骨不符合卫生要求的；

（三）出入境的行李和物品来自传染病疫区、被传染病污染或者可能传播传染病的；

（四）其他应当实施除害处理或者卫生处理的。

第三十二条 携带物有下列情况之一的，检验检疫机构按照有关规定予以限期退回或者销毁处理，法律法规另有规定的除外：

（一）有本办法第二十二条、第二十七条、第二十九条和第三十条所列情形的；

（二）法律法规及国家其他规定禁止入境的；

（三）其他应当予以限期退回或者作销毁处理的。

第五章　法律责任

第三十三条　携带动植物、动植物产品和其他检疫物入境有下列行为之一的，由检验检疫机构处以 5000 元以下罚款：

（一）应当向检验检疫机构申报而未申报的；

（二）申报的动植物、动植物产品和其他检疫物与实际不符的；

（三）未依法办理检疫审批手续的；

（四）未按照检疫审批的规定执行的。

有前款第二项所列行为，已取得检疫单证的，予以吊销。

第三十四条　有下列违法行为之一的，由检验检疫机构处以警告或者 100 元以上 5000 元以下罚款：

（一）拒绝接受检疫，拒不接受卫生处理的；

（二）伪造、变造卫生检疫单证的；

（三）瞒报携带禁止进口的微生物、人体组织、生物制品、血液及其制品或者其他可能引起传染病传播的动物和物品的；

（四）未经检验检疫机构许可，擅自装卸行李的；

（五）承运人对运载的入境中转人员携带物未单独打板或者分舱运载的。

第三十五条　未经检验检疫机构实施卫生处理，擅自移运尸体、骸骨的，由检验检疫机构处以 1000 元以上 1 万元以下罚款。

第三十六条　有下列行为之一的，由检验检疫机构处以 3000 元以上 3 万元以下罚款：

（一）未经检验检疫机构许可擅自将进境、过境动植物、动植物产品和其他检疫物卸离运输工具或者运递的；

（二）未经检验检疫机构许可，擅自调离或者处理在检验检疫机构指定的隔离场所中截留隔离的携带物的；

（三）擅自开拆、损毁动植物检疫封识或者标志的。

第三十七条　伪造、变造动植物检疫单证、印章、标志、封识的，应当依法移送公安机关；尚不构成犯罪或者犯罪情节显著轻微依法不需要判处刑罚的，由检验检疫机构处以 2 万元以上 5 万元以下罚款。

第三十八条 携带废旧物品，未向检验检疫机构申报，未经检验检疫机构实施卫生处理并签发有关单证而擅自入境、出境的，由检验检疫机构处以5000元以上3万元以下罚款。

第三十九条 买卖动植物检疫单证、印章、标志、封识或者买卖伪造、变造的动植物检疫单证、印章、标志、封识的，有违法所得的，由检验检疫机构处以违法所得3倍以下罚款，最高不超过3万元；无违法所得的，由检验检疫机构处以1万元以下罚款。

买卖卫生检疫单证或者买卖伪造、变造的卫生检疫单证的，有违法所得的，由检验检疫机构处以违法所得3倍以下罚款，最高不超过5000元；无违法所得的，由检验检疫机构处以100元以上5000元以下罚款。

第四十条 有下列行为之一的，由检验检疫机构处以1000元以下罚款：

（一）盗窃动植物检疫单证、印章、标志、封识或者使用伪造、变造的动植物检疫单证、印章、标志、封识的；

（二）盗窃卫生检疫单证或者使用伪造、变造的卫生检疫单证的；

（三）使用伪造、变造的国外官方机构出具的检疫证书的。

第四十一条 出入境人员拒绝、阻碍检验检疫机构及其工作人员依法执行职务的，依法移送有关部门处理。

第四十二条 检验检疫机构工作人员应当秉公执法、忠于职守，不得滥用职权、玩忽职守、徇私舞弊；违法失职的，依法追究责任。

第六章 附 则

第四十三条 本法所称分离运输的物品是指出入境人员在其入境后或者出境前6个月内（含6个月），以托运方式运进或者运出的本人行李物品。

第四十四条 需要收取费用的，检验检疫机构按照有关规定执行。

第四十五条 违反本办法规定，构成犯罪的，依法追究刑事责任。

第四十六条 本办法由国家质检总局负责解释。

第四十七条 本办法自2012年11月1日起施行。国家质检总局2003年11月6日发布的《出入境人员携带物检疫管理办法》（国家质检总局令第56号）同时废止。

第十一章 *chapter 11*

旅游纠纷处理相关法规

第一节　旅游纠纷处理相关法规概述

本节所称的旅游纠纷，是指旅游者与旅游经营者、旅游辅助服务者之间因旅游发生的民事纠纷。其纠纷解决的途径包括和解、调解、仲裁和诉讼。和解是指直接通过纠纷的当事人协商达成一致协议解决纠纷。调解是指在纠纷当事人自愿的前提下，由第三方主持，查明事实，分清责任，协商解决纠纷。当事人采用仲裁方式解决纠纷，应当双方自愿，达成仲裁协议。没有仲裁协议，一方申请仲裁的，仲裁委员会不予受理。当事人达成仲裁协议，一方向人民法院起诉的，人民法院不予受理，但仲裁协议无效的除外。仲裁实行一裁终局的制度。裁决作出后，当事人就同一纠纷再申请仲裁或者向人民法院起诉的，仲裁委员会或者人民法院不予受理。裁决被人民法院依法裁定撤销或者不予执行的，当事人就该纠纷可以根据双方重新达成的仲裁协议申请仲裁，也可以向人民法院起诉。没有仲裁协议的，纠纷的任何一方当事人均可以向法院提起诉讼。

纠纷当事人请求旅游投诉处理机构处理旅游纠纷，则适用《旅游投诉处理办法》,《旅游投诉处理办法》包括总则、管辖、受理、处理、附则五章。总则部分规定了本办法的立法宗旨和依据、适用范围；管辖部分规定了受理处理纠纷案件的管辖机构；受理部分规定受理或者不予受理的情形，受理条件以及委托投诉和代表投诉的条件；处理部分为处理旅游纠纷的具体程序。

《旅行社服务质量赔偿标准》规定了旅行社不履行合同或者履行合同不符合约定的服务质量标准、旅游者和旅行社对赔偿标准未做出合同约定的、旅游行政管理部门或者旅游质监执法机构在处理相关旅游投诉时，参照适用的具体赔偿标准和不予赔偿的情形。

《最高人民法院关于审理旅游纠纷案件适用法律若干问题的规定》规范旅游者与旅游经营者、旅游辅助服务者之间因旅游发生的合同纠纷或者侵权纠纷的审判实践。

第二节 相关法规

一、《旅游投诉处理办法》

《旅游投诉处理办法》

第一章 总 则

第一条 为了维护旅游者和旅游经营者的合法权益，依法公正处理旅游投诉，依据《中华人民共和国消费者权益保护法》、《旅行社条例》、《导游人员管理条例》和《中国公民出国旅游管理办法》等法律、法规，制定本办法。

第二条 本办法所称旅游投诉，是指旅游者认为旅游经营者损害其合法权益，请求旅游行政管理部门、旅游质量监督管理机构或者旅游执法机构（以下统称“旅游投诉处理机构”），对双方发生的民事争议进行处理的行为。

第三条 旅游投诉处理机构应当在其职责范围内处理旅游投诉。

地方各级旅游行政主管部门应当在本级人民政府的领导下，建立、健全相关行政管理部门共同处理旅游投诉的工作机制。

第四条 旅游投诉处理机构在处理旅游投诉中，发现被投诉人或者其从业人员有违法或犯罪行为的，应当按照法律、法规和规章的规定，作出行政处罚、向有关行政管理部门提出行政处罚建议或者移送司法机关。

第二章 管 辖

第五条 旅游投诉由旅游合同签订地或者被投诉人所在地县级以上地方旅游投诉

处理机构管辖。

需要立即制止、纠正被投诉人的损害行为的，应当由损害行为发生地旅游投诉处理机构管辖。

第六条 上级旅游投诉处理机构有权处理下级旅游投诉处理机构管辖的投诉案件。

第七条 发生管辖争议的，旅游投诉处理机构可以协商确定，或者报请共同的上级旅游投诉处理机构指定管辖。

第三章 受 理

第八条 投诉人可以就下列事项向旅游投诉处理机构投诉：

（一）认为旅游经营者违反合同约定的；

（二）因旅游经营者的责任致使投诉人人身、财产受到损害的；

（三）因不可抗力、意外事故致使旅游合同不能履行或者不能完全履行，投诉人与被投诉人发生争议的；

（四）其他损害旅游者合法权益的。

第九条 下列情形不予受理：

（一）人民法院、仲裁机构、其他行政管理部门或者社会调解机构已经受理或者处理的；

（二）旅游投诉处理机构已经作出处理，且没有新情况、新理由的；

（三）不属于旅游投诉处理机构职责范围或者管辖范围的；

（四）超过旅游合同结束之日 90 天的；

（五）不符合本办法第十条规定的旅游投诉条件的；

（六）本办法规定情形之外的其他经济纠纷。

属于前款第（三）项规定的情形的，旅游投诉处理机构应当及时告知投诉人向有管辖权的旅游投诉处理机构或者有关行政管理部门投诉。

第十条 旅游投诉应当符合下列条件：

（一）投诉人与投诉事项有直接利害关系；

（二）有明确的被投诉人、具体的投诉请求、事实和理由。

第十一条 旅游投诉一般应当采取书面形式，一式两份，并载明下列事项：

（一）投诉人的姓名、性别、国籍、通信地址、邮政编码、联系电话及投诉日期；

（二）被投诉人的名称、所在地；

（三）投诉的要求、理由及相关的事实根据。

第十二条 投诉事项比较简单的，投诉人可以口头投诉，由旅游投诉处理机构进行记录或者登记，并告知被投诉人；对于不符合受理条件的投诉，旅游投诉处理机构可以口头告知投诉人不予受理及其理由，并进行记录或者登记。

第十三条 投诉人委托代理人进行投诉活动的，应当向旅游投诉处理机构提交授权委托书，并载明委托权限。

第十四条 投诉人 4 人以上，以同一事由投诉同一被投诉人的，为共同投诉。

共同投诉可以由投诉人推选 1 至 3 名代表进行投诉。代表人参加旅游投诉处理机构处理投诉过程的行为，对全体投诉人发生效力，但代表人变更、放弃投诉请求或者进行和解，应当经全体投诉人同意。

第十五条 旅游投诉处理机构接到投诉，应当在 5 个工作日内作出以下处理：

（一）投诉符合本办法的，予以受理；

（二）投诉不符合本办法的，应当向投诉人送达《旅游投诉不予受理通知书》，告知不予受理的理由；

（三）依照有关法律、法规和本办法规定，本机构无管辖权的，应当以《旅游投诉转办通知书》或者《旅游投诉转办函》，将投诉材料转交有管辖权的旅游投诉处理机构或者其他有关行政管理部门，并书面告知投诉人。

第四章 处 理

第十六条 旅游投诉处理机构处理旅游投诉，除本办法另有规定外，实行调解制度。

旅游投诉处理机构应当在查明事实的基础上，遵循自愿、合法的原则进行调解，促使投诉人与被投诉人相互谅解，达成协议。

第十七条 旅游投诉处理机构处理旅游投诉，应当立案办理，填写《旅游投诉立案表》，并附有关投诉材料，在受理投诉之日起 5 个工作日内，将《旅游投诉受理通知书》和投诉书副本送达被投诉人。

对于事实清楚、应当即时制止或者纠正被投诉人损害行为的，可以不填写《旅游投诉立案表》和向被投诉人送达《旅游投诉受理通知书》，但应当对处理情况进行记录存档。

第十八条 被投诉人应当在接到通知之日起 10 日内作出书面答复，提出答辩的事实、理由和证据。

第十九条 投诉人和被投诉人应当对自己的投诉或者答辩提供证据。

第二十条 旅游投诉处理机构应当对双方当事人提出的事实、理由及证据进行审查。

旅游投诉处理机构认为有必要收集新的证据，可以根据有关法律、法规的规定，自行收集或者召集有关当事人进行调查。

第二十一条 需要委托其他旅游投诉处理机构协助调查、取证的，应当出具《旅游投诉调查取证委托书》，受委托的旅游投诉处理机构应当予以协助。

第二十二条 对专门性事项需要鉴定或者检测的，可以由当事人双方约定的鉴定或者检测部门鉴定。没有约定的，当事人一方可以自行向法定鉴定或者检测机构申请鉴定或者检测。

鉴定、检测费用按双方约定承担。没有约定的，由鉴定、检测申请方先行承担；达成调解协议后，按调解协议承担。

鉴定、检测的时间不计入投诉处理时间。

第二十三条 在投诉处理过程中，投诉人与被投诉人自行和解的，应当将和解结果告知旅游投诉处理机构；旅游投诉处理机构在核实后应当予以记录并由双方当事人、投诉处理人员签名或者盖章。

第二十四条 旅游投诉处理机构受理投诉后，应当积极安排当事双方进行调解，提出调解方案，促成双方达成调解协议。

第二十五条 旅游投诉处理机构应当在受理旅游投诉之日起60日内，作出以下处理：

（一）双方达成调解协议的，应当制作《旅游投诉调解书》，载明投诉请求、查明的事实、处理过程和调解结果，由当事人双方签字并加盖旅游投诉处理机构印章；

（二）调解不成的，终止调解，旅游投诉处理机构应当向双方当事人出具《旅游投诉终止调解书》。

调解不成的，或者调解书生效后没有执行的，投诉人可以按照国家法律、法规的规定，向仲裁机构申请仲裁或者向人民法院提起诉讼。

第二十六条 在下列情形下，经旅游投诉处理机构调解，投诉人与旅行社不能达成调解协议的，旅游投诉处理机构应当做出划拨旅行社质量保证金赔偿的决定，或向旅游行政管理部门提出划拨旅行社质量保证金的建议：

（一）旅行社因解散、破产或者其他原因造成旅游者预交旅游费用损失的；

（二）因旅行社中止履行旅游合同义务、造成旅游者滞留，而实际发生了交通、食宿或返程等必要及合理费用的。

第二十七条 旅游投诉处理机构应当每季度公布旅游者的投诉信息。

第二十八条 旅游投诉处理机构应当使用统一规范的旅游投诉处理信息系统。

第二十九条 旅游投诉处理机构应当为受理的投诉制作档案并妥善保管相关资料。

第三十条 本办法中有关文书式样，由国家旅游局统一制定。

第五章 附 则

第三十一条 本办法由国家旅游局负责解释。

第三十二条 本办法自2010年7月1日起施行。《旅行社质量保证金暂行规定》、《旅行社质量保证金暂行规定实施细则》、《旅行社质量保证金赔偿暂行办法》同时废止。

实用图表 旅游服务品质调查表（一）

序号	访 查 内 容	评价
1	行前会（是否召开、介绍是否详细）	
2	旅游合同签订（是否签订、何时签订、所用版本）	
3	自费项目（何时推荐、如何推荐、是否强迫或者变相强迫）	
4	购物（是否介绍注意事项、领队或地陪是否诱导或强迫、是否超出约定时间和次数）	
5	保险（是否介绍责任险内容、是否推荐意外保险）	
6	旅游发票（是否提供发票、发票是否规范）	
7	安全防范（组团社、领队、地陪是否提醒安全事项）	
8	小费（收取标准、何时收取、是否有强迫）	
9	服务态度（领队、地陪、司机）	
10	交通（是否准时、交通工具状况）	
11	住宿（是否符合约定、客房状况）	
12	餐饮（是否够吃、口味如何）	
13	景点（停留时间、总体印象）	
备注		

实用图表　旅游服务品质调查表（二）

旅行社名称＿＿＿＿＿＿＿＿＿＿　团　号＿＿＿＿＿＿＿＿

行程时间＿＿＿＿＿＿＿＿＿＿＿　旅游线路＿＿＿＿＿＿＿

全陪（领队）姓名＿＿＿＿＿＿＿　联系电话＿＿＿＿＿＿＿

请您在□内打√即可

一、总体印象	满意	较满意	不满意
1. 全陪（领队）服务	□	□	□
2. 地陪服务	□	□	□
3. 交通服务	□	□	□
4. 住宿服务	□	□	□
5. 景点服务	□	□	□
6. 餐饮服务	□	□	□
7. 购物服务	□	□	□
8. 娱乐服务	□	□	□
9. 行程安排	□	□	□

二、旅行社（领队、导游）是否提供以下服务：	是	否
1. 签订书面旅游合同	□	□
2. 召开行前说明会	□	□
3. 推荐旅游意外保险	□	□
4. 提醒注意人身财产安全	□	□
5. 按合同约定服务	□	□

三、导游（领队）人员是否有以下行为：	有	无
1. 擅自增加购物商场或自费项目	□	□
2. 欺骗、胁迫旅游者消费	□	□
3. 擅自增加或者减少旅游项目	□	□
4. 讲解中掺杂庸俗、下流、迷信内容	□	□
5. 讲解质量差或者不讲解	□	□
6. 在服务中侮辱、辱骂旅游者	□	□
7. 在导游活动中不佩戴导游（领队）证	□	□
8. 不尊重旅游者宗教信仰和民族风俗	□	□
9. 经常出现车辆不及时接送旅游者的情况	□	□

四、您对这次旅游行程的总体感想、建议

____

____

五、您的个人信息

单位____________　　联系方式____________　　您的签名____________

二、《旅行社服务质量赔偿标准》

《旅行社服务质量赔偿标准》

第一条　为了维护旅游者的合法权益，根据《旅行社条例》及有关法律、法规，制定本赔偿标准。

第二条　旅行社不履行合同或者履行合同不符合约定的服务质量标准，旅游者和旅行社对赔偿标准未做出合同约定的，旅游行政管理部门或者旅游质监执法机构在处理相关旅游投诉时，参照适用本赔偿标准。

第三条　由于不可抗力等不可归责于旅行社的客观原因或旅游者个人原因，造成旅游者经济损失的，旅行社不承担赔偿责任。

第四条　旅行社与旅游者订立合同或收取旅游者预付旅游费用后，因旅行社原因不能成行的，旅行社应在合理期限内通知旅游者，否则按下列标准承担赔偿责任：

（一）国内旅游应提前 7 日（不含 7 日）通知旅游者，否则应向旅游者全额退还预付旅游费用，并按下述标准向旅游者支付违约金：出发前 7 日（含 7 日）至 4 日，支付旅游费用总额 10% 的违约金；出发前 3 日至 1 日，支付旅游费用总额 15% 的违约金；出发当日，支付旅游费用总额 20% 的违约金。

（二）出境旅游（含赴台游）应提前 30 日（不含 30 日）通知旅游者，否则应向旅游者全额退还预付旅游费用，并按下述标准向旅游者支付违约金：出发前 30 日至 15 日，支付旅游费用总额 2% 的违约金；出发前 14 日至 7 日，支付旅游费用总额 5% 的违约金；出发前 6 日至 4 日，支付旅游费用总额 10% 的违约金；出发前 3 日至 1 日，支付旅游费用总额 15% 的违约金；出发当日，支付旅游费用总额 20% 的违约金。

第五条 旅行社未经旅游者同意，擅自将旅游者转团、拼团的，旅行社应向旅游者支付旅游费用总额 25% 的违约金。解除合同的，还应向未随团出行的旅游者全额退还预付旅游费用，向已随团出行的旅游者退还未实际发生的旅游费用。

第六条 在同一旅游行程中，旅行社提供相同服务，因旅游者的年龄、职业等差异增收费用的，旅行社应返还增收的费用。

第七条 因旅行社原因造成旅游者未能乘坐预定的公共交通工具的，旅行社应赔偿旅游者的直接经济损失，并支付直接经济损失 20% 的违约金。

第八条 旅行社安排的旅游活动及服务档次与合同不符，造成旅游者经济损失的，旅行社应退还旅游者合同金额与实际花费的差额，并支付同额违约金。

第九条 导游或领队未按照国家或旅游行业对旅游者服务标准提供导游或者领队服务，影响旅游服务质量的，旅行社应向旅游者支付旅游费用总额 1% 至 5% 的违约金，本赔偿标准另有规定的除外。

第十条 旅行社及导游或领队违反旅行社与旅游者的合同约定，损害旅游者合法权益的，旅行社按下述标准承担赔偿责任：

（一）擅自缩短游览时间、遗漏旅游景点、减少旅游服务项目的，旅行社应赔偿未完成约定旅游服务项目等合理费用，并支付同额违约金。遗漏无门票景点的，每遗漏一处旅行社向旅游者支付旅游费用总额 5% 的违约金。

（二）未经旅游者签字确认，擅自安排合同约定以外的用餐、娱乐、医疗保健、参观等另行付费项目的，旅行社应承担另行付费项目的费用。

（三）未经旅游者签字确认，擅自违反合同约定增加购物次数、延长停留时间的，每次向旅游者支付旅游费用总额 10% 的违约金。

（四）强迫或者变相强迫旅游者购物的，每次向旅游者支付旅游费用总额 20% 的违约金。

（五）旅游者在合同约定的购物场所所购物品系假冒伪劣商品的，旅行社应负责挽回或赔偿旅游者的直接经济损失。

（六）私自兜售商品，旅行社应全额退还旅游者购物价款。

第十一条 旅行社违反合同约定，中止对旅游者提供住宿、用餐、交通等旅游服务的，应当负担旅游者在被中止旅游服务期间所订的同等级别的住宿、用餐、交通等必要费用，并向旅游者支付旅游费用总额 30% 的违约金。

第十二条 本标准自发布之日起实施。

经典案例 领队热衷推销产品遭投诉

2014年5月26日至6月2日，张某和李某参加TJ旅行社组织的“日本八日游”。对于当地的旅游景点、风土人情，领队小王或是不讲或是一带而过，主要精力都放在推销产品上。她给旅游者推荐的“神奇”产品有十多种，如纳米陶瓷刀、洗衣球、切菜板、床垫、手表等以及一些实物现场展示，并宣称配送的货物数量有限，赶紧抢购。多数旅游者都买了几万元的物品。在日本当地，领队逼迫旅游者在事先拟定的“无购物”声明上签字。

当地旅游局执法大队处理了该起投诉。经过调解，TJ旅行社同意退货并支付赔偿款。“根据《旅行社服务质量赔偿标准》，认定旅行社违反合同，擅自增加购物次数两次，按赔偿标准中‘每次支付旅游费用总额10%违约金’的规定，要求旅行社赔付20%的违约金。鉴于旅行中的其他情节，再酌情给予旅游者3%～5%的赔偿。”对于该处理结果，旅游者表示满意。

三、《最高人民法院关于审理旅游纠纷案件适用法律若干问题的规定》

《最高人民法院关于审理旅游纠纷案件适用法律若干问题的规定》

为正确审理旅游纠纷案件，依法保护当事人合法权益，根据《中华人民共和国民法通则》、《中华人民共和国合同法》、《中华人民共和国消费者权益保护法》、《中华人民共和国侵权责任法》和《中华人民共和国民事诉讼法》等有关法律规定，结合民事审判实践，制定本规定。

第一条 本规定所称的旅游纠纷，是指旅游者与旅游经营者、旅游辅助服务者之间因旅游发生的合同纠纷或者侵权纠纷。

“旅游经营者”是指以自己的名义经营旅游业务，向公众提供旅游服务的人。

“旅游辅助服务者”是指与旅游经营者存在合同关系，协助旅游经营者履行旅游合同义务，实际提供交通、游览、住宿、餐饮、娱乐等旅游服务的人。

旅游者在自行旅游过程中与旅游景点经营者因旅游发生的纠纷，参照适用本规定。

第二条 以单位、家庭等集体形式与旅游经营者订立旅游合同，在履行过程中发生纠纷，除集体以合同一方当事人名义起诉外，旅游者个人提起旅游合同纠纷诉讼的，人民法院应予受理。

第三条 因旅游经营者方面的同一原因造成旅游者人身损害、财产损失，旅游者选择要求旅游经营者承担违约责任或者侵权责任的，人民法院应当根据当事人选择的案由进行审理。

第四条 因旅游辅助服务者的原因导致旅游经营者违约，旅游者仅起诉旅游经营者的，人民法院可以将旅游辅助服务者追加为第三人。

第五条 旅游经营者已投保责任险，旅游者因保险责任事故仅起诉旅游经营者的，人民法院可以应当事人的请求将保险公司列为第三人。

第六条 旅游经营者以格式合同、通知、声明、告示等方式作出对旅游者不公平、不合理的规定，或者减轻、免除其损害旅游者合法权益的责任，旅游者请求依据消费者权益保护法第二十四条的规定认定该内容无效的，人民法院应予支持。

第七条 旅游经营者、旅游辅助服务者未尽到安全保障义务，造成旅游者人身损害、财产损失，旅游者请求旅游经营者、旅游辅助服务者承担责任的，人民法院应予支持。

因第三人的行为造成旅游者人身损害、财产损失，由第三人承担责任；旅游经营者、旅游辅助服务者未尽安全保障义务，旅游者请求其承担相应补充责任的，人民法院应予支持。

第八条 旅游经营者、旅游辅助服务者对可能危及旅游者人身、财产安全的旅游项目未履行告知、警示义务，造成旅游者人身损害、财产损失，旅游者请求旅游经营者、旅游辅助服务者承担责任的，人民法院应予支持。

旅游者未按旅游经营者、旅游辅助服务者的要求提供与旅游活动相关的个人健康信息并履行如实告知义务，或者不听从旅游经营者、旅游辅助服务者的告知、警示，参加不适合自身条件的旅游活动，导致旅游过程中出现人身损害、财产损失，旅游者请求旅游经营者、旅游辅助服务者承担责任的，人民法院不予支持。

第九条 旅游经营者、旅游辅助服务者泄露旅游者个人信息或者未经旅游者同意公开其个人信息，旅游者请求其承担相应责任的，人民法院应予支持。

第十条 旅游经营者将旅游业务转让给其他旅游经营者，旅游者不同意转让，请求解除旅游合同、追究旅游经营者违约责任的，人民法院应予支持。

旅游经营者擅自将其旅游业务转让给其他旅游经营者，旅游者在旅游过程中遭受损害，请求与其签订旅游合同的旅游经营者和实际提供旅游服务的旅游经营者承担连带责任的，人民法院应予支持。

第十一条 除合同性质不宜转让或者合同另有约定之外，在旅游行程开始前的合理期间内，旅游者将其在旅游合同中的权利义务转让给第三人，请求确认转让合同效力的，人民法院应予支持。

因前款所述原因，旅游经营者请求旅游者、第三人给付增加的费用或者旅游者请求旅游经营者退还减少的费用的，人民法院应予支持。

第十二条 旅游行程开始前或者进行中，因旅游者单方解除合同，旅游者请求旅游经营者退还尚未实际发生的费用，或者旅游经营者请求旅游者支付合理费用的，人民法院应予支持。

第十三条 因不可抗力等不可归责于旅游经营者、旅游辅助服务者的客观原因导致旅游合同无法履行，旅游经营者、旅游者请求解除旅游合同的，人民法院应予支持。旅游经营者、旅游者请求对方承担违约责任的，人民法院不予支持。旅游者请求旅游经营者退还尚未实际发生的费用的，人民法院应予支持。

因不可抗力等不可归责于旅游经营者、旅游辅助服务者的客观原因变更旅游行程，在征得旅游者同意后，旅游经营者请求旅游者分担因此增加的旅游费用或旅游者请求旅游经营者退还因此减少的旅游费用的，人民法院应予支持。

第十四条 因旅游辅助服务者的原因造成旅游者人身损害、财产损失，旅游者选择请求旅游辅助服务者承担侵权责任的，人民法院应予支持。

旅游经营者对旅游辅助服务者未尽谨慎选择义务，旅游者请求旅游经营者承担相应补充责任的，人民法院应予支持。

第十五条 签订旅游合同的旅游经营者将其部分旅游业务委托旅游目的地的旅游经营者，因受托方未尽旅游合同义务，旅游者在旅游过程中受到损害，要求作出委托的旅游经营者承担赔偿责任的，人民法院应予支持。

旅游经营者委托除前款规定以外的人从事旅游业务，发生旅游纠纷，旅游者起诉旅游经营者的，人民法院应予受理。

第十六条 旅游经营者准许他人挂靠其名下从事旅游业务，造成旅游者人身损害、财产损失，旅游者请求旅游经营者与挂靠人承担连带责任的，人民法院应予支持。

第十七条 旅游经营者违反合同约定，有擅自改变旅游行程、遗漏旅游景点、减少旅游服务项目、降低旅游服务标准等行为，旅游者请求旅游经营者赔偿未完成约定旅游服务项目等合理费用的，人民法院应予支持。

旅游经营者提供服务时有欺诈行为，旅游者请求旅游经营者双倍赔偿其遭受的损失的，人民法院应予支持。

第十八条 因飞机、火车、班轮、城际客运班车等公共客运交通工具延误，导致合同不能按照约定履行，旅游者请求旅游经营者退还未实际发生的费用的，人民法院应予支持。合同另有约定的除外。

第十九条 旅游者在自行安排活动期间遭受人身损害、财产损失，旅游经营者未尽到必要的提示义务、救助义务，旅游者请求旅游经营者承担相应责任的，人民法院应予支持。

前款规定的自行安排活动期间，包括旅游经营者安排的在旅游行程中独立的自由活动期间、旅游者不参加旅游行程的活动期间以及旅游者经导游或者领队同意暂时离队的个人活动期间等。

第二十条 旅游者在旅游行程中未经导游或者领队许可，故意脱离团队，遭受人身损害、财产损失，请求旅游经营者赔偿损失的，人民法院不予支持。

第二十一条 旅游者提起违约之诉，主张精神损害赔偿的，人民法院应告知其变更为侵权之诉；旅游者仍坚持提起违约之诉的，对于其精神损害赔偿的主张，人民法院不予支持。

第二十二条 旅游经营者或者旅游辅助服务者为旅游者代管的行李物品损毁、灭失，旅游者请求赔偿损失的，人民法院应予支持，但下列情形除外：

（一）损失是由于旅游者未听从旅游经营者或者旅游辅助服务者的事先声明或者提示，未将现金、有价证券、贵重物品由其随身携带而造成的；

（二）损失是由于不可抗力、意外事件造成的；

（三）损失是由于旅游者的过错造成的；

（四）损失是由于物品的自然属性造成的。

第二十三条 旅游者要求旅游经营者返还下列费用的，人民法院应予支持：

（一）因拒绝旅游经营者安排的购物活动或者另行付费的项目被增收的费用；

（二）在同一旅游行程中，旅游经营者提供相同服务，因旅游者的年龄、职业等差异而增收的费用。

第二十四条 旅游经营者因过错致其代办的手续、证件存在瑕疵，或者未尽妥善保管义务而遗失、毁损，旅游者请求旅游经营者补办或者协助补办相关手续、证件并承担相应费用的，人民法院应予支持。

因上述行为影响旅游行程，旅游者请求旅游经营者退还尚未发生的费用、赔偿损失的，人民法院应予支持。

第二十五条 旅游经营者事先设计，并以确定的总价提供交通、住宿、游览等一项或者多项服务，不提供导游和领队服务，由旅游者自行安排游览行程的旅游过程中，旅游经营者提供的服务不符合合同约定，侵害旅游者合法权益，旅游者请求旅游经营者承担相应责任的，人民法院应予支持。

旅游者在自行安排的旅游活动中合法权益受到侵害，请求旅游经营者、旅游辅助服务者承担责任的，人民法院不予支持。

第二十六条 本规定施行前已经终审，本规定施行后当事人申请再审或者按照审判监督程序决定再审的案件，不适用本规定。

第十二章 *chapter 12*
航空、旅游安全相关法规

第一节　航空、旅游安全相关法规概述

《中国民用航空、行李国际运输规则》规定民用航空、行李国际运输的相关术语，客票的内容、填开、法律效力及其客票异常的处理机制；票价和费用的计算；如何订座以及订座的更改或者取消；如何办理乘机、乘机的条件和承运人拒绝乘机的法定情形及其相关的退票处理。

《中国民用航空安全检查规则》旨在明确安全检查是保障民用航空运输安全和空防安全的重要工作。安检工作不仅包括对乘机旅客及其行李物品等的安全检查，还包括对候机隔离区的安全监控、对停机场民用航空器的监护。规定安全检查的原则、制度和方式、方法，对旅客、货主和安检人员等具有普遍约束力。《禁止旅客随身携带或者托运的物品》、《禁止旅客随身携带但可作为行李托运的物品》、《乘机旅客限量随身携带的生活用品及数量》作为该规则的附件一、附件二、附件三，是依据《中华人民共和国民用航空安全保卫条例》的规定，由国务院民用航空主管部门根据实际情况制定的具体规定。违反该规则规定携带附件所列物品乘机的，可以依据《中华人民共和国民用航空安全保卫条例》进行处罚。

《旅游安全管理暂行办法》规定了旅游安全管理工作应当贯彻“安全第一，预防为主”的方针；旅游安全管理工作应遵循统一指导、分级管理、以

基层为主的原则；旅游安全管理工作的机构及其职责；事故处理的程序；奖励与惩罚。

《旅游安全管理暂行办法实施细则》是对《旅游安全管理暂行办法》的细化，便于实际操作。

《旅行社责任保险管理办法》规定旅行社责任险的含义，投保范围，保险合同的成立、变更和解除，发生保险事故的赔偿，行政机关的监督管理，以及违法的相应处罚。

《中国公民出境旅游突发事件应急预案》（简本）规定了总则——编制目的、编制依据、适用范围、工作原则；组织指挥体系和职责——部际联席会议、应急领导小组、部门职责；预警机制——预警机制建立、预警信息收集、预警信息分级、预警信息评估、预警信息发布；应急响应——Ⅰ级响应、Ⅱ级响应、Ⅲ级响应、Ⅳ级响应；Ⅱ级和Ⅲ级响应处置程序——先期处置、处置措施、后期处置；信息报告和发布——信息报告、信息发布；应急保障和培训演练——相关保障、培训演练；附则。

第二节　相关法规

一、《中国民用航空、行李国际运输规则》

《中国民用航空、行李国际运输规则》

第一章　总　则

第一条　为了加强对旅客、行李国际航空运输的管理，保护承运人和旅客的合法权益，维护正常的国际航空运输秩序，根据《中华人民共和国民用航空法》，制定本规则。

第二条　本规则适用于依照中华人民共和国法律设立的公共航空运输企业（以下称承运人）使用民用航空器运送旅客及其行李而收取报酬的国际航空运输，也适用于公共航空运输企业使用民用航空器办理的免费国际航空运输。

根据包机合同约定的运输，本规则仅适用于该包机合同和包机客票的条款中所载明的内容。

第三条 本规则内下列用语，除具体条款中有其他要求或者另有明确规定外，含义如下：

（一）“公约”，是指根据合同规定适用于该项运输的1929年10月12日在华沙签订的《统一国际航空运输某些规则的公约》和《修改1929年10月12日在华沙签订的统一国际航空运输某些规则的公约的议定书》。

（二）“承运人”，是指包括填开客票的航空承运人和承运或者约定承运该客票上所载明旅客及其行李的所有航空承运人。

（三）“承运人规定”，是指承运人为对旅客及其行李的运输进行管理、依法制定而公布的并于填开客票之日起有效的规定，包括有效的适用票价。

（四）“授权代理人”，是指被承运人指定并代表该承运人，为其航班并经授权后为其他航空承运人的航班销售航空旅客运输的旅客销售代理人。

（五）“旅客”，是指除机组成员以外经承运人同意在航空器上载运或者已经载运的任何人。

（六）“客票”，是指由承运人或者代表承运人填开的被称为“客票及行李票”的凭证，包括运输合同条件、声明、乘机联和旅客联。

（七）“连续客票”，是指填开给旅客与另一本客票连在一起，共同构成一个单一运输合同的客票。

（八）“旅客联”，是指客票中标明“旅客联”的部分，并始终由旅客持有。

（九）“乘机联”，是指客票中标明“运输有效”的部分，表示该乘机联适用于指定的两个地点之间的运输。

（十）“日”，是指日历日，包括每周的七日。但给旅客发通知时，通知发出日不计算在内；确定客票有效期限时，客票填开日和航班飞行开始日，均不计算在内。

（十一）“行李”，是指旅客在旅行中为了穿着、使用、舒适或者便利而携带的必要或者适量的物品和其他个人财物。除另有规定外，包括旅客的托运行李和非托运行李。

（十二）“托运行李”，是指已经填开行李票并由旅客交承运人负责照管的行李。

（十三）“非托运行李”，是指除旅客托运行李以外的由旅客自行照管的行李。

（十四）“行李牌识别联”，是指由承运人专为识别托运行李发给旅客的凭据。

（十五）“约定经停地点”，是指除出发地点和目的地点以外，在客票或者承运人的班期时刻表内列明作为旅客旅行路线上预定经停的地点。

（十六）“中途分程”，是指经承运人事先同意，旅客在出发地点和目的地点间旅行时由旅客有意安排在某个地点的旅程间断。

第四条 承运人办理国际航空运输，应当遵守中华人民共和国和运输过程中有关国家的法律和其他有关规定。

第二章 客 票

第五条 客票是客票上所列承运人和旅客之间航空运输合同订立和运输合同条件的初步证据。承运人只向持有由承运人或者其授权代理人填开的客票的旅客提供运输。客票中的合同条件是运输条件部分条款的摘述。

第六条 客票至少应当包括下列内容：

（一）旅客姓名；

（二）出票人名称、出票时间和地点；

（三）出发地点和目的地点；

（四）出发地点和目的地点均在中华人民共和国境内，而在境外有一个或者数个约定经停地点的，至少注明一个约定经停地点；

（五）旅客航程的最终目的地点、出发地点或者约定的经停地点之一不在中华人民共和国境内，依照所适用的国际航空运输公约的规定，应当在客票上声明此项运输适用该公约的，客票上应当载有该项声明。

第七条 承运人或者其授权代理人应当为每一旅客单独填开客票。

第八条 客票不得转让。客票不是由有权乘机或者退票的人出示的，承运人可依规定向出示该客票的人提供运输或者退款。承运人对原客票有权乘机或者退票的人，不承担责任。

第九条 客票不得涂改。涂改后的客票无效。

第十条 客票自旅行开始之日起，一年内有效。客票全部未使用的，从填开客票之日起，一年内有效。

前款规定客票有效期的计算，自旅行开始或者填开客票之日的次日零时起至有效期满之日的次日零时止。

特种票价的客票有效期，按该客票适用票价的有效期计算。

第十一条 因下列原因之一，造成旅客未能在客票有效期内旅行的，承运人应当按规定延长旅客的客票有效期：

（一）承运人取消旅客已定妥座位的航班；

（二）承运人未在航班经停地点降停，而该经停地点是旅客的出发地点、目的地点或者中途分程地点；

（三）承运人未合理地按照班期时刻进行航班飞行；

（四）承运人造成旅客错失衔接航班；

（五）承运人替换了不同的座位等级；

（六）承运人未提供事先已确认的座位。

第十二条 旅客订座时，由于承运人未提供该航班座位，使持有正常票价客票的旅客不能在客票有效期内旅行，承运人应当按规定延长该旅客的客票有效期。

第十三条 旅客在旅途中患病，不能如期完成预定旅行的，承运人应当按规定延长该旅客及其陪同人员的客票有效期。

旅客在旅途中死亡，承运人应当按规定延长该旅客陪同人员的客票有效期。

第十四条 客票全部或者部分遗失或者残损，或者旅客出示的客票未包括所有未使用的乘机联和旅客联，出票承运人或者其授权代理人可在旅客提供该航班的有效客票确已填开的满意证明后，在不违反原客票票价限制条件的前提下，为该旅客填开新客票以替代原客票或者部分客票。

第三章 票价和费用

第十五条 票价只适用于从出发地机场至目的地机场的航空运输，不包括机场与机场或者机场与市区之间的地面运输。

第十六条 适用票价是承运人公布的票价，无公布票价的为承运人规定的组合票价。适用票价是客票第一张乘机联上的航班运输开始之日有效的票价。

旅客购票后，已收取的票款不是适用票价的，应当由旅客支付差额或者由承运人退还差额。

第十七条 票价只适用于与票价相关而公布的路线。票价适用于多条旅行路线的，旅客可在出票前指定路线，旅客未指定路线的，由承运人确定。

第十八条 政府或者其他有关当局或者机场经营人，因向旅客提供服务设施按规定征收的税款或者收取的费用，均不包括在适用票价之内。该项税款或者费用，应当由旅客支付。

第十九条 旅客应当使用承运人可以接受的货币支付票价和费用。支付的货币不是公布票价的货币时，应当按承运人规定的兑换率换算后支付。

第四章 定 座

第二十条 旅客应当按照承运人规定的手续订座，并在承运人规定的购票时限内交付票款。在承运人或者其授权代理人为旅客填开客票，并将该订座列入客票有关乘机联后，方能认为座位已经定妥和有效。旅客未在承运人规定的购票时限内交付票款，承运人有权取消该旅客所订座位。

未经承运人或者其授权代理人记录认可，不得认为订座已确认。

承运人应当按照旅客已定妥座位的航班和座位等级提供座位。

第二十一条 客票的每一乘机联上应当载明座位等级、订妥座位的航班和乘机日期。对未在乘机联上订妥座位的客票，承运人或者其授权代理人应当按旅客的申请，根据票价适用条件和所申请航班的座位可利用情况为旅客预订座位。

第二十二条 旅客持未订妥座位的全部或者部分乘机联的客票要求定座，或者持已定妥座位的全部或者部分乘机联的客票要求更改定座的，无权要求优先定座。

对非自愿改变航程的旅客，承运人应当在情况许可时，给予优先定座。

第二十三条 旅客未按照承运人规定使用已定妥的座位，也未通知承运人的，承运人可以取消旅客所有已经定妥的续程和回程座位，并可向未使用已定妥座位的旅客收取服务费。

旅客更改或者取消定座，应当在承运人规定的时限内提出。票价附有条件的，旅客更改或者取消定座，应当符合该条件的规定。

第五章 乘 机

第二十四条 旅客应当在定妥座位后，凭该定妥座位的客票乘机，并只限在该客票已定妥座位的有关乘机联上指定的两个地点之间的运输。

第二十五条 旅客应当在航班始发前充足的时间内到达承运人的乘机登记处，以便办妥所有政府规定的手续和乘机手续。

旅客未及时到达承运人的乘机登记处，或者未出示适当的凭证，或者未做好旅行准备，承运人可取消该旅客预定的座位，而不延误航班。

对因旅客违反本条规定所造成的损失，承运人不承担责任。

第二十六条 旅客未出示根据承运人规定填开的并包括所乘航班的乘机联和所有其他未使用的乘机联和旅客联的有效客票，或者旅客出示残缺客票或者出示非承运人或者其授权代理人更改的客票，承运人有权拒绝其乘机。

第二十七条 旅客可以在约定经停地点中途分程，但必须事先经承运人同意，并符合有关规定。

第二十八条 客票的乘机联必须按照客票所载明的航程，从出发地点开始，顺序使用。

客票的第一张乘机联未被使用，而旅客要求在中途分程地点或者约定经停地点开始旅行，承运人可以不接受该旅客客票。

第二十九条 承运人可以安全原因，或者根据其规定认为属下列情况之一的，有权拒绝运输旅客及其行李，由此给旅客造成的损失，承运人不承担责任：

（一）为遵守始发地、经停地、目的地或者飞越国家的法律及其他有关规定；

（二）旅客的行为、年龄、精神或者健康状况不适合旅行，或者可能给其他旅客造成不舒适，或者可能对旅客本人或者其他人员的生命或者财产造成危险或者危害；

（三）旅客未遵守承运人的有关规定；

（四）旅客拒绝接受安全检查；

（五）旅客未按规定支付适用的票价及有关费用；

（六）旅客未出示有效客票；

（七）旅客不能证明本人即是客票上“旅客姓名”栏内载明的人；

（八）旅客未出示有效的旅行证件；

（九）旅客可能在过境国寻求入境、旅客可能在飞行中销毁其证件或者旅客不按承运人要求将旅行证件交由机组保存。

第三十条 无成人陪伴儿童、无自理能力人，孕妇或者患病者乘机，应当经承运人同意，并事先作出安排。

第三十一条 根据本规则第二十九条第（一）项规定而被拒绝运输的旅客要求退款，承运人应当按本规则第六十八条的规定办理退款。

对根据本规则第二十九条第（二）、（三）、（四）、（八）、（九）项规定而被拒绝运输的旅客，承运人应当按本规则第六十九条的规定办理退款，并可扣除已提供服务的费用。

对根据本规则第二十九条第（五）、（六）、（七）项规定而被拒绝运输的旅客，按承运人的有关规定办理。

第六章 行 李

第一节 一般规定

第三十二条 承运人载运的行李只限于本规则第三条第（十一）项定义范围内

的物品。

第三十三条 行李票是行李托运和运输合同条件的初步证据。

前款所称行李票，是指客票中与运输旅客托运行李有关的部分。

第三十四条 旅客应当将托运行李交承运人计重或者计件，承运人应当将托运行李的重量、件数填入“客票及行李票”，拴挂行李牌，并在运输期间负责照管。

第三十五条 旅客的非托运行李应当交承运人计重或者计件，承运人应当将重量、件数填入“客票及行李票”，在运输期间由旅客自行照管。

旅客带入客舱的非托运行李应当能置于前排座位下或者能放置于客舱的密闭存放部位。超过承运人规定的重量或者尺寸的行李不得置于客舱内。

第三十六条 下列物品不得作为行李运输：

（一）危险物品，包括爆炸品、气体、易燃液体、易燃固体、自燃物质、遇水释放易燃气体的物质、氧化剂、有机过氧化物、毒性物质、传染性物质、放射性物品、腐蚀品和不属于上述任何一类别而在航空运输中具有危险性的物质和物品；

（二）枪支、弹药、管制刀具及其他类似的物品，但按照本规则第三十八条、第三十九条规定办理的除外；

（三）动物，但按照本章第三节规定办理的除外；

（四）中华人民共和国或者运输过程中有关国家法律规定禁止出境、入境或者过境的物品；

（五）包装、形状、重量、体积或者性质不适宜运输的物品。

第三十七条 旅客不得在托运行李中夹带易碎或者易腐物品、货币、珠宝、贵重金属、金银制品、流通票证、有价证券和其他贵重物品、商业文件、护照和其他证明文件或者样品。对旅客违反上述规定而造成的损失，承运人不承担责任。

第三十八条 用于狩猎和体育运动的枪支和弹药，可凭枪支运输许可证或者国务院体育行政部门的批准证明作为托运行李运输，但不得作为非托运行李带入客舱。枪支必须卸下子弹和扣上保险并妥善包装。弹药的运输应当按危险物品运输的有关规定办理。

第三十九条 属于古董或者旅游纪念品的剑、刀及类似物品，只能作为托运行李运输并符合有关规定。

第四十条 在行李收运前或者运输期间，行李中装有本规则第三十二条规定范围以外的物品或者装有本规则第三十六条规定的任何物品，承运人有权拒绝承运或者续运。

第四十一条 因旅客行李内装物品造成旅客本人伤害或者其行李损失的，承运人不承担责任。因旅客行李内装物品对他人造成伤害或者对他人物品或者承运人财产造成损失的，该旅客应当赔偿承运人的损失和由此支付的费用。

第四十二条 承运人为了运输安全，可以按规定程序对旅客行李进行检查；必要时，由有关部门进行检查。对拒绝接受行李检查的，承运人有权拒绝运输该旅客的行李。

第二节　行李的收运

第四十三条 承运人应当公布旅客享有的免费行李额及其条件。旅客享有的免费行李额及其条件按承运人规定办理。

购买混合等级客票的旅客，其免费行李额可按各该航段票价级别规定的免费行李额分别计算。

搭乘同一航空器前往同一目的地点或者中途分程地点的两人以上的同行旅客或者团体旅客，在同一时间、同一地点办理行李托运手续的，旅客提出要求时，无论计重或者计件，其免费行李额可按各自的票价级别规定的标准合并计算。

组成国际运输的国内航段，旅客适用的免费行李额，应当按相应国际航段的规定办理。

旅客自愿改变航程后的免费行李额，应当按改变航程后客票票价级别所适用的免费行李额的规定办理。旅客非自愿改变航程后的免费行李额，应当按原客票票价级别所适用的免费行李额的规定办理。

第四十四条 逾重行李是指超过计重或者计件免费行李额的部分。

逾重行李应当按照规定交纳逾重行李费，并由承运人填开逾重行李票后运输。

逾重行李费率和计算办法，按承运人规定办理。

第四十五条 承运人依据其规定向旅客提供行李声明价值服务。旅客可对其超过承运人赔偿责任限额的托运行李办理声明价值，并支付声明价值附加费。承运人可以规定每一旅客托运行李声明价值的最高限额。

托运行李的部分运输由不提供行李声明价值服务的其他承运人承担的，承运人有权拒绝提供托运行李的声明价值服务。

旅客携带的小动物，不予办理声明价值服务。

旅客行李的声明价值超过承运人规定限额的，承运人可拒绝收运。

第四十六条 旅客改变航程或者取消运输，其逾重行李费和行李声明价值附加费应当参照本规则第六十九条有关规定办理，但承运人不退还已开始运输的行李声明价值附加费。

因承运人或者承运人无法控制的原因，需退还逾重行李费和行李声明价值附加费的，在出发地点，承运人应当退还全部逾重行李费和行李声明价值附加费；在中途经停地点，承运人应当退还未运输部分的逾重行李费，不退还行李声明价值附加费。

第四十七条 托运行李应当符合下列要求：

（一）旅客托运行李，必须凭有效的“客票及行李票”；

（二）旅客应当在承运人指定的地点和时间内办理行李托运手续；

（三）承运人将旅客托运行李和非托运行李的重量和件数填入“客票及行李票”的有关部分后，即视为已填开行李票。承运人应当对每件托运行李拴挂行李牌，并将行李牌识别联交给旅客，作为旅客认领行李的凭据；

（四）托运行李的重量和体积不得超过承运人规定，超过规定的托运行李应当事先经承运人同意；

（五）旅客的托运行李应当与旅客同机运输。旅客的托运行李确实不能同机运输的，承运人应当向旅客说明，在确保安全的情况下安排在后续航班上运输。

第三节 小动物、导盲犬、助听犬

第四十八条 小动物是指家庭饲养的狗、猫、鸟或者其他玩赏宠物。野生动物和具有形体怪异或者易于伤人等特性的动物如蛇等，不属于小动物范围，不能作为行李运输。

第四十九条 旅客携带小动物，应当按照下列规定办理：

（一）在定座时提出，并经承运人和有关连续承运人同意；

（二）在乘机之日按照承运人指定的时间，将小动物自行运至机场办理托运手续；

（三）必须具备中华人民共和国和运输过程中有关国家运输小动物出境、入境和过境所需的有效证件；

（四）小动物必须装在适合其特性的坚固容器内。该容器应当能防止小动物破坏、逃逸和伸出容器外损害旅客、行李或者货物，并能防止粪便渗溢，以免污染航空器设备和其他物品。

第五十条 旅客携带的小动物及其容器和食物，应当交承运人托运，并按逾重行李交付运费。除经承运人特许外，不能放在客舱内运输。

第五十一条 旅客应当对托运的小动物承担全部责任。小动物被拒绝入境或者过境而造成的受伤、丢失、延误、患病或者死亡，承运人不承担责任。

第五十二条 导盲犬或者助听犬，是指经过专门训练能够为盲人导盲或者为聋人助听的狗。

第五十三条 盲人或者持有医生证明的聋人旅客携带导盲犬或者助听犬乘机，按下列规定办理：

（一）经承运人同意携带的导盲犬或者助听犬，连同其容器和食物，可以免费运输而不计算在免费行李额内；

（二）带进客舱的导盲犬或者助听犬，必须在上航空器前为其戴上口套和系上牵引绳索，并不得占用座位和让其任意跑动。装在货舱内运输的，其容器必须符合本规则第四十九条第（四）项的规定；

（三）收运导盲犬或者助听犬的其他运输条件，按照本规则第四十九条第（一）、（三）项和第五十一条的规定办理；

（四）在中途不降停的长距离飞行航班上或者在某种型号的航空器上，不适宜运输导盲犬或者助听犬的，承运人可以不接受运输。

第四节 托运行李的交付

第五十四条 旅客应当在目的地点或者中途分程地点及时凭行李牌识别联领取托运行李，并在必要时交验“客票及行李票”。

承运人凭交验的行李牌识别联交付托运行李，对领取托运行李人是否确系旅客本人，以及由此造成的损失，承运人不承担责任。

承运人应当在“客票及行李票”上载明的托运行李目的地点或者中途分程地点交付托运行李。情况允许时，旅客也可在中途经停地点领取托运行李，但对已开始运输的逾重行李，未使用航段的已付运费不予退还。

第五十五条 未交验行李牌识别联而要求领取托运行李的，领取行李人应当提供承运人认为满意的证明，必要时填写承运人规定的申请书，声明同意赔偿由此可能造成承运人的损失。

旅客在领取托运行李时未提出书面异议，即为该托运行李已完好交付并与运输凭证相符的初步证据。

第七章 班期时刻和航班取消及变更

第五十六条 承运人应当采取一切必要的措施，按照公布的在旅行之日有效的航班时刻，合理地运送旅客及其行李，并按“客票及行李票”上的合同条件办理。

除非损失是由于承运人的故意或者明知可能造成损失而轻率地作为或者不作为所造成的，承运人对班期时刻表或者其他公布的航班时刻中的差错或者遗漏不承担责任。对其受雇人、代理人或者承运人的代表就始发或者到达时间、日期或者任何航班飞行所作的解释也不承担责任。

第五十七条 有下列情况之一的，承运人可以不经事先通知，取消、中断、变更、延期或者推迟航班飞行，并按照本规则第六十条规定办理：

（一）为了遵守中华人民共和国或者运输过程中有关国家的法律及其他有关规定；

（二）为了保证飞行安全；

（三）承运人无法控制或者不能预见的其他原因。

第八章 改变航程和更改客票

第五十八条 旅客已开始旅行但未到达目的地点前要求改变客票中未使用部分载明的航程、目的地点、承运人、座位等级、航班或者客票有效期，为自愿改变航程。

承运人取消旅客已定妥座位的航班，或者取消航班在旅客的目的地点或者中途分程地点降停，或者未能合理地按照班期飞行，或者未能提供事先定妥的座位造成旅客改变航程，为非自愿改变航程。

第五十九条 自愿改变航程，按下列规定办理：

（一）旅客应当在未到达客票载明的目的地点前提出；

（二）改变航程后，应当适用原客票第一张乘机联载明的运输开始之日所适用的票价和各项费用；

（三）改变航程后的票价和各项费用与原票价和各项费用的差额，应当由旅客支付或者由承运人退还；

（四）改变航程后填开新客票的有效期应当与原客票所适用的有效期相同，并从原客票第一张乘机联载明的运输开始之次日零时起计算。

第六十条 因执行本规则第五十七条的规定，造成旅客非自愿改变航程的，承运人应当考虑旅客的合理需要，并按下列规定办理：

（一）为旅客安排第一个能够订妥座位的航班或者签转给其他承运人；

（二）改变原客票载明的航程，安排承运人的航班或者签转给其他承运人，将旅客运送到目的地点或者中途分程地点；

（三）按照本规则第六十八条规定办理；

（四）协助旅客安排膳宿、地面交通等服务。始发地旅客的费用由旅客自理。

第六十一条 因下列情况之一，造成旅客非自愿改变航程的，承运人应当在按照本规则第六十条第（一）、（二）、（三）项的规定处理的同时，还应当按照承运人规定免费为旅客提供休息场所、饮料、食品、膳宿或者其他承运人认为必要的服务：

（一）承运人造成旅客已定妥座位的航班取消；

（二）承运人的航班未在旅客目的地点或者中途分程地点降停；

（三）承运人未合理地安排班期时刻飞行；

（四）承运人未提供旅客事先已定妥的座位；

（五）承运人造成旅客错失已定妥座位的衔接航班。

第九章　退　票

第六十二条　承运人未按照运输合同提供运输或者旅客自愿改变其旅行计划，承运人可以按本章和承运人的有关规定为旅客未使用的客票办理退款。

第六十三条　旅客要求退票，应当填写承运人规定的退款单。除遗失客票的情况外，旅客必须凭客票未使用的全部乘机联、旅客联和付款凭据办理退票。

第六十四条　承运人有权向客票上载明姓名的旅客本人办理退款。

客票上载明的旅客不是客票的付款人，并在客票上载明退票限制条件的，承运人应当按照载明的退票限制条件将票款退给付款人或者其指定人。

申请退票人不是客票上载明姓名的旅客本人的，申请退票人必须在出具其身份证明的同时，提供该客票上载明姓名的旅客的身份证明和退票授权书。

第六十五条　承运人将票款退给持有未使用的全部乘机联、旅客联和付款凭据的客票并符合本规则第六十四条规定的人，被视为正当退款，承运人也随即解除责任。

第六十六条　在客票有效期期满后，申请退票又超过承运人规定的时限的，承运人可以拒绝办理退款。

提供给承运人或者政府工作人员作为离境证明的客票，承运人不予退款。旅客获得该国停留许可或者改乘其他承运人航班或者其他交通工具离境的，承运人应当取得满意的证明后，为旅客办理退款。

第六十七条　旅客要求退票应当在原购票地点或者经承运人同意的其他地点，由原填开客票的承运人或者其授权代理人办理。

旅客要求退票，必须符合原购票地点和退票地点国家的法律及其他有关规定。承运人可以按原收取票款的货币退款，也可按承运人规定的其他货币退款。

第六十八条　因非自愿改变航程造成未按运输合同完成运输而使旅客申请退票，为非自愿退票。

非自愿退票，按下列规定办理：

（一）客票全部未使用，退还全部已付票款；

（二）客票已部分使用，从已付票款中扣除已使用航段票款，其余额与从旅行中断地点至目的地点或者下一个中途分程地点并扣除适用的折扣和费用的单程票价相比较，取其高者退还旅客，但所退票款不得超过已付票款的总额。

第六十九条 凡不属于本规则第六十八条范围的退票，为自愿退票。

自愿退票，按下列规定办理：

（一）客票全部未使用，从已付票款中扣除适用的费用，退还余额；

（二）客票已部分使用，从已付票款中扣除相当于已使用航段的适用票价的票款和适用的费用，退还余额。

第七十条 旅客遗失客票要求退票，应当在承运人规定的时限内，在该遗失客票未被他人冒用或者冒退前提出，并应当提供承运人认为满意的证明、填写遗失客票退款申请书、声明同意赔偿由此给承运人造成的损失，经承运人同意后方可办理。

旅客遗失客票的退款，按本规则第六十九条的规定办理。

第十章 航空器上的行为

第七十一条 旅客不得在航空器上使用便携式收音机、电子游戏机或者包括无线电操纵的玩具和对讲机在内的发射装置。除了便携式录放机、助听器和心脏起搏器以外，未经承运人允许，旅客不得在航空器上使用任何其他电子设备。

第十一章 行政手续

第七十二条 旅客应当出具有关国家的法律、规定所要求的所有出入境、健康和其他证件。承运人对违反法律、规定或者证件不符合要求的旅客，可以拒绝承运。

第七十三条 旅客未遵守有关国家的法律、规定或者未出具所要求的证件而使承运人承担垫付罚金或者负担支出时，旅客应当偿还承运人已付的款额。

第七十四条 旅客被拒绝过境或者入境，承运人应当按政府的命令将旅客运回其出发地点或者其他地点，旅客应当支付适用的票价。用于运送至拒绝入境地点或者遣返地点的客票，承运人不予办理退款。

第七十五条 海关和其他政府官员需要检查旅客的行李，旅客应当到场。旅客不到场而遭受的任何损失，承运人不承担责任。

第十二章 承运人的运输条件、规定等的制定和修改

第七十六条 承运人应当按规定制定和修改其运输条件、运输规定、票价和费

用。任何修改不适用于修改前已经开始的运输。

第十三章 附 则

第七十七条 本规则自1998年4月1日起施行。1984年10月1日中国民用航空局发布的《中国民航旅客、行李国际运输规则》同时废止。

二、《中国民用航空安全检查规则》

《中国民用航空安全检查规则》（节选）

第一章 总 则

第一条 为保障民用航空运输安全正常进行，规范民用航空安全检查工作，根据《中华人民共和国民用航空法》、《中华人民共和国民用航空安全保卫条例》等有关法律、法规，制定本规则。

第二条 本规则适用于中华人民共和国境内一切民用航空运输活动，以及与民用航空有关的单位和个人。

运输危险物品按照危险物品运输有关规定办理。

第三条 民用航空安全检查部门（以下简称安检部门），依照有关法律、法规和本规则，通过实施安全检查工作（以下简称安检工作），防止危及航空安全的危险品、违禁品进入民用航空器，保障民用航空器及其所载人员、财产的安全。

第四条 安检工作包括对乘坐民用航空器的旅客及其行李、进入候机隔离区的其他人员及其物品，以及空运货物、邮件的安全检查；对候机隔离区内的人员、物品进行安全监控；对执行飞行任务的民用航空器实施监护。

第五条 民航公安机关对安检部门的业务工作进行统一管理和检查、监督。从事民用航空活动的单位和人员应当配合安检部门开展工作，共同维护民用航空安全。

第六条 安检部门发现有本规则规定的危及民用航空安全行为的，应当予以制止并交由民航公安机关审查处理。

第七条 乘坐民用航空器的旅客及其行李，以及进入候机隔离区或民用航空器的其他人员和物品，必须接受安全检查；但是，国务院规定免检的除外。

第八条 安检工作可以收取费用。安检工作费用的收取办法由民航总局另行制定。

第九条 安检工作应当坚持安全第一、严格检查、文明执勤、热情服务的原则。

第二章 安检部门及其人员

第一节 安检部门

第十条 设立安检部门应当经中国民用航空总局（以下简称民航总局）审核同意并颁发《民用航空安全检查许可证》；民航地区管理局在民航总局授权范围内行使审核权。

未取得《民用航空安全检查许可证》，任何部门或者个人不得从事安检工作。

《民用航空安全检查许可证》有效期为五年，到期由颁证机关重新审核换发。

第十一条 申请设立安检部门的单位应当向民航总局提出书面申请，并附书面材料证明具有下列条件：

（一）有经过培训并持有《安检人员岗位证书》的人员，且其配备数量符合《民用航空安检人员定员定额标准》；

（二）有从事安检工作所必需的经民航总局认可的仪器、设备；

（三）有符合《民用航空运输机场安全保卫设施建设标准》的工作场地；

（四）有根据本规则和《民用航空安全检查工作手册》制定的安检工作制度。

（五）民航总局要求的其他条件。

第十二条 安检部门使用的安全检查仪器应当经由民航总局公安局会同有关部门检测。经检测合格后，凭发给的《使用合格证》方可使用。

民航总局公安局、民航地区管理局公安局，或经委托的其他民航公安机关，应当会同有关部门定期对安全检查仪器的射线泄露剂量进行检测。检测次数每年不少于一次。

第二节 安检人员（略）

第三章 安检工作勤务

第一节 旅客及行李、货物、邮件的检查

第二十条 安检部门应当根据任务量和实际情况，制定相应的勤务方案和突发事件处置预案，并组织实施，杜绝漏检、失控等事故的发生。

在特殊情况下，经民航总局公安局或其授权部门批准，可以实施特别工作方案，从严进行安全检查。特别工作方案由民航总局公安局另行制定。

第二十一条 对国内航班旅客应当核查其有效乘机身份证件、客票和登机牌。有效乘机身份证件的种类包括：中国籍旅客的居民身份证、临时身份证、军官证、武警警官证、士兵证、军队学员证、军队文职干部证、军队离退休干部证和军队职工证，

港、澳地区居民和台湾同胞旅行证件；外籍旅客的护照、旅行证、外交官证等；民航总局规定的其他有效乘机身份证件。

对16岁以下未成年人，可凭其学生证、户口簿或者户口所在地公安机关出具的身份证明放行。

第二十二条　对核查无误的旅客，应在其登机牌上加盖验讫章。

第二十三条　对旅客实施安检时，安检人员应当引导旅客逐个通过安全门。

第二十四条　对通过时安全门报警的旅客，应当重复过门检查或使用手持金属探测器或手工人身检查的方法进行复查，排除疑点后方可放行。

手工人身检查一般应由同性别安检人员实施；对女旅客实施检查时，必须由女安检人员进行。

第二十五条　对经过手工人身检查仍有疑点的旅客，经安检部门值班领导批准后，可以将其带到安检室从严检查，检查应当由同性别的两名以上安检人员实施。

第二十六条　旅客的托运行李和非托运行李都必须经过安全检查仪器检查。发现可疑物品时应当开箱（包）检查，必要时也可以随时抽查。

开箱（包）检查时，可疑物品的托运人或者携带者应当在场。

第二十七条　旅客申明所携物品不宜接受公开检查的，安检部门可根据实际情况，在适当场合检查。

第二十八条　空运的货物应当经过安全检查或存放24小时，或者采取民航总局认可的其他安全措施。

第二十九条　对空运的急救物品、鲜活货物、航空快件等有时限的货物，应当及时进行安全检查。

第三十条　对特殊部门交运的保密货物、不宜检查的精密仪器和其他物品，按规定凭免检证明予以免检。

第三十一条　航空邮件应当经过安全检查。发现可疑邮件时，安检部门应当会同邮政部门开包查验处理。

第三十二条　按照国家有关规定应当予以免检的，按照有关规定办理。

第二节　候机隔离区安全监控

第三十三条　经过安全检查的旅客进入候机隔离区以前，安检部门应当对候机隔离区进行清场。

第三十四条　安检部门应当派员在候机隔离区内巡视，对重点部位加强监控。

第三十五条　经过安全检查的旅客应当在候机隔离区内等待登机。如遇航班延误或其他特殊原因离开候机隔离区的，再次进入时应当重新经过安全检查。

第三十六条 因工作需要进入候机隔离区的人员，必须佩戴民航公安机关制发的候机隔离区通行证件。

上述人员及其携带的物品，应当经过安全检查。

安检部门应当在候机隔离区工作人员通道口派专人看守，检查进出人员。

第三十七条 候机隔离区内的商店不得出售可能危害航空安全的商品。商店运进商品应当经过安全检查，同时接受安检部门的安全监督。

第三节 民用航空器监护（略）

第四节 安检工作中特殊情况的处置

第四十四条 拒绝接受安全检查的人员，不准登机或进入候机隔离区，损失自行承担。

第四十五条 对持居民身份证复印件、伪造或变造证件、冒用他人证件者不予放行登机。

第四十六条 对有下列情形之一者，应带至安检值班室进行教育；情节严重的，交由民航公安机关处理：

（一）逃避安全检查的；

（二）妨碍安检人员执行公务的；

（三）携带危险品、违禁品又无任何证明的；

（四）扰乱安检现场工作秩序的。

第四十七条 有下列威胁航空安全行为之一的，交由民航公安机关查处：

（一）携带枪支、弹药、管制刀具及其仿制品进入安检现场的；

（二）强行进入候机隔离区不听劝阻的；

（三）伪造、冒用、涂改身份证件乘机的；

（四）隐匿携带危险品、违禁品企图通过安全检查的；

（五）在托运货物时伪报品名、弄虚作假或夹带危险物品的；

（六）其他威胁航空安全的行为。

第四十八条 对违反《中华人民共和国民用航空安全保卫条例》第三十二条规定，携带《禁止旅客随身携带或者托运的物品》（见附件一）所列物品的，安检部门应当及时交由民航公安机关处理。

第四十九条 对违反《中华人民共和国民用航空安全保卫条例》第三十三条规定，携带《禁止旅客随身携带但可作为行李托运的物品》（见附件二）所列物品的，应当告诉旅客可作为行李托运或交给送行人员；如来不及办理托运，安检部门按规定办理手续后移交机组带到目的地后交还。

不能按上述办法办理的，由安检部门代为保管。安检部门应当登记造册，妥善保管；对超过 30 天无人领取的，及时交由民航公安机关处理。

第五十条 对含有易燃物质的生活用品实行限量携带（见附件三）。对超量部分可退给旅客自行处理或暂存于安检部门。

安检部门对旅客暂存的物品，应当为物主开具收据，并进行登记。旅客凭收据在 30 天内领回；逾期未领的，视为无人认领物品按月交由民航公安机关处理。

第四章 教育培训（略）

第五章 奖励与处罚

第五十六条 民航总局在航空安全奖励基金中列出专项，用于奖励在安检工作中成绩突出的单位和个人。

第五十七条 在安检工作中有下列表现之一的单位或个人，由安检部门或其上级主管部门给予通报表扬、嘉奖、记功、授予荣誉称号的奖励：

（一）模范执行国家的法律、法令，严格执行安检工作规章制度，成绩突出的；

（二）积极钻研业务，工作认真负责，完成安全检查任务成绩突出的；

（三）爱护仪器设备，遵守操作规程，认真保养维修，成绩突出的；

（四）执勤中检查出冒名顶替乘机或持伪造、变造身份证件的；

（五）执勤中查获预谋劫机或其他非法干扰民用航空安全的嫌疑人，以及隐匿携带危害航空安全物品的；

（六）遇有劫机或其他非法干扰民用航空安全的紧急情况，不怕牺牲、英勇顽强、机智灵活制服罪犯的；

（七）执勤中其他方面有突出表现的。

对前款受奖励者，可按照规定给予一定的物质奖励。

第五十八～第六十三条 （略）

第六章 附 则

第六十四条 本规则自 1999 年 6 月 1 日起施行。

第六十五条 本规则正式施行后，以前规定与本规则不一致的，一律以本规则为准。

附件一:《禁止旅客随身携带或者托运的物品》

禁止乘机旅客随身携带或者托运的物品包括:

(一)枪支、军用或警用械具类(含主要零部件),包括:

1. 军用枪、公务用枪:手枪、步枪、冲锋枪、机枪、防暴枪等。

2. 民用枪:气枪、猎枪、运动枪、麻醉注射枪、发令枪等。

3. 其他枪支:样品枪、道具枪等。

4. 军械、警械:警棍、军用或警用匕首、刺刀等。

5. 国家禁止的枪支、械具:钢珠枪、催泪枪、电击枪、电击器、防卫器等。

6. 上述物品的仿制品。

(二)爆炸物品类,包括:

1. 弹药:炸弹、手榴弹、照明弹、燃烧弹、烟幕弹、信号弹、催泪弹、毒气弹和子弹(空包弹、战斗弹、检验弹、教练弹)等。

2. 爆破器材:炸药、雷管、导火索、导爆索、非电导爆系统、爆破剂等。

3. 烟火制品:礼花弹、烟花、爆竹等。

4. 上述物品的仿制品。

(三)管制刀具:指 1983 年经国务院批准由公安部颁布实施的《对部分刀具实行管制的暂行规定》中所列出的刀具,包括匕首、三棱刀(包括机械加工用的三棱刮刀)、带有自锁装置的刀具和形似匕首但长度超过匕首的单刃刀、双刃刀以及其他类似的单刃、双刃、三棱尖刀等。少数民族由于生活习惯需要佩带、使用的藏刀、腰刀、靴刀等属于管制刀具,只准在民族自治地方销售、使用。

(四)易燃、易爆物品,包括:氢气、氧气、丁烷等瓶装压缩气体、液化气体;黄磷、白磷、硝化纤维(含胶片)、油纸及其制品等自燃物品;金属钾、钠、锂、碳化钙(电石)、镁铝粉等遇水燃烧物品;汽油、煤油、柴油、苯、乙醇(酒精)、油漆、稀料、松香油等易燃液体;闪光粉、固体酒精、赛璐珞等易燃固体;过氧化钠、过氧化钾、过氧化铅、过醋酸等各种无机、有机氧化剂。

(五)毒害品:包括氰化物、剧毒农药等剧毒物品。

(六)腐蚀性物品:包括硫酸、盐酸、硝酸、有液蓄电池、氢氧化钠、氢氧化钾等。

(七)放射性物品:放射性同位素等放射性物品。

(八)其他危害飞行安全的物品,如可能干扰飞机上各种仪表正常工作的强磁化物、有强烈刺激性气味的物品等。

（九）国家法律法规规定的其他禁止携带、运输的物品。

附件二:《禁止旅客随身携带但可作为行李托运的物品》

禁止乘机旅客随身携带但可作为行李托运的物品包括：附件一规定的物品之外，其他可以用于危害航空安全的菜刀、大剪刀、大水果刀、剃刀等生活用刀，手术刀、屠宰刀、雕刻刀等专业刀具，文艺单位表演用的刀、矛、剑、戟等，以及斧、凿、锤、锥、加重或有尖钉的手杖、铁头登山杖和其他可用来危害航空安全的锐器、钝器。

附件三:《乘机旅客限量随身携带的生活用品及数量》

<table>
<tr><th>种类</th><th>品名</th><th colspan="2">限带数量</th></tr>
<tr><td>酒类</td><td>白酒</td><td colspan="2">2 公斤（包装完好）</td></tr>
<tr><td rowspan="8">日常生活用品</td><td>发胶、衣领净</td><td>1 瓶（350ML）</td><td rowspan="6">累计不超过 1000ML 或 1 公斤</td></tr>
<tr><td>摩丝、光亮剂</td><td>1 瓶（350ML）</td></tr>
<tr><td>香水</td><td>500ML</td></tr>
<tr><td>杀虫剂</td><td>1 瓶（350ML）</td></tr>
<tr><td>空气清新剂</td><td>1 瓶（350ML）</td></tr>
<tr><td>其他含有易燃物质的生活用品</td><td></td></tr>
<tr><td>打火机（充有可燃气体或燃料油）</td><td>5 只</td><td></td></tr>
<tr><td>安全火柴</td><td>5 盒</td><td></td></tr>
</table>

注：限带数量是指每名旅客最多可携带的数量。

三、《旅游安全管理暂行办法》

《旅游安全管理暂行办法》

第一章　总　则

第一条　为加强旅游安全管理工作，保障旅游者人身、财物安全，根据有关法律、法规，制定本办法。

第二条　旅游安全管理工作应当贯彻“安全第一，预防为主”的方针。

第三条　本办法适用于从事经营旅游业务的企、事业单位。

第四条　各级旅游行政管理部门负责组织实施本办法。

第二章　安全管理

第五条　旅游安全管理工作应遵循统一指导、分级管理、以基层为主的原则。

第六条　各级旅游行政管理部门，必须建立和完善旅游安全管理机构。

第七条　各级旅游行政管理部门，在当地政府的领导下，会同有关部门，对旅游安全进行管理。

第八条　旅游安全管理机构的职责：

（一）指导、督促、检查本地区旅游企、事业单位贯彻执行本办法及国家制定的涉及旅游安全的各项法规的情况；

（二）组织、实施旅游安全教育和宣传；

（三）会同有关部门对旅游企、事业单位进行开业前的安全设施检查验收工作；

（四）督促、检查旅游企、事业单位落实有关旅游者人身、财物安全的保险制度；

（五）受理旅游者有关安全问题的投诉，并会同有关部门妥善处理；

（六）建立和健全安全检查工作制度，定期召开安全工作会议；

（七）参与涉及旅游者人身、财物安全的事故处理。

第三章　事故处理

第九条　事故发生单位在事故发生后，应按下列程序处理：

（一）陪同人员应当立即上报主管部门，主管部门应当及时报告归口管理部门；

（二）会同事故发生地的有关单位严格保护现场；

（三）协同有关部门进行抢救、侦查；

（四）有关单位负责人应及时赶赴现场处理；

（五）对特别重大事故，应当严格按照国务院《特别重大事故调查程序暂行规定》进行处理。

第十条　处理外国旅游者重大伤亡事故时，应当注意下列事项：

（一）立即通过外事管理部门通知有关国家驻华使领馆和组团单位；

（二）为前来了解、处理事故的外国使领馆人员的组团单位及伤亡者家属提供方便；

（三）与有关部门协调，为国际急救组织前来参与对在国外投保的旅游者（团）的伤亡处理提供方便；

（四）对在华死亡的外国旅游者严格按照外交部《外国人在华死亡后的处理程序》进行处理。

第十一条 对于外国旅游者的赔偿，按照国家有关保险规定妥善处理。

第十二条 事故处理后，立即写出事故调查报告，其内容包括：

（一）事故经过及处理；

（二）事故原因及责任；

（三）事故教训；

（四）今后防范措施。

第四章 奖励与惩罚

第十三条 在旅游安全工作中做出显著成绩或有突出贡献的单位或个人，给予表彰或奖励。

第十四条 对违反有关安全法规而造成旅游者伤亡事故和不履行本办法的，由旅游行政管理部门会同有关部门分别给予直接责任人和责任单位以下处罚：

（一）警告；

（二）罚款；

（三）限期整改；

（四）停业整顿；

（五）吊销营业执照。

触犯刑律者，由司法机关依法追究。

第五章 附 则

第十五条 本办法由国家旅游局负责解释。

第十六条 各省、自治区、直辖市旅游局可根据本办法，结合本地区的实际情况制定实施办法，并报国家旅游局备案。

第十七条 本办法自1990年3月1日起施行。

四、《旅游安全管理暂行办法实施细则》

《旅游安全管理暂行办法实施细则》

第一章 总 则

第一条 为贯彻落实《旅游安全管理暂行办法》，特制定本细则。

第二章　安全管理

第二条　旅游安全管理工作实行在国家旅游管理部门的统一领导下，各级旅游行政管理部门分级管理的体制。

第三条　各级旅游行政管理部门依法保护旅游者的人身、财物安全。

第四条　国家旅游行政管理部门安全管理工作的职责是：

（一）制定国家旅游安全管理规章，并组织实施；

（二）会同国家有关部门对旅游安全实行综合治理，协调处理旅游安全事故和其他安全问题；

（三）指导、检查和监督各级旅游行政管理部门和旅游企事业单位的旅游安全管理工作；

（四）负责全国旅游安全管理的宣传、教育工作，组织旅游安全管理人员的培训工作；

（五）协调重大旅游安全事故的处理工作；

（六）负责全国旅游安全管理方面的其他有关事项。

第五条　县级以上（含县级）地方旅游行政管理部门的职责：

（一）贯彻执行国家旅游安全法规；

（二）制定本地区旅游安全管理的规章制度，并组织实施；

（三）协同工商、公安、卫生等有关部门，对新开业的旅游企事业单位的安全管理机构、规章制度及其消防、卫生防疫等安全设施、设备进行检查，参加开业前的验收工作；

（四）协同公安、卫生、园林等有关部门，开展对旅游安全环境的综合治理工作，防止向旅游者敲诈、勒索、围堵等不法行为的发生；

（五）组织和实施对旅游安全管理人员的宣传、教育和培训工作；

（六）参与旅游安全事故的处理工作；

（七）受理本地区涉及旅游安全问题的投诉；

（八）负责本地区旅游安全管理的其他事项；

第六条　旅行社、旅游饭店、旅游汽车和游船公司。旅游购物商店、旅游娱乐场所和其他经营旅游业务的企事业单位是旅游安全管理工作的基层单位，其安全管理工作的职责是：

（一）设立安全管理机构，配备安全管理人员；

（二）建立安全规章制度，并组织实施；

（三）建立安全管理责任制，将安全管理的责任落实到每个部门、每个岗位、每个职工；

（四）接受当地旅游行政管理部门对旅游安全管理工作的行业管理和检查、监督；

（五）把安全教育、职工培训制度化、经常化，培养职工的安全意识，普及安全常识，提高安全技能，对新招聘的职工，必须经过安全培训，合格后才能上岗；

（六）新开业的旅游企事业单位，在开业前必须向当地旅游行政管理部门申请对安全设施设备、安全管理机构、安全规章制度的检查验收，检查验收不合格者，不得开业；

（七）坚持日常的安全检查工作，重点检查安全规章制度的落实情况和安全管理漏洞，及时消除安全隐患；

（八）对用于接待旅游者的汽车、游船和其他设施，要定期进行维修和保养，使其始终处于良好的安全技术状况，在运营前进行全面的检查，严禁带故障运行；

（九）对旅游者的行李要有完备的交接手续，明确责任，防止损坏或丢失；

（十）在安排旅游团队的游览活动时，要认真考虑可能影响安全的诸项因素，制定周密的行程计划，并注意避免司机处于过分疲劳状态；

（十一）负责为旅游者投保；

（十二）直接参与处理涉及本单位的旅游安全事故，包括事故处理、善后处理及赔偿事项等；

（十三）开展登山、汽车、狩猎、探险等特殊旅游项目时，要事先制定周密的安全保护预案和急救措施，重要团队需按规定报有关部门审批。

第三章　事故处理

第七条　凡涉及旅游者人身、财物安全的事故均为旅游安全事故。

第八条　旅游安全事故分为轻微、一般、重大和特大事故四个等级：

（一）轻微事故是指一次事故造成旅游者轻伤，或经济损失在 1 万元以下者；

（二）一般事故是指一次事故造成旅游者重伤，或经济损失在 1 万至 10 万（含 1 万）元者；

（三）重大事故是指一次事故造成旅游者死亡或旅游者重伤致残，或经济损失在 10 万至 100 万（含 10 万）元者；

（四）特大事故是指一次事故造成旅游者死亡多名，或经济损失在 100 万元以上，或性质特别严重，产生重大影响者。

第九条 事故发生后，现场有关人员应立即向本单位和当地旅游管理部门报告。

第十条 地方旅游行政管理部门在接到一般、重大、特大安全事故报告后，要尽快向当地人民政府报告，对重大、特大安全事故，要同时向国家旅游行政管理部门报告。

第十一条 一般、重大、特大安全事故发生后，地方旅游行政管理部门和有关旅游企事业单位要积极配合有关方面，组织对旅游者进行紧急援救，并妥善处理善后事宜。

第四章 奖励与惩罚

第十二条 对在旅游安全管理工作中有下列先进事迹之一的单位，由各级旅游行政管理部门进行评比考核，给予表扬和奖励：

（一）旅游安全管理制度健全，预防措施落实，安全教育普及，安全宣传和培训工作扎实，在防范旅游安全事故方面成绩突出，一年内未发生一般性事故的；

（二）协助事故发生单位进行紧急救助、避免重大损失，成绩突出的；

（三）在旅游安全其他方面做出突出成绩的。

第十三条 对在旅游安全管理工作中有下列先进事迹之一的个人，由各级旅游行政管理部门进行评比考核，给予表扬和奖励；

（一）热爱旅游安全工作，在防范和杜绝本单位发生安全事故方面成绩突出的；

（二）见义勇为，救助旅游者，或保护旅游者财物安全不受重大损失的；

（三）及时发现事故隐患，避免重大事故发生的；

（四）在旅游安全其他方面做出突出成绩的。

第十四条 对在旅游安全管理工作中有下列情形之一者，由各级旅游行政管理部门检查落实、对当事人或当事单位负责人给予批评或处罚：

（一）严重违反旅游安全法规，发生一般、重大、特大安全事故者；

（二）对可能引发安全事故的隐患，长期不能发现和消除，导致重大、特大安全事故发生者；

（三）旅游安全设施、设备不符合标准和技术要求，长期无人负责，不予整改者；

（四）旅游安全管理工作混乱，造成恶劣影响者。

第五章 附 则

第十五条 本实施细则由国家旅游局负责解释。

第十六条 本实施细则自 1994 年 3 月 1 日起施行。

五、《旅行社责任险管理办法》

《旅行社责任险管理办法》

第一章　总　则

第一条　为保障旅游者的合法权益，根据《中华人民共和国保险法》和《旅行社条例》，制定本办法。

第二条　在中华人民共和国境内依法设立的旅行社，应当依照《旅行社条例》和本办法的规定，投保旅行社责任保险。

本办法所称旅行社责任保险，是指以旅行社因其组织的旅游活动对旅游者和受其委派并为旅游者提供服务的导游或者领队人员依法应当承担的赔偿责任为保险标的的保险。

第三条　投保旅行社责任保险的旅行社和承保旅行社责任保险的保险公司，应当遵守本办法。

第二章　投　保

第四条　旅行社责任保险的保险责任，应当包括旅行社在组织旅游活动中依法对旅游者的人身伤亡、财产损失承担的赔偿责任和依法对受旅行社委派并为旅游者提供服务的导游或者领队人员的人身伤亡承担的赔偿责任。

具体包括下列情形：

（一）因旅行社疏忽或过失应当承担赔偿责任的；

（二）因发生意外事故旅行社应当承担赔偿责任的；

（三）国家旅游局会同中国保险监督管理委员会（以下简称中国保监会）规定的其他情形。

第五条　中国保监会及其派出机构依法对旅行社责任保险的保险条款和保险费率进行管理。

第六条　旅行社责任保险的保险费率应当遵循市场化原则，并与旅行社经营风险相匹配。

第七条　旅行社投保旅行社责任保险的，应当与保险公司依法订立书面旅行社责任保险合同（以下简称保险合同）。

第八条　旅行社与保险公司订立保险合同时，双方应当依照《中华人民共和国保险法》的有关规定履行告知和说明义务。

第九条 订立保险合同时，保险公司不得强制旅行社投保其他商业保险。

第十条 保险合同成立后，旅行社按照约定交付保险费。保险公司应当及时向旅行社签发保险单或者其他保险凭证，并在保险单或者其他保险凭证中载明当事人双方约定的合同内容，同时按照约定的时间开始承担保险责任。

第十一条 保险合同成立后，除符合《中华人民共和国保险法》规定的情形外，保险公司不得解除保险合同。

第十二条 保险合同成立后，旅行社要解除保险合同的，应当同时订立新的保险合同，并书面通知所在地县级以上旅游行政管理部门，但因旅行社业务经营许可证被依法吊销或注销而解除合同的除外。

第十三条 保险合同解除的，保险公司应当收回保险单，并书面通知旅行社所在地县级以上旅游行政管理部门。

第十四条 旅行社的名称、法定代表人或者业务经营范围等重要事项变更时，应当及时通知保险公司。必要时应当依法办理保险合同变更手续。

第十五条 旅行社责任保险的保险期间为1年。

第十六条 旅行社应当在保险合同期满前及时续保。

第十七条 旅行社投保旅行社责任保险，可以依法自主投保，也可以有组织统一投保。

第三章 赔 偿

第十八条 旅行社在组织旅游活动中发生本办法第四条所列情形的，保险公司依法根据保险合同约定，在旅行社责任保险责任限额内予以赔偿。

责任限额可以根据旅行社业务经营范围、经营规模、风险管控能力、当地经济社会发展水平和旅行社自身需要，由旅行社与保险公司协商确定，但每人人身伤亡责任限额不得低于20万元人民币。

第十九条 旅行社组织的旅游活动中发生保险事故，旅行社或者受害的旅游者、导游、领队人员通知保险公司的，保险公司应当及时告知具体的赔偿程序等有关事项。

第二十条 保险事故发生后，旅行社按照保险合同请求保险公司赔偿保险金时，应当向保险公司提供其所能提供的与确认保险事故的性质、原因、损失程度等有关的证明和资料。

保险公司按照保险合同的约定，认为有关的证明和资料不完整的，应当及时一次性通知旅行社补充提供。

旅行社对旅游者、导游或者领队人员应负的赔偿责任确定的，根据旅行社的请求，保险公司应当直接向受害的旅游者、导游或者领队人员赔偿保险金。旅行社怠于请求的，受害的旅游者、导游或者领队人员有权就其应获赔偿部分直接向保险公司请求赔偿保险金。

第二十一条 保险公司收到赔偿保险金的请求和相关证明、资料后，应当及时做出核定；情形复杂的，应当在30日内作出核定，但合同另有约定的除外。保险公司应当将核定结果通知旅行社以及受害的旅游者、导游、领队人员；对属于保险责任的，在与旅行社达成赔偿保险金的协议后10日内，履行赔偿保险金义务。

第二十二条 因抢救受伤人员需要保险公司先行赔偿保险金用于支付抢救费用的，保险公司在接到旅行社或者受害的旅游者、导游、领队人员通知后，经核对属于保险责任的，可以在责任限额内先向医疗机构支付必要的费用。

第二十三条 因第三者损害而造成保险事故的，保险公司自直接赔偿保险金或者先行支付抢救费用之日起，在赔偿、支付金额范围内代位行使对第三者请求赔偿的权利。旅行社以及受害的旅游者、导游或者领队人员应当向保险公司提供必要的文件和所知道的有关情况。

第二十四条 旅行社与保险公司对赔偿有争议的，可以按照双方的约定申请仲裁，或者依法向人民法院提起诉讼。

第二十五条 保险公司的工作人员对当事人的个人隐私应当保密。

第四章 监督检查

第二十六条 县级以上旅游行政管理部门依法对旅行社投保旅行社责任保险情况实施监督检查。

第二十七条 中国保监会及其派出机构依法对保险公司开展旅行社责任保险业务实施监督管理。

第五章 罚 则

第二十八条 违反本办法第十二条、第十六条、第十八条的规定，旅行社解除保险合同但未同时订立新的保险合同，保险合同期满前未及时续保，或者人身伤亡责任限额低于20万元人民币的，由县级以上旅游行政管理部门依照《旅行社条例》第四十九条的规定处罚。

第二十九条 保险公司经营旅行社责任保险，违反有关保险条款和保险费率管理规定的，由中国保监会或者其派出机构依照《中华人民共和国保险法》和中国保监会的有关规定予以处罚。

第三十条 保险公司拒绝或者妨碍依法检查监督的，由中国保监会或者其派出机构依照《中华人民共和国保险法》的有关规定予以处罚。

第六章 附 则

第三十一条 本办法由国家旅游局和中国保监会负责解释。

第三十二条 本办法自 2011 年 2 月 1 日起施行。国家旅游局 2001 年 5 月 15 日发布的《旅行社投保旅行社责任保险规定》同时废止。

六、《中国公民出境旅游突发事件应急预案》

《中国公民出境旅游突发事件应急预案》

1 总则

1.1 编制目的

建立健全国家处置中国公民出境旅游突发事件应急机制，规范出境旅游突发事件应急工作，维护国家利益，保障中国游客的生命财产安全及其合法权益。

1.2 编制依据

《中国公民出国旅游管理办法》等国家有关法律法规；《国家突发公共事件总体应急预案》和《国家涉外突发事件应急预案》以及《旅游突发公共事件应急预案》等有关部门应急预案。

1.3 适用范围

本预案适用于中国公民出境旅游过程中生命财产受到损害或严重威胁的重大和较大突发事件的应急处置工作。

1.4 工作原则

本预案遵循《国家突发公共事件总体应急预案》和《国家涉外突发事件应急预案》明确的基本原则。同时，结合旅游应急救助工作实际，坚持如下原则：

（1）以人为本，救助第一。以保障出境旅游的中国公民生命财产安全为准则，履行政府公共服务职能，尽力提供事前、事中和事后的必要应急救助。

（2）迅速反应，减少损失。事件发生后做到在第一时间、第一现场实施救助和报告。根据需要，迅速动员和协调国内外应急救援力量，力争在最短的时间内将危害和损失降到最低程度。

（3）依法规范，协调配合。遵守国家法律法规和国际条约，参照事发国（地区）法律法规的相关规定。各部门要认真履行职责，主动配合协调，保证信息畅通，确保应急措施到位。

（4）顾全大局，服从指挥。各相关部门和涉事单位要认真贯彻党中央、国务院有关处理突发事件的要求，认真履行职责，树立大局意识，服从应急指挥机构的统一领导，保证完成各项处置工作。

2　组织指挥体系和职责

中国公民出境旅游突发事件发生后，根据需要启动不同级别的应急响应机制。处理重大和较大突发事件，启用以下组织指挥系统。

2.1　部际联席会议

中国公民出境旅游重大和较大突发事件发生后，根据需要启动境外中国公民和机构安全保护工作部际联席会议，统一组织、协调、指挥应急处置工作。

2.2　应急领导小组

中国公民出境旅游重大和较大突发事件发生后，启动外交部和国家旅游局成立的应急领导小组，负责统一组织、协调、指挥应急处置工作。必要时，国务院其他有关部门和相关省级人民政府参与组织协调。

2.3　部门职责

外交部和国家旅游局按照各自职责，负责指导和协调现场救助、收集和发布有关信息、履行报告制度、组织和协调善后处理等应急工作。各有关部门和地方积极参与，提供相应的支持和保障。

3　预警机制

3.1　预警机制建立

建立和完善中国公民出境旅游安全预警信息收集、评估和发布制度。

3.2　预警信息收集

国家有关部门要加强相关信息的收集和分析，及时掌握和通报有关情况。

3.3　预警信息分级

提示——提示中国公民前往某国（地区）旅游应注意的事项。

劝告——劝告中国公民不要前往某国（地区）旅游。

警告——警告中国公民一定时期内在任何情况下都不要前往某国（地区）旅游。

3.4　预警信息评估

组织开展对预警建议的评估，并履行报批程序。

3.5　预警信息发布

经授权，国家旅游局或其他部门向社会发布旅游预警信息。

4　应急响应

根据事发地点、性质、规模和影响，中国公民出境旅游突发事件分为特别重大（Ⅰ级）、重大（Ⅱ级）、较大（Ⅲ级）和一般（Ⅳ）四级响应。

4.1　Ⅰ级响应

国务院成立涉外突发事件应急总指挥部处置。

4.2　Ⅱ级响应

根据需要启动部际联席会议或由外交部和国家旅游局成立应急领导小组，负责统一组织、协调、指挥应急处置工作。

4.3　Ⅲ级响应

参照Ⅱ级响应。

4.4　Ⅳ级响应

启动国家旅游局《旅游突发公共事件应急预案》处置。

5　Ⅱ级和Ⅲ级响应处置程序

5.1　先期处置

（1）事发后，当事人立即向事发地有关部门报警求助，并组织必要的自救。

同时，迅速向我驻当地外交机构和国内组团单位报告。

（2）我驻外外交机构接到事发报告后，采取必要措施，努力控制事态，并迅速将事发情况向外交部和国家旅游局报告。

5.2　处置措施

（1）我境外有关部门协助开展医疗急救、财产保护、安置安抚和游客转移等工作。对救助及善后处理提出建议，随时向国内报告。

（2）旅游机构及时了解核实涉事旅游团队及游客情况，及时准确向有关部门提供信息。

（3）迅速通知涉事保险机构及国际救援机构提供紧急救援。督促国内组团单位履行合同承诺，采取措施保证及时救助。

（4）组织协调国内组团单位负责人和当事游客家属尽快赴事发国（地区）参与和协助处理有关事宜。根据需要，派遣有关部门和地方政府组成的工作组。

（5）与事发国（地区）有关部门交涉，寻求必要的合作与支持。

（6）组织协调有关部门和地方政府协助做好应急处置相关工作。

5.3　后期处置

（1）做好旅游团队回国后的善后工作。

（2）提交事件处理报告。

6　信息报告和发布

6.1　信息报告

事发后，当事人在第一时间向我驻外和国内有关部门报告。接报部门在2小时内应向上级部门报告，同时通报有关单位和地区。应急处置过程中，及时续报有关情况。

6.2　信息发布

根据需要，外交部和国家旅游局设立热线电话；在政府网站及时发布有关信息；通过提供新闻稿、组织报道、接受记者采访、举行新闻发布会等形式发布信息。

7　应急保障和培训演练

7.1　相关保障

各有关部门和地方政府按照职责分工和突发事件处置需要，及时做好应对突发事件的各种保障工作。

7.2　培训演练

旅游机构要组织中国公民出境旅游的安全保护和保险意识的教育，开展对部门、企业和从业人员的应急业务培训和演练。要面向广大游客做好出境前的安全教育，加强安全防范意识，提供有关境外目的国（地区）的驻外外交机构和电话、旅游救援电话、报警电话等应急救援信息。

8 附则

8.1 解释与修订

本预案由外交部和国家旅游局负责解释，根据形势发展，及时修订。

8.2 发布与实施

本预案自发布之日起实施。

经典案例 “春秋”航班因天气原因中途改降 乘客索赔遭驳回

因天气原因，飞机改降其他机场，引起乘客孙小姐不满，便以航空公司没有准时将乘客送达约定地点为由，将春秋航空有限公司告上法庭，要求赔偿违约金750元。日前，松江区法院以该起航班延误行为系法定免责事由造成为依据，驳回孙小姐的诉请。

2010年3月，孙小姐网上订购往返厦门的飞机票共计689元，起飞时间为晚上7点45分，预计到达时间为当天晚上9点15分。在飞机准点起飞1个多小时后，机组人员通知全体乘客因天气原因飞机无法降落，改降福州机场。

孙小姐称，直到凌晨，乘客才被告知取消此次航班，并通知乘客跟随地勤人员入住宾馆。孙小姐说，“我们等到凌晨4点班车才过来，早上6点被宾馆服务人员叫醒，通知坐车赶往机场。”

孙小姐认为，自己和航空公司成立了航空运输合同关系，已依约支付票款，并按要求准时登机，航空公司却没有依法准时将乘客送达合同约定地点，迟延时间长达12小时，依法应承担违约责任。此外，航空公司在飞行出现异样情况时，未及时告知乘客真实信息，严重违反合同法和民航法的相关规定，严重侵害了乘客的合法权益。再者，实际降落厦门机场的仍然有21架飞机，故航空公司提出的天气原因并不是决定性因素，故提起诉讼，请求法院判令航空公司支付违约赔偿金750元。

航空公司则称，孙小姐在购票时已被告知航班取消以及延误都不予补偿，且航班是因天气原因取消或延误，根据民航法的相关规定，航空公司不承担相应的损失。

法院认为：首先，天气因素属不可抗力，是法定的免责事由，故该原因引起的迟延不应视为违约。其次，飞机是高风险的交通运输工具，在全体乘客安全与按时到达的利益权衡中，承运人更负有较高的安全保障义务，因而，航空公司安全改降其他机场并无不当；最后，因不同型号飞机的性能、功能各不相同，故不能认为有其他飞机降落，孙小姐所乘坐的飞机即具备降落的条件。故孙小姐认为航空公司存在违约行为的意见，法院不予采纳。

——资料来源：上海法治报，2010-08-18；

转引自 http://www.jslycx.gov.cn/2010/09/3426.html

附录　团队出境旅游合同

使　用　说　明

1. 本合同为示范文本，供中华人民共和国境内（不含港、澳、台地区）经营出境旅游业务或者边境旅游业务的旅行社（以下简称“出境社”）与出境旅游者（以下简称“旅游者”）之间签订团队出境包价旅游（不含赴台湾地区旅游）合同时使用。

2. 双方当事人应当结合具体情况选择本合同协议条款中所提供的选择项，空格处应当以文字形式填写完整。

3. 双方当事人可以书面形式对本示范文本内容进行变更或者补充，但变更或者补充的内容，不得减轻或者免除应当由出境社承担的责任。

4. 本示范文本由国家旅游局和国家工商行政管理总局共同制定、解释，在全国范围内推行使用。

团队出境旅游合同

合同编号：____________

旅游者：________________________等______人（名单可附页，需出境社和旅游者代表签字盖章确认）；

出境社：____；

旅行社业务经营许可证编号：____________________。

第一章 术语和定义

第一条 本合同术语和定义

1. 团队出境旅游服务，指出境社依据《中华人民共和国旅游法》、《中国公民出国旅游管理办法》和《旅行社条例》等法律、法规，组织旅游者出国旅游及赴中外双方政府商定的国外边境区域和港、澳地区等旅游目的地旅游，代办旅游签证／签注，代订公共交通客票，提供餐饮、住宿、游览等两项以上服务活动。

2. 旅游费用，指旅游者支付给出境社，用于购买本合同约定的旅游服务的费用。

旅游费用包括：

（1）必要的签证／签注费用（旅游者自办的除外）；

（2）交通费（含境外机场税）；

（3）住宿费；

（4）餐费（不含酒水费）；

（5）出境社统一安排的景区景点的门票费；

（6）行程中安排的其他项目费用；

（7）导游服务费；

（8）边境旅游中办理旅游证件的费用；

（9）出境社、境外地接社等其他服务费用。

旅游费用不包括：

（1）办理护照、港澳通行证的费用；

（2）办理离团的费用；

（3）旅游者投保的人身意外伤害保险费用；

（4）合同未约定由出境社支付的费用，包括但不限于行程以外非合同约定项目所需的费用、自行安排活动期间发生的费用；

（5）境外小费；

（6）行程中发生的旅游者个人费用，包括但不限于交通工具上的非免费餐饮费、行李超重费，住宿期间的洗衣、通信、饮料及酒类费用，个人娱乐费用，个人伤病医疗费，寻找个人遗失物品的费用及报酬，个人原因造成的赔偿费用。

3. 履行辅助人，指与旅行社存在合同关系，协助其履行本合同义务，实际提供相关服务的法人、自然人或者其他组织。

4. 自由活动，特指《旅游行程单》中安排的自由活动。

5. 自行安排活动期间，指《旅游行程单》中安排的自由活动期间、旅游者不参加旅游行程活动期间、每日行程开始前、结束后旅游者离开住宿设施的个人活动期间、旅游者经领队或者导游同意暂时离团的个人活动期间。

6. 不合理的低价，指出境社提供服务的价格低于接待和服务费用或者低于行业公认的合理价格，且无正当理由和充分证据证明该价格的合理性。其中，接待和服务费用主要包括出境社提供或者采购餐饮、住宿、交通、游览、导游或者领队等服务所支出的费用。

7. 具体购物场所，指购物场所有独立的商号以及相对清晰、封闭、独立的经营边界和明确的经营主体，包括免税店，大型购物商场，前店后厂的购物场所，景区内购物场所，景区周边或者通往景区途中的购物场所，服务旅游团队的专门商店，商品批发市场和与餐饮、娱乐、停车休息等相关联的购物场所等。

8. 旅游者投保的人身意外伤害保险，指旅游者自己购买或者通过旅行社、航空机票代理点、景区等保险代理机构购买的以旅行期间自身的生命、身体或者有关利益为保险标的的短期保险，包括但不限于航空意外险、旅游意外险、紧急救援保险、特殊项目意外险。

9. 离团，指团队旅游者在境外经领队同意不随团队完成约定行程的行为。

10. 脱团，指团队旅游者在境外未经领队同意脱离旅游团队，不随团队完成约定行程的行为。

11. 转团，指由于未达到约定成团人数不能出团，出境社征得旅游者书面同意，在行程开始前将旅游者转至其他出境社所组成的出境旅游团队履行合同的行为。

12. 拼团，指出境社在保证所承诺的服务内容和标准不变的前提下，在签订合同时经旅游者同意，与其他出境社招徕的旅游者拼成一个团统一安排旅游服务的行为。

13. 不可抗力，指不能预见、不能避免并不能克服的客观情况，包括但不限于因自然原因和社会原因引起的，如自然灾害、战争、恐怖活动、动乱、骚乱、罢工、突发公共卫生事件、政府行为。

14. 已尽合理注意义务仍不能避免的事件，指因当事人故意或者过失以外的客观因素引发的事件，包括但不限于重大礼宾活动导致的交通堵塞，飞机、火车、班轮、城际客运班车等公共客运交通工具延误或者取消，景点临时不开放。

15. 必要的费用，指出境社履行合同已经发生的费用以及向地接社或者履行辅助人支付且不可退还的费用，包括乘坐飞机（车、船）等交通工具的费用（含预订金）、旅游签证/签注费用、饭店住宿费用（含预订金）、旅游观光汽车的人均车租等。

16. 公共交通经营者，指航空、铁路、航运客轮、城市公交、地铁等公共交通工具经营者。

第二章　合同的订立

第二条　旅游行程单

出境社应当提供带团号的《旅游行程单》(以下简称《行程单》)，经双方签字或者盖章确认后作为本合同的组成部分。《行程单》应当对如下内容作出明确的说明：

（1）旅游行程的出发地、途经地、目的地、结束地，线路行程时间（按自然日计算，含乘飞机、车、船等在途时间，不足24小时以一日计）；

（2）旅游目的地地接社的名称、地址、联系人和联系电话；

（3）交通服务安排及其标准（明确交通工具及档次等级、出发时间以及是否需中转等信息）；

（4）住宿服务安排及其标准（明确住宿饭店的名称、地址、档次等级及是否有空调、热水等相关服务设施）；

（5）用餐（早餐和正餐）服务安排及其标准（明确用餐次数、地点、标准）；

（6）出境社统一安排的游览项目的具体内容及时间（明确旅游线路内容包括景区点及游览项目名称、景区点停留的最少时间）；

（7）自由活动的时间；

（8）行程安排的娱乐活动（明确娱乐活动的时间、地点和项目内容）；

《行程单》用语须准确清晰，在表明服务标准用语中不应当出现“准 × 星级”、“豪华”、“仅供参考”、“以 ×× 为准”、“与 ×× 同级”等不确定用语。

第三条　订立合同

旅游者应当认真阅读本合同条款和《行程单》，在旅游者理解本合同条款及有关附件后，出境社和旅游者应当签订书面合同。

由旅游者的代理人订立合同的，代理人需要出具被代理的旅游者的授权委托书。

第四条　旅游广告及宣传品

出境社的旅游广告及宣传品应当遵循诚实信用的原则，其内容符合《中华人民共和国合同法》要约规定的，视为本合同的组成部分，对出境社和旅游者双方具有约束力。

第三章　合同双方的权利义务

第五条　出境社的权利

1. 根据旅游者的身体健康状况及相关条件决定是否接纳旅游者报名参团；

2. 核实旅游者提供的相关信息资料；

3. 按照合同约定向旅游者收取全额旅游费用；

4. 旅游团队遇紧急情况时，可以采取安全防范措施和紧急避险措施并要求旅游者配合；

5. 拒绝旅游者提出的超出合同约定的不合理要求；

6. 要求旅游者对在旅游活动中或者在解决纠纷时损害出境社合法权益的行为承担赔偿责任；

7. 要求旅游者健康、文明旅游，劝阻旅游者违法和违反社会公德的行为。

第六条　出境社的义务

1. 按照合同和《行程单》约定的内容和标准为旅游者提供服务，不擅自变更旅游行程安排，不降低服务标准；

2. 向合格的供应商订购产品和服务；

3. 不以不合理的低价组织旅游活动，诱骗旅游者，并通过安排购物或者另行付费旅游项目获取回扣等不正当利益；

组织、接待旅游者，不指定具体购物场所，不安排另行付费旅游项目，但是，经双方协商一致或者旅游者要求，且不影响其他旅游者行程安排的除外；

4. 在出团前采取行前说明会等方式，如实告知具体行程安排和有关具体事项。具体事项包括但不限于旅游目的地国家或者地区的相关法律、法规和风俗习惯、文化传统和宗教禁忌；旅游活动中的安全注意事项和安全避险措施、旅游者不适合参加旅游活动的情形；出境社依法可以减免责任的信息；境外小费标准、外汇兑换事项、应急联络方式（包括我驻外使领馆及出境社境内和境外应急联系人及联系方式）；法律、法规规定的其他应当告知的事项；

5. 为旅游团队安排符合《中华人民共和国旅游法》、《旅行社条例》、《中国公民出国旅游管理办法》等法律、法规规定的持证领队人员；

6. 妥善保管旅游者交其代管的证件、行李等物品；

7. 为旅游者发放用中英文固定格式书写、由旅游者填写的安全信息卡（内容包括旅游者的姓名、国籍、血型、应急联络方式等）；

8. 旅游者人身、财产权益受到损害时，应采取合理必要的保护和救助措施，避免旅游者人身、财产权益损失扩大；

9. 积极协调处理旅游行程中的纠纷，采取适当措施防止损失扩大；

10. 提示旅游者按照规定投保人身意外伤害保险；

11. 向旅游者提供发票；

12. 依法对旅游者个人信息保密。

第七条　旅游者的权利

1. 要求出境社按照合同及《行程单》约定履行相关义务；

2. 拒绝出境社未经事先协商一致的转团、拼团行为；

3. 有权自主选择旅游产品和服务，有权拒绝出境社未与旅游者协商一致或者未经旅游者要求而指定购物场所、安排旅游者参加另行付费旅游项目的行为，有权拒绝出境社的导游、领队强迫或者变相强迫旅游者购物、参加另行付费旅游项目的行为；

4. 在支付旅游费用时要求出境社出具发票；

5. 人格尊严、民族风俗习惯和宗教信仰得到尊重；

6. 在人身、财产安全遇有危险时，有权请求救助和保护；人身、财产受到侵害的，有权依法获得赔偿；

7. 在合法权益受到损害时向有关部门投诉或者要求出境社协助索赔；

8.《中华人民共和国旅游法》、《中华人民共和国消费者权益保护法》和有关法律、法规赋予旅游者的其他各项权利。

第八条　旅游者的义务

1. 如实填写《出境旅游报名表》、签证/签注资料和游客安全信息卡等各项内容，告知与旅游活动相关的个人健康信息，并对其真实性负责，保证所提供的联系方式准确无误且能及时联系；

2. 向出境社提交能有效使用的因私护照或者通行证，自办签证/签注者应当确保所持签证/签注在出游期间有效；

3. 按照合同约定支付旅游费用；

4. 按照合同约定随团完成旅游行程，配合领队人员的统一管理；

5. 遵守我国和旅游目的地国家（地区）的法律、法规和有关规定，不携带违禁物品出入境；不参与色情、赌博和涉毒活动；不擅自脱团；不在境外滞留不归；

6. 遵守旅游目的地国家（地区）的公共秩序和社会公德，尊重当地的风俗习惯，文化传统和宗教信仰，爱护旅游资源，保护生态环境，遵守《中国公民出国（境）旅游文明行为指南》等文明行为规范；

7. 对国家应对重大突发事件暂时限制旅游活动的措施以及有关部门、机构或者旅游经营者采取的安全防范和应急处置措施予以配合；

8. 妥善保管自己的行李物品，随身携带现金、有价证券、贵重物品，不在行李中夹带；

9. 在旅游活动中或者在解决纠纷时，应采取适当措施防止损失扩大，不损害当地居民的合法权益，不干扰他人的旅游活动，不损害旅游经营者和旅游从业人员的合法权益，不采取拒绝上、下机（车、船）、拖延行程或者脱团等不当行为；

10. 在自行安排活动期间，应当在自己能够控制风险的范围内选择活动项目，遵守旅游活动中的安全警示规定，对自己的安全负责。

第四章　合同的变更与转让

第九条　合同的变更

1. 出境社与旅游者双方协商一致，可以变更本合同约定的内容，但应当以书面形式由双方签字确认。由此增加的旅游费用及给对方造成的损失，由变更提出方承担；由此减少的旅游费用，出境社应当退还旅游者。

2. 行程开始前遇到不可抗力或者出境社、履行辅助人已尽合理注意义务仍不能避免的事件的，双方经协商可以取消行程或者延期出行。取消行程的，按照本合同第十四条处理；延期出行的，增加的费用由旅游者承担，减少的费用退还旅游者。

3. 行程中遇到不可抗力或者出境社、履行辅助人已尽合理注意义务仍不能避免的事件，影响旅游行程的，按以下方式处理：

（1）合同不能完全履行的，旅行社经向旅游者作出说明，旅游者同意变更的，可以在合理范围内变更合同，因此增加的费用由旅游者承担，减少的费用退还旅游者。

（2）危及旅游者人身、财产安全的，旅行社应当采取相应的安全措施，因此支出的费用，由出境社与旅游者分担。

（3）造成旅游者滞留的，旅行社应采取相应的安置措施。因此增加的食宿费用由旅游者承担，增加的返程费用双方分担。

第十条　合同的转让

旅游行程开始前，旅游者可以将本合同中自身的权利义务转让给第三人，出境社没有正当理由的不得拒绝，并办理相关转让手续，因此增加的费用由旅游者和第三人承担。

正当理由包括但不限于：对应原报名者办理的相关服务不可转让给第三人的；无法为第三人办妥签证 / 签注、安排交通等情形的；旅游活动对于旅游者的身份、资格等有特殊要求的。

第十一条 不成团的安排

当未达到约定的成团人数不能成团时，旅游者可以与出境社就如下安排在本合同第二十三条中做出约定。

1. 转团：出境社可以在保证所承诺的服务内容和标准不降低的前提下，经事先征得旅游者书面同意，委托其他旅行社履行合同，并就受委托出团的出境社违反本合同约定的行为先行承担责任，再行追偿。旅游者和受委托出团的出境社另行签订合同的，本合同的权利义务终止。

2. 延期出团或者改签线路出团：出境社经征得旅游者书面同意，可以延期出团或者改签其他线路出团，因此增加的费用由旅游者承担，减少的费用出境社予以退还。需要时可以重新签订旅游合同。

第五章 合同的解除

第十二条 出境社解除合同

1. 未达到约定的成团人数不能成团时，出境社解除合同的，应当采取书面等有效形式。出境社在行程开始前 30 日（按照出发日减去解除合同通知到达日的自然日之差计算，下同）以上（含第 30 日，下同）提出解除合同的，不承担违约责任，出境社向旅游者退还已收取的全部旅游费用（不得扣除签证 / 签注费用）；出境社在行程开始前 30 日以内（不含第 30 日，下同）提出解除合同的，除向旅游者退还已收取的全部旅游费用外，还应当按照本合同第十七条第 1 款的约定承担相应的违约责任。

2. 旅游者有下列情形之一的，出境社可以解除合同（相关法律、行政法规另有规定的除外）：

（1）患有传染病等疾病，可能危害其他旅游者健康和安全的；

（2）携带危害公共安全的物品且不同意交有关部门处理的；

（3）从事违法或者违反社会公德的活动的；

（4）从事严重影响其他旅游者权益的活动，且不听劝阻、不能制止的；

（5）法律规定的影响合同履行的其他情形。

出境社因上述情形解除合同的，应当以书面等形式通知旅游者，按照本合同第十五条的相关约定扣除必要的费用后，将余款退还旅游者。

第十三条　旅游者解除合同

1. 未达到约定的成团人数不能成团时，旅游者既不同意转团，也不同意延期出行或者改签其他线路出团的，出境社应及时发出不能成团的书面通知，旅游者可以解除合同。旅游者在行程开始前 30 日以上收到旅行社不能成团通知的，旅行社不承担违约责任，向旅游者退还已收取的全部旅游费用；旅游者在行程开始前 30 日以内收到旅行社不能成团通知的，按照本合同第十七条第 1 款相关约定处理。

2. 除本条第 1 款约定外，在行程结束前，旅游者亦可以书面等形式解除合同（相关法律、行政法规另有规定的除外）。旅游者在行程开始前 30 日以上提出解除合同的，未办理签证 / 签注的，出境社应当向旅游者退还全部旅游费用；已办理签证 / 签注的，应当扣除签证 / 签注费用（旅游者自办的除外）；旅游者在行程开始前 30 日以内提出解除合同的，出境社按照本合同第十五条相关约定扣除必要的费用后，将余款退还旅游者。

3. 旅游者未按约定时间到达约定集合出发地点，也未能在出发中途加入旅游团队的，视为旅游者解除合同，按照本合同第十五条相关约定处理。

第十四条　因不可抗力或者已尽合理注意义务仍不能避免的事件解除合同

因不可抗力或者出境社、履行辅助人已尽合理注意义务仍不能避免的事件，影响旅游行程，合同不能继续履行的，出境社和旅游者均可以解除合同；合同不能完全履行，旅游者不同意变更的，可以解除合同（因已尽合理注意义务仍不能避免的事件提出解除合同的，相关法律、行政法规另有规定的除外）。

合同解除的，出境社应当在扣除已向地接社或者履行辅助人支付且不可退还的费用后，将余款退还旅游者。

第十五条　必要的费用扣除

1. 旅游者在行程开始前 30 日以内提出解除合同或者按照本合同第十二条第 2 款约定由出境社在行程开始前解除合同的，按下列标准扣除必要的费用：

行程开始前 29 日至 15 日，按旅游费用总额的 5%；

行程开始前 14 日至 7 日，按旅游费用总额的 20%；

行程开始前 6 日至 4 日，按旅游费用总额的 50%；

行程开始前 3 日至 1 日，按旅游费用总额的 60%；

行程开始当日，按旅游费用总额的 70%。

2. 在行程中解除合同的，必要的费用扣除标准为：

旅游费用 × 行程开始当日扣除比例 +（旅游费用 – 旅游费用 × 行程开始当日扣

除比例）÷ 旅游天数 × 已经出游的天数。

如按上述第 1 款或者第 2 款约定比例扣除的必要的费用低于实际发生的费用，旅游者按照实际发生的费用支付，但最高额不应当超过旅游费用总额。

解除合同的，出境社扣除必要的费用后，应当在解除合同通知到达日起 5 个工作日内为旅游者办结退款手续。

第十六条　出境社协助旅游者返程及费用承担

旅游行程中解除合同的，出境社应协助旅游者返回出发地或者旅游者指定的合理地点。因旅行社或者履行辅助人的原因导致合同解除的，返程费用由出境社承担；行程中按照本合同第十二条第 2 款，第十三条第 2 款约定解除合同的，返程费用由旅游者承担；按照本合同第十四条约定解除合同的，返程费用由双方分担。

第六章　违约责任

第十七条　出境社的违约责任

1. 出境社在行程开始前 30 日以内提出解除合同的，或者旅游者在行程开始前 30 日以内收到出境社不能成团通知，不同意转团、延期出行和改签线路解除合同的，出境社向旅游者退还已收取的全部旅游费用（不得扣除签证／签注等费用），并按下列标准向旅游者支付违约金：

行程开始前 29 日至 15 日，支付旅游费用总额 2% 的违约金；

行程开始前 14 日至 7 日，支付旅游费用总额 5% 的违约金；

行程开始前 6 日至 4 日，支付旅游费用总额 10% 的违约金；

行程开始前 3 日至 1 日，支付旅游费用总额 15% 的违约金；

行程开始当日，支付旅游费用总额 20% 的违约金。

如按上述比例支付的违约金不足以赔偿旅游者的实际损失，出境社应当按实际损失对旅游者予以赔偿。

出境社应当在取消出团通知或者旅游者不同意不成团安排的解除合同通知到达日起 5 个工作日内，为旅游者办结退还全部旅游费用的手续并支付上述违约金。

2. 出境社未按合同约定提供服务，或者未经旅游者同意调整旅游行程（本合同第九条第 3 款规定的情形除外），造成项目减少、旅游时间缩短或者标准降低的，应当依法承担继续履行、采取补救措施或者赔偿损失等违约责任。

3. 出境社具备履行条件，经旅游者要求仍拒绝履行本合同义务的，出境社向旅游者支付旅游费用总额 30% 的违约金，旅游者采取订同等级别的住宿、用餐、交通等补救措施的，费用由出境社承担；造成旅游者人身损害、滞留等严重后果的，旅游者还可以要求出境社支付旅游费用一倍以上三倍以下的赔偿金。

4. 未经旅游者同意，出境社转团、拼团的，出境社应向旅游者支付旅游费用总额 25% 的违约金；旅游者解除合同的，出境社还应向未随团出行的旅游者退还全部旅游费用，向已随团出行的旅游者退还尚未发生的旅游费用。如违约金不足以赔偿旅游者的实际损失，出境社应当按实际损失对旅游者予以赔偿。

5. 出境社有以下情形之一的，旅游者有权在旅游行程结束后 30 日内，要求出境社为其办理退货并先行垫付退货货款，或者退还另行付费旅游项目的费用：

（1）出境社以不合理的低价组织旅游活动，诱骗旅游者，并通过安排购物或者另行付费旅游项目获取回扣等不正当利益的；

（2）未经双方协商一致或者未经旅游者要求，出境社指定具体购物场所或者安排另行付费旅游项目的。

6. 与旅游者出现纠纷时，出境社应当积极采取措施防止损失扩大，否则应当就扩大的损失承担责任。

第十八条　旅游者的违约责任

1. 因不听从出境社及其领队的劝告、提示而影响团队行程，给出境社造成损失的，应当承担相应的赔偿责任。

2. 旅游者超出本合同约定的内容进行个人活动所造成的损失，由其自行承担。

3. 由于旅游者的过错，使出境社、履行辅助人、旅游从业人员或者其他旅游者遭受损害的，应当由旅游者赔偿损失。

4. 旅游者在旅游活动中或者在解决纠纷时，应采取措施防止损失扩大，否则应当就扩大的损失承担相应的责任。

5. 旅游者违反安全警示规定，或者对国家应对重大突发事件暂时限制旅游活动的措施、安全防范和应急处置措施不予配合，造成旅行社损失的，应当依法承担相应责任。

第十九条　其他责任

1. 因旅游者提供材料存在问题或者自身其他原因被拒签、缓签、拒绝入境和出境的，相关责任和费用由旅游者承担，出境社将未发生的费用退还旅游者。如给出境社造成损失的，旅游者还应当承担赔偿责任。因出境社原因导致旅游者被拒签而解除合同的，依据本合同第十七条第 1 款处理。

2. 由于旅游者自身原因导致本合同不能履行或者不能按照约定履行，或者造成旅游者人身损害、财产损失的，出境社不承担责任。

3. 旅游者自行安排活动期间人身、财产权益受到损害的，出境社在事前已尽到必要警示说明义务且事后已尽到必要救助义务的，出境社不承担赔偿责任。

4. 由于第三方侵害等不可归责于出境社的原因导致旅游者人身、财产权益受到损害的，出境社不承担赔偿责任。但因出境社不履行协助义务致使旅游者人身、财产权益损失扩大的，应当就扩大的损失承担赔偿责任。

5. 由于公共交通经营者的原因造成旅游者人身损害、财产损失依法应承担责任的，出境社应当协助旅游者向公共交通经营者索赔。

第七章　协议条款

第二十条　线路行程时间

出发时间____年____月____日____时，结束时间____年____月____日____时；共____天，饭店住宿____夜。

第二十一条　旅游费用及支付（以人民币为计算单位）

成人__________元/人，儿童（不满14岁）__________元/人；其中，导游服务费________元/人；

旅游费用合计：________________元。

旅游费用支付方式：________________。

旅游费用支付时间：________________。

第二十二条　人身意外伤害保险

1. 出境社提示旅游者购买人身意外伤害保险；

2. 旅游者可以做以下选择：

□委托出境社购买（出境社不具有保险兼业代理资格的，不得勾选此项）：保险产品名称________________（投保的相关信息以实际保单为准）；

□自行购买；

□放弃购买。

第二十三条　成团人数与不成团的约定

成团的最低人数：____________人。

如不能成团，旅游者是否同意按下列方式解决：

1. ________（同意或者不同意，打钩无效）出境社委托

________出境社履行合同；

2. ________（同意或者不同意，打钩无效）延期出团；

3. ________（同意或者不同意，打钩无效）改签其他线路出团；

4. ________（同意或者不同意，打钩无效）解除合同。

第二十四条　拼团约定

旅游者 ________（同意或者不同意，打钩无效）采用拼团方式拼至______出境社成团。

第二十五条　自愿购物和参加另行付费旅游项目约定

1. 旅游者可以自主决定是否参加出境社安排的购物活动、另行付费旅游项目；

2. 出境社可以在不以不合理的低价组织旅游活动、不诱骗旅游者、不获取回扣等不正当利益，且不影响其他旅游者行程安排的前提下，按照平等自愿、诚实信用的原则，与旅游者协商一致达成购物活动、另行付费旅游项目协议；

3. 购物活动、另行付费旅游项目安排应不与《行程单》冲突；

4. 地接社及其从业人员在行程中安排购物活动、另行付费旅游项目的，责任由订立本合同的出境社承担；

5. 购物活动、另行付费旅游项目具体约定见《自愿购物活动补充协议》（附件3）、《自愿参加另行付费旅游项目补充协议》（附件4）。

第二十六条　争议的解决方式

本合同履行过程中发生争议，由双方协商解决，亦可向合同签订地的旅游质监执法机构、消费者协会、有关的调解组织等有关部门或者机构申请调解。协商或者调解不成的，按下列第________种方式解决：

1. 提交________________仲裁委员会仲裁；

2. 依法向人民法院起诉。

第二十七条　其他约定事项

未尽事宜，经旅游者和出境社双方协商一致，可以列入补充条款。（如合同空间不够，可以另附纸张，由双方签字或者盖章确认。）

____

____

____

第二十八条　合同效力

本合同一式____份，双方各持____份，具有同等法律效力，自双方当事人签字或者盖章之日起生效。

旅游者代表签字（盖章）：________出境社盖章：________
证件号码：______________________签约代表签字（盖章）：________
住　　址：______________________营业地址：____________________
联系电话：______________________联系电话：____________________
传　　真：______________________传　　真：____________________
邮　　编：______________________邮　　编：____________________
电子信箱：______________________电子信箱：____________________
签约日期：____年____月____日　签约日期：____年____月____日
签约地点：________________________
出境社监督、投诉电话：________________________

________省________市旅游质监执法机构：
投诉电话：____________________
电子邮箱：____________________
地　　址：____________________
邮　　编：____________________

附件 1：出境旅游报名表

旅游线路及编号__________________ 旅游者出团意向时间_________

<table>
<tr><td>姓名</td><td></td><td>性别</td><td></td><td>民族</td><td></td><td>出生日期</td><td></td></tr>
<tr><td colspan="2">身份证件号码</td><td colspan="3"></td><td colspan="2">联系电话</td><td></td></tr>
<tr><td colspan="2">国籍</td><td colspan="3"></td><td colspan="2">出境证件号</td><td></td></tr>
<tr><td colspan="2">身体状况</td><td colspan="6">（需注明是否有身体残疾、精神疾病、高血压、心脏病等健康受损病症、病史，是否为妊娠期妇女。）</td></tr>
<tr><td colspan="8">旅游者全部同行人名单及分房要求（所列同行人均视为旅游者要求必须同时安排出团）：
_____与_____同住，_____与_____同住，_____与_____同住，
_____与_____同住，_____与_____同住，_____与_____同住，
_____为单男 / 单女需要安排与他人同住，_____不占床位，
______________________全程要求入住单间（同意补交房费差额）。</td></tr>
<tr><td colspan="8">其他补充约定：

旅游者确认签名（盖章）： 年 月 日</td></tr>
<tr><td>备注</td><td colspan="7">（年龄低于 18 周岁，需要提交监护人书面同意出行书）</td></tr>
<tr><td colspan="8">以下由出境社工作人员填写</td></tr>
<tr><td colspan="2">服务网点名称</td><td colspan="3"></td><td colspan="2">出境社经办人</td><td></td></tr>
</table>

附件 2：带团号的《旅游行程单》

旅游者：（代表人签字）

出境社：（盖章）
经办人：（签字）
年　　月　　日

附件3：自愿购物活动补充协议

具体时间	地点	购物场所名称	主要商品信息	最长停留时间（分钟）	其他说明	旅游者签名同意
年 月 日 时						签名：
年 月 日 时						签名：
年 月 日 时						签名：

出境社经办人签名：

附件4：自愿参加另行付费旅游项目补充协议

具体时间	地点	项目名称和内容	费用（元）	项目时长（分钟）	其他说明	旅游者签名同意
年 月 日 时						签名：
年 月 日 时						签名：
年 月 日 时						签名：

出境社经办人签名：

参考文献

[1] 王健民著. 出境旅游领队实务（第四版）. 北京：旅游教育出版社，2013.
[2] 曹银玲主编. 出境领队实务. 北京：旅游教育出版社，2012.
[3] 仉向明、黄恢月. 出境旅游领队工作案例解析. 北京：旅游教育出版社，2008.
[4] 周晓梅. 领队实务手册. 北京：旅游教育出版社，2008.
[5] 北京市旅游局. 出境旅游领队实务. 北京：旅游教育出版社，2002.
[6] 北京凤凰假期国际旅行社有限公司. 出境旅游操作实务. 北京：兵器工业出版社，2006.
[7] 夏林根. 旅游目的地概述. 北京：旅游教育出版社，2011.
[8] 李娌. 导游服务案例详解. 北京：旅游教育出版社，2014.
[9] 杨富斌. 旅游经营法律风险防范100问. 北京：中国法制出版社，2013.
[10] 黄恢月. 旅游法实务详解. 北京：中国旅游出版社，2014.
[11] 编写组.《中华人民共和国旅游法》解读. 北京：中国旅游出版社，2013.
[12] 国家旅游局网站
[13] 中国民用航空局网站
[14] 中华人民共和国外交部网站
[15] 泰国旅游网

责任编辑：李冉冉
责任印制：冯冬青
封面设计：鲁　筱

图书在版编目（CIP）数据

领队业务与法律法规 / 《领队业务与法律法规》编写组编．-- 北京 : 中国旅游出版社，2015.1（2018.8 重印）
出境旅游领队岗位培训教材
ISBN 978-7-5032-5224-2

Ⅰ．①领… Ⅱ．①领… Ⅲ．①旅游服务－岗位培训－教材②旅游业－法规－中国－岗位培训－教材 Ⅳ．①F590.63 ②D922.296

中国版本图书馆 CIP 数据核字（2015）第 018936 号

书　　名：领队业务与法律法规

作　　者：《领队业务与法律法规》编写组编
出版发行：中国旅游出版社
（北京建国门内大街甲 9 号　邮编：100005）
http://www.cttp.net.cn　E-mail:cttp@mct.gov.cn
营销中心电话：010-85166503
经　　销：全国各地新华书店
印　　刷：河北省三河市灵山芝兰印刷有限公司
版　　次：2015 年 1 月第 1 版　2018 年 8 月第 2 次印刷
开　　本：787 毫米 ×1092 毫米　1/16
印　　张：21.75
印　　数：5001-7000 册
字　　数：348 千
定　　价：52.00 元
ISBN　978-7-5032-5224-2
